ŒUVRES COMPLETTES

DE

M. DE CHAMOUSSET.

TOME SECOND.

Cet Ouvrage se vend A PARIS,

A l'Hôtel de la petite Poste, rue des Déchargeurs, où est le Dépôt de la Propriétaire du Privilége.

Chez {
la veuve DUCHESNE, Libraire, rue S. Jacques.
ONFROY, Libraire, quai des Augustins.
JOMBERT, le jeune, Libraire, rue Dauphine.
BELIN, Libraire, rue S. Jacques.
MÉQUIGNON l'aîné, Libraire, rue des Cordeliers.
}

ŒUVRES COMPLETTES

DE.

M. DE CHAMOUSSET,

CONTENANT

SES PROJETS D'HUMANITÉ, DE BIENFAISANCE
ET DE PATRIOTISME:

PRÉCÉDÉES DE SON ÉLOGE;

Dans lequel on trouve une analyse suivie de ses Ouvrages;

PAR M. L'ABBÉ COTTON DES-HOUSSAYES,

Docteur & ancien Bibliothécaire de la Maison & Société de
Sorbonne, Chanoine de l'Église Métropolitaine de Rouen,
Membre de l'Académie de la même Ville, Associé de celle
de Lyon & de Caen.

TOME SECOND.

A PARIS;

DE L'IMPRIMERIE DE PH.-D. PIERRES;
Imprimeur Ordinaire du Roi, rue Saint-Jacques.

M. DCC. LXXXIII.
Avec Approbation, & Privilége du Roi.

ŒUVRES

DE

M. DE CHAMOUSSET.

SECONDE PARTIE.

Soulagement de l'humanité malheureuse en particulier.

MÉMOIRE

Sur les Hôpitaux Militaires.

L'HUMANITÉ & la politique s'accordant à confi-
dérer le foin des malades, comme le premier devoir
de l'homme en fociété, on a vu chez toutes les
nations policées s'élever différens hôpitaux. Parmi
ces hôpitaux ceux qui font deftinés à recevoir ces

citoyens qui ont expofé leur vie, & verfé leur
fang pour le fervice de la patrie, tiennent fans-
doute le premier rang. Les hôpitaux militaires ne
font pas feulement des lieux où la bienfaifance s'ac-
quitte de fes devoirs les plus facrés, ils font encore des arfenaux où l'on répare les armes les plus
précieufes & les plus néceffaires à un Etat. Les
differentes ordonnances qui ont été rendues en
France fur cette matiere, prouvent que le Gouvernement a toujours été perfuadé de cette vérité:
mais quelque fages qu'elles foient, elles n'ont répondu jufqu'ici, ni à la générofité du Souverain,
ni au zèle des Miniftres, ni aux befoins des fujets
fidèles qui méritent à tant de titres fes fentimens
paternels. J'efpere donc qu'on recevra favorablement des idées qui ne tendent qu'à procurer plus
de foulagement à des hommes fi dignes de nos
foins, & à diminuer la dépenfe de l'Etat.

L'adminiftration des hôpitaux militaires préfente
trois points principaux; le premier eft l'aliment
des malades; le fecond le fervice & le traitement;
le troifieme la comptabilité.

Des adjudications du pain & de la viande, faites avec
la plus grande publicité, & au rabais, femblent être le
moyen le plus fimple, & peut-être le moins coûteux
de fe procurer ces denrées; parce que ceux qui font
leur etat de ces commerces, doivent réunir à la connoiffance de la qualité de ces denrées, celle des
endroits d'où on les tire, & celle de l'économie
des tranfports. De plus, en choififfant ceux qui auroient fait le meilleur fervice dans les hôpitaux mi-

litaires de l'intérieur du Royaume, on pourroit former, pour les tems de guerre, des compagnies bien compofées, pour faire les mêmes fournitures aux armées, & les faire de la meilleure qualité & au meilleur marché poffible.

Je propoferois de faire la même adjudication pour le vin, fi l'art de le falfifier n'etoit pas devenu fi commun aujourd'hui, & fi ces mélanges nuifibles aux meilleurs eftomacs, ne devoient pas faire les plus grands ravages dans ceux des convalefcens. Le moyen de fe procurer cette denrée de la meilleure qualité & au meilleur marché, feroit d'en recevoir tous les ans des effais & des foumiffions pour le prix, de la part des commiffionnaires dans les pays que l'on doit choifir pour de femblables provifions. Lorfque l'on feroit décidé fur la qualité & le prix, on enverroit des hommes intelligens dans cette partie, tant pour faire les achats, que pour les faire conduire au lieu de leur deftination.

Sur le fecond objet, qui eft le traitement & le fervice, on ne conçoit pas comment jufqu'ici on a pu le comprendre dans l'entreprife des hôpitaux. 1° Des chirurgiens choifis par des entrepreneurs, ne peuvent-être que des protégés, & le falut des bleffés exigeroit les plus capables. 2° Des employés aux gages des entrepreneurs, ne peuvent rien refufer de ce que ces commettans envoient pour le fervice des malades : leur refus, même des plus mauvaifes denrées, n'en préferveroit pas les malheureux malades, & feroit chaffer les refufans : mais d'ailleurs, pourquoi employer à une fonction

auſſi importante, des hommes pris au hazard &
qui coûtent cher? Les commis aux hôpitaux coûtent de 100 à 150 liv. par mois, & ſe font trop
bien nourrir. Des ſergens, des maréchaux des logis,
& autres gens intelligens, que chaque régiment
choiſiroit parmi ceux qu'il doit envoyer ſous peu
d'années aux Invalides, ſe contenteroient d'une nourriture plus ſimple, & qui ſeroit épargnée à l'hôtel;
& avec 12 liv. par mois en tems de paix, & 24
liv. en tems de guerre, ils feroient ce ſervice beaucoup mieux que ces commis, qui, s'ils ont quelque
intelligence, ne la font que trop ſouvent ſervir à
cacher leurs infidélités: mais quand elles ſeroient
découvertes, ils ont malheureuſement l'expérience
que l'on en eſt toujours quitte pour perdre une place
que la paix anéantira, & que la plupart du tems
ils retrouvent dans les autres ſervices de l'armée.
Cette impunité ſi funeſte, n'eſt point à craindre en
employant à leurs places des ſergens & maréchaux
de logis, qui certainement ont plus de ſentimens
que de pareils hommes, & qui, de plus, perdroient
leur état & leur exiſtence, s'ils faiſoient quelques
baſſeſſes, parce qu'alors on les renverroit avec un
procès-verbal de leur délit, au régiment qui les auroit envoyés, pour y être jugés, tandis qu'un avan-
cement & des récompenſes proportionnées au mérite & aux talens exciteroient le zèle de tous.

Les tableaux que j'ai imaginés, pour former à
très peu de frais, & très-promptement la comptabilité des hôpitaux, donneront à ceux qui ſont le
moins au fait de ce ſervice, une grande facilité

pour remplir les places de ces employés des hôpitaux, puifqu'il ne s'agira que de placer des chiffres dans les cafes qui leur font deftinées.

A l'égard des drogues, étant très-important que toutes celles qui entrent dans les grandes compofitions, foient d'une qualité parfaite, tous les hôpitaux tireront ces grandes compofitions d'une pharmacie générale, dans laquelle on prendra toutes les précautions poffibles, pour qu'il n'y ait aucune malverfation dans une partie auffi effentielle, & d'où dépend fouvent la vie de bien des hommes. On choifira néanmoins avec beaucoup de foin les perfonnes que l'on mettra dans chaque hôpital, à la tête de la pharmacie, puifque c'eft de la préparation des remedes fimples que dépend fouvent une partie de leur efficacité, & que les plus légeres méprifes dans des chofes qui affez ordinairement fe diftribuent par grains, peuvent avoir les fuites les plus fàcheufes.

Ces parties importantes du fervice des hôpitaux militaires, étant bien montées, je propofe de faire faire celle des infirmiers, fervans & domeftiques, par des hommes engagés, foit par des vœux comme quelques ordres religieux (1), foit par un engagement femblable à celui des foldats : on formeroit de ces nouveaux engagés, des corps uniquement deftinés à ce fervice, & dans lefquels il y auroit différens grades pour récompenfer ceux qui

____

(1) On fe loue fort en Allemagne de celui de Saint-Alexis, qui n'a point d'autre objet.

fe diftingueroient. Alors, l'abandon d'un hôpital, qui n'eft point puni aujourd'hui, quoique fouvent il ait pour caufe un vol dont on veut jouir, étant une défertion, il ne fera plus néceffaire, pour punir avec la plus grande févérité, d'avoir des preuves convainquantes de ces vols, & on en fera plus rarement tenté par la difficulté d'en jouir dans les lieux où ils auroient été faits, & l'impoffibilité de s'en fauver. D'ailleurs, une excellente nourriture pour des hommes engagés, coûteroit toujours bien moins cher que celle qu'exigent les infirmiers actuels, qui quittent au milieu de la campagne, quand on ne leur donne pas tout ce qu'ils demandent. Le falaire feroit auffi tout différent, au lieu de 20, 25 & même 30 liv. par mois, que l'on donne aux différens infirmiers actuels, 6, 9 & 12 liv. par mois, feroient une paie fort honnête dans ces différens grades de nouveaux infirmiers. Un habillement uniforme dont la dépenfe feroit prife fur leurs appointemens, décoreroit cet état, & rendroit la défertion plus dangereufe & plus difficile : en mettant un infirmier-*major* par dix infirmiers, & un chef par quarante, ce fervice deviendroit bien plus affuré qu'il n'eft aujourd'hui, parce que ces chefs en répondroient. Dans un hôpital où il faudroit quarante infirmiers, il y auroit un chef, quatre *majors* & trente-fix infirmiers ordinaires, & dans celui où il n'en faudroit que dix, il y auroit au moins un *major* pour en répondre.

A l'egard du traitement des malades, l'intendant des hôpitaux militaires, ayant le titre de commiffaire du Roi, pour la police feulement, & le fervice des malades dans ceux des villes, il feroit établir dans chacun de ces hôpitaux, des grades parmi les chirurgiens, qui feroient donnés quatre fois l'année, par des concours publics, auxquels feroient invités, non-feulement les médecins & chirurgiens des villes, pour être juges, mais même les perfonnes les plus notables de ces villes. Cet intendant fe faifant envoyer les réfultats de tous ces concours, il connoîtroit les meilleurs fujets, & fur les liftes qu'il feroit former de tous ces chirurgiens, & des notes que les concours leur auroient accordés, il lui feroit facile, lorfque la guerre fe déclareroit, de compofer un excellent corps de chirurgiens, qui en même tems qu'il rempliroit le vœu du Roi & de fes miniftres, en guériffant un plus grand nombre de bleffés, infpireroit à tous les foldats beaucoup de courage en détruifant la crainte qu'ils ont de l'impéritie des chirurgiens, dont ils redoutent aujourd'hui les inftrumens plus que les armes de l'ennemi ; à la paix, ces mêmes chirurgiens reprendroient leurs poftes, mais bien plus inftruits que s'ils fuffent reftés dans leurs hôpitaux, que les fervices de l'armée dégarniffent.

L'infpection des hôpitaux bourgeois des villes faifant connoître beaucoup de médecins accoutumés à pratiquer & leurs manieres de fe conduire, on courroit moins de rifques de fe tromper dans le choix de ceux qu'on enverroit à l'armée ; on pourroit encore dans ces hôpitaux, faire élever des infirmiers, en deftinant à cette fonction ceux des enfans-trouvés de ces villes, qu'on y trouveroit les plus propres. En donnant à ces hôpitaux le droit d'avoir des infirmiers & fergens engagés , ils économiseroient facilement fur les falaires qu'ils donnent aujourd'hui à cette efpece d'hommes, de quoi en entretenir un plus grand nombre; ce qui procureroit un meilleur fervice aux malades , & donneroit la facilité , en tems de guerre , de retirer de ces hôpitaux des différentes villes, un nombre d'infirmiers , proportionné à celui des hommes du peuple que les différens fervices de l'armée en font fortir.

L'aliment, le fervice & le traitement des malades , étant ainfi montés, il ne refte plus qu'à dire un mot de la comptabilité : elle deviendra très-fimple , très-facile , & par conféquent très-peu coûteufe, fi on adopte les tableaux dont je joins ici la copie.

Le premier eft le compte de chaque hôpital. Il contient le nombre de malades qui fe font trouvés dans l'hôpital le premier du mois au matin , celui des entrans pendant ledit mois, des fortans, des morts , enfin des reftans le dernier jour du mois au foir. Enfuite l'état des employés de toute efpece , défignés par noms & qualités , le nombre de journées qu'ils ont paffé dans l'hôpital en fanté ou en maladie, ce qu'ils ont reçu fur leurs appointemens ; la quantité d'argent , effets & denrées qui fe font trouvés dans l'hôpital le premier du mois , & celle qui en reftoit le dernier ; enfin le détail raccourci , & cependant fuffifant , de toutes les recettes , dépenſes & conſommations qui ont été faites dans le mois. Chaque directeur étant obligé d'adreſſer ſa feüille tous les mois au bureau des hôpitaux, il ſeroit facile de voir ceux qui ſeroient trop ou trop peu approviſionnés, s'ils manquent ou s'ils ſont ſurchargés d'employés : cette connoiſſance doit aſſurer le ſervice, parce qu'elle met en état d'ordonner l'envoi des choſes dont on a beſoin, ou le verſement des ſuperflues.

Un tableau ſemblable du magaſin général qui doit ſe trouver dans chaque armée, fait voir d'un coup d'œil tout ce qu'on a de reſſources, & ſi les beſoins d'un hôpital qui manqueroit de quelques effets ou denrées, doivent ſe tirer de ce magaſin général, ou de la ſuperfluité d'un hôpital plus voiſin. Indépendamment de cet avantage., ces tableaux ont encore celui de fixer chaque mois l'état du comptable, & de rendre par là les fraudes très-difficiles, ſi même elles ne ſont pas impoſſibles, & la comptabilité auſſi prompte qu'elle eſt longue aujourd'hui, auſſi facile qu'elle eſt épineuſe, & auſſi peu coûteuſe qu'elle eſt chére ; chaque comptable étant obligé dans les quinze premiers jours d'un mois, d'envoyer au bureau des hôpitaux la feüille du mois précédent, & ſix ſemaines ou deux mois après, un *duplicata* de cette feüille avec les pièces à l'appui ; il ne s'agira que d'en vérifier la validité, de les comparer avec les feüilles, & de faire les radiations des articles qui ne doivent pas être paſſés.

Un autre tableau tenu par les commis aux entrées, fera le contrôle du compte du directeur, & en même tems le compte de chaque régiment pour les feuilles de retenues. Ce tableau compofé de quatre autres tableaux, préfente dans la premiere colonne le nom de tous les régimens qui ont envoyé des malades pendant le mois, dans la feconde colonne le nombre de ceux qui y étoient le premier du mois ; à côté de cette colonne un premier tableau préfente autant de petites cafes qu'il y a de jours dans le mois, avec lequel il ne s'agira plus que de porter le nombre de foldats que chaque régiment envoie, fous le quantieme où ils entrent. De l'autre côté de ce tableau eft une colonne pour les totaux des entrans. Après cette colonne un deuxieme tableau femblable au premier pour marquer chaque jour du mois le nombre des fortans, après ce tableau une colonne pour marquer les totaux des fortans. Au revers de la feuille, de même une premiere colonne pour répéter les noms des régimens, enfuite le tableau des morts, fous la même forme des deux premiers, une colonne à côté pour les totaux des morts. Enfuite un quatrieme tableau des reftans, & fous chaque quantieme la quantité que chaque régiment a eu de foldats dans l'hôpital le foir de ce quantieme. On voit à côté de ce tableau une petite colonne pour les totaux des reftans, & enfin une derniere colonne, dans laquelle vis-à-vis de chaque régiment eft le total des journées dues par le régiment à cet hôpital : ce tableau devient le contrôle du nombre des journées employées par le directeur dans fon compte.

Par un dernier tableau que j'ai imaginé, pour faire voir au miniſtre tous les mois le réſultat des comptes de chaque hôpital, il verra le prix de la journée dans chacun, les raiſons qui le rendent plus haut ou plus bas dans les uns que dans les au-tres, le nombre des malades qui ont été reçus, celui des entrans, ſortans, morts & reſtans le dernier du mois. Enfin, un autre petit tableau, dont je ne rends point compte ici, parce qu'il eſt facile de ſe le repréſenter, formera le contrôle des conſomma-tions. Ce tableau n'eſt autre choſe que le relevé de petits cartons portants la dénomination de portion, demi-portion, diète, riz, œufs, pruneaux, &c. Ces petits cartons doivent être portés dans des paniers à caſes, par un infirmïer à la ſuite de la viſite, & placés par un chirurgien au-deſſus de la tête du ma-lade, ſuivant le régime preſcrit par le médecin. Quoique la diſtribution des alimens doive toujours ſe faire ſur le cahier de viſite ; ces cartons étant faci-les à faire paſſer d'une tête ſur l'autre, il y auroit à craindre, ſi l'on s'en ſervoit pour la diſtribution, qu'un bleſſé de bon apetit à qui la diète eſt ordon-née, ne fit paſſer ſur ſa tête le carton de ſon ca-marade, à qui on permet de manger : ces cartons n'ont pour objet que de répondre aux plaintes mal fondées du ſoldat, lors de la viſite de l'officier, & par le relevé que l'on en fera tous les jours, de devenir le contrôle des conſommations.

Les verſemens nombreux des malades d'un hôpi-tal ſur un autre, que l'on appelle évacuations, for-cent ſouvent de faire attendre ces malheureux mala-

des ou bleſſés, des journées entieres à la porte
d'un hôpital, pour avoir à leur tour des billets
d'entrées : les injures de l'air auxquelles ils ſont ex-
poſés pendant ſi long-tems, doivent rendre les
plaies plus dangereuſes & les maladies plus cruelles,
ſi même il n'en coûte pas la vie à pluſieurs. De
plus, un homme ſouffrant, & qui ſe trouve dans
une poſition auſſi douloureuſe, ne peut donner des
renſeignemens clairs ſur les noms de ſon capitaine,
de ſon régiment, & ſur les détails de ſes effets,
d'où il réſulte des plaintes perpétuelles de la part des
régimens.

Pour obvier à ce double inconvénient, j'ai imaginé des plaques de fer-blanc, portant une lettre &
un numéro. Ces plaques étant doubles, il ne s'agira
plus, lors de l'arrivée d'une évacuation quelque
nombreuſe qu'elle ſoit, que de porter à la porte de
l'hôpital des paniers de ces doubles plaques, &
d'avoir ſoin de mettre ſur les armes & le paquet
des entrans, la double plaque ſemblable à celle
qu'on leur aura donnée pour entrer; par cet arrangement, huit cent hommes entreroient en moins
d'une heure, & il ne peut plus y avoir de con-
fuſion : à meſure qu'ils auront leur plaque, ils entreront, & on la pendra au-deſſus de la tête de
ceux qu'on couchera; les autres la garderont juſqu'à ce que le commis aux entrées, & le garde-
magaſin des effets, viennent avec le regiſtre ſur
lequel ils auront déja dans la premiere colonne marqué les lettres & les numéros des plaques qu'ils auront
trouvé ſur les paquets; & que dans la ſeconde, ils

auront détaillé, vis-à-vis de chaque numéro, les effets contenus fous cette plaque. Après avoir fait lecture au porteur de chacune d'elles, des effets qui fe font trouvés fous la plaque femblable à la fienne, ils placeront devant lui, dans les colonnes fuivantes, fon nom, fon âge, fon fignalement, fon capitaine & fon régiment. Ces hommes étant fort à leur aife dans leur lit ou dans les falles, peuvent répondre à toutes ces queftions, qu'il feroit inhumain de leur faire, s'ils étoient comme aujourd'hui expofés fur un chariot aux rigueurs de la faifon; queftions cependant nécelfaires pour rendre les opérations claires, & éviter les injuftices que l'on commet tous les jours vis-à-vis des régimens, en leur faifant des retenues pour des hommes dont ils n'ont même jamais entendu parler.

Il eft, je crois, inutile de faire obferver qu'en réunilfant les hôpitaux militaires de la paix avec ceux de la guerre, on alfure un bien meilleur fervice & bien moins coûteux. C'eft pendant la paix que l'on doit préparer, dans les hôpitaux militaires de l'intérieur du royaume, tout ce qui eft nécelfaire pour ceux des armées; & c'eft dans ces mêmes hôpitaux que l'on doit, lorfque la guerre finit, réferver tous les effets que l'on donne aujourd'hui pour rien faute de cette relfource, & que l'on achete fi cher en entrant en campagne. On pourroit même dans quelques hôpitaux des frontieres, avantageufement fitués, placer des magafins de ces effets totalement fuperflus pour le fervice ordinaire pendant la paix. Ces magafins feroient foignés par les gardes-magasins des hôpitaux des villes où l'on feroit ces dépôts.

Lorsque les armées tirent d'un royaume presque toutes les troupes, les hôpitaux militaires des provinces ne doivent plus être composés que d'un très-petit nombre de personnes, & proportionné à ce qui y reste de troupes. De plus, lorsque le service des hôpitaux sera fait en paix comme en guerre par les mêmes personnes, les sujets seront plus capables, plus instruits, & plus attachés à des places qui leur donneront une existence qu'à des emplois momentanés : d'ailleurs, en punissant & récompensant avec exactitude, on excitera le zèle dans les différentes branches de ce nouveau service, dont l'exécution loin d'augmenter la dépense de l'Etat, la diminuera même dès les premiers momens : quelles raisons pourroient donc la retarder ? Il est démontré que le soldat y gagnera, & que l'on ne peut commencer ce service qu'en tems de paix.

Des syrops & des pâtes d'orge & de bierre, dont beaucoup de travaux & de recherches m'ont fait faire la decouverte, seront d'une grande ressource à la suite des hôpitaux, sur-tout des ambulans. Il est plus facile de faire suivre les mouvemens d'un quartier général à trois ou quatre voitures de pâtes d'orge, qu'à des troupeaux de bœufs & de moutons : par-tout où l'on trouvera de l'eau pour fondre cette pâte, on en peut faire usage en un instant, au lieu que pour faire du bouillon de ces bœufs & moutons, il faut bien des choses & du tems.

D'ailleurs je m'en rapporte aux témoignages des plus grands médecins, tant anciens que modernes, au fujet de la fupériorité de cet aliment d'orge, fur celui du bouillon, principalement pour les commencemens des maladies & des bleffures. Les préparations que je fais à l'orge rendent mes décoctions plus agréables & bien plus faciles à digérer que les décoctions ordinaires. Le petit volume auquel je réduis la partie nourriffante de l'orge, en rend les tranfports peu coûteux; la nourriture d'un malade, par ce moyen, ne peut aller à plus de 6 f. par jour.

Je crois encore devoir à l'humanité en général, une réflexion fur le refpect que les nations devroient accorder à ces afyles facrés, où le vertueux défenfeur de la patrie va chercher la guérifon d'une bleffure dont la caufe eft fi noble. Il eft des pays où les criminels trouvent une retraite affurée dans les temples : les plus cruels ennemis fe fecourent lorfqu'ils fe font bleffés. La politique affure la liberté à ces troupes qui font deftinées à maintenir la police & le bon ordre dans les armées ; & des bleffés font obligés de fuir un ennemi qui ne devroit plus voir en eux que des hommes freres, puifqu'ils font hors de défenfe ! Les particuliers feroient donc plus humains que les nations ! les droits de l'humanité feroient-ils plus foibles que ceux d'une police, quelqu'utile qu'on la fuppofe, & la religion qui fauve des criminels parmi les catholiques, ne peut-elle fauver des hommes vertueux parmi des chrétiens ? Les bois mêmes lorfqu'ils

étoient frappés de la foudre, étoient facrés parmi
les païens! On ne devroit donc pas regarder les
hôpitaux comme des conquêtes, & les malades
qu'ils renferment comme des prifonniers. A combien de milliers de malades ou de bleffés la crainte
de tomber fous la puiffance de l'ennemi n'a-t-elle
pas coûté la vie! Les évacuations font périr un
nombre infini de malheureux qu'on auroit fauvés,
s'ils fuffent reftés dans le lieu où ils avoient été dépofés d'abord. Comment eft-il poffible que des nations policées ne foient pas encore convenues de
regarder les hôpitaux comme les temples de l'humanité, qui doivent être refpectés & protégés par.
le vainqueur? La voix d'une politique inquiéte de-
vroit-elle l'emporter fur le cri de la fenfibilité, qui
réclame des droits fi facrés? Dans un fiecle où l'on
a tant gagné du côté de l'efprit & des lumieres, ne de-
vroit-on pas prouver qu'on n'a rien perdu du côté
du cœur & des fentimens, & le moment ne feroit-
il pas venu d'établir parmi les nations une convention réclamée par l'humanité?

Il réfultera de l'exécution de ce projet, 1°. qu'un
bon choix de médecins, de chirurgiens & de drogues, augmentera le nombre des guéris en même-
tems que les maladies feront abrégées, & par conféquent la dépenfe des hôpitaux diminuée.

2°. Que le fervice des infirmiers fera beaucoup
plus fidele, plus intelligent, plus humain, & moins
coûteux qu'aujourd'hui.

3°. Que celui des employés étant fait par des
hommes accoutumés à la difcipline & à l'économie,

ij

il sera beaucoup plus exact & moins dispendieux qu'il ne l'est maintenant.

4°. Que les hommes qui y seront employés, ayant la confiance des malades, on évitera ces plaintes & ces révoltes, qui ne sont que trop fréquentes lorsque les soldats croient que ceux aux soins desquels ils sont confiés ont intérêt de ménager sur ce qu'ils doivent leur donner pour augmenter leurs gains & ceux des entrepreneurs généraux dont ils sont commis.

Un homme envoyé par chaque régiment tous les trois, quatre ou cinq ans, seroit bien suffisant pour fournir ce corps de commis des hôpitaux militaires, & il semble qu'il doit être bien facile de trouver ce bon sujet sur le nombre de ceux que ces régimens envoient aux Invalides dans cet espace de tems : mais si l'on craint que cela ne soit trop difficile, je propose de créer un ordre qui tiendroit le milieu entre l'état religieux & celui de la société, dont les sujets rempliroient ce double service. Dans l'ordre de Malte, il y a des chevaliers & des servans : il pourroit donc y avoir dans celui que je propose des directeurs, des garde-magasins, des commis aux entrées, des dépensiers, &c. & des infirmiers.

Un noviciat donneroit le tems de connoître les talens avant que d'admettre les sujets dans l'ordre ; & beaucoup de maisons religieuses dans le royaume, feroient plus utilement occupées par un tel ordre, que par ceux qui les habitent maintenant. Un habillement uniforme, un ruban ou une croix, se-

roient les feules marques qui diftingueroient les
fujets de cet ordre du refte de la fociété. On pourroit établir quelques maifons femblables pour les
femmes : la dépenfe de cet ordre fe trouveroit dans
les revenus des maifons religieufes que l'on fe propofe de fupprimer, ou dans quelques penfions fur
les bénéfices à nomination royale.

*Voyez à la fin de ce volume les Tableaux relatifs
au préfent Mémoire.*

LETTRE

*De M. de Chamouſſet, du 16 Juillet 1761 , relative
à des moyens de prévenir les malverſations
dans les Hôpitaux Militaires.*

LES précautions à prendre , Monſieur , pour re-
lever le ſervice des entrepreneurs par la régie que
Sa Majeſté vient d'établir dans les hôpitaux de ſes
armées , dont elle a bien voulu me confier l'intendance , & la néceſſité dans laquelle j'ai été de faire
des courſes continuelles pour monter ce ſervice ,
m'ont empêché juſqu'à préſent de me mettre en
relation avec vous ſur un detail également confié
à vos ſoins par toutes les ordonnances; aujourd'hui
que je ſens d'après ces préliminaires , combien il
eſt inſtant de donner une forme invariable à la
comptabilité de cette regie pour la mettre à l'abri
de tous les abus dont pourroient uſer les employés
chacun dans leurs fonctions ; je vous ſerai obligé,
Monſieur , pour les prevenir , de vouloir bien :

Premierement , ſigner & parapher un regiſtre au
directeur , contrôleur & aumônier de l'hôpital dont
vous avez la police ; aux deux premiers pour chacun
y inſcrire, conformément à l'ordonnance , tous les
entrans , ſortans & morts dudit hôpital ; & au dernier les morts ſeulement.

Il eſt indiſpenſable que ces regiſtres commencent
à être tenus à compter du premier juin dernier, s'il eſt

poffible , c'eft-à-dire , que les reftans au dernier du
mois de mai avec tous les entrans , fortans , &
morts pendant le courant du mois fuivant , y foient
portés avec la derniere exactitude.

Comme la bonne regle exige que lors de la formation des états de journées au bureau de la régie ,
toutes les pieces néceffaires à leur foutien y foient
envoyées , & que fi d'un côté les billets d'entrée ou
feuilles d'évacuation , prouvent l'époque de l'entrée
de chaque foldat dans les hôpitaux , de l'autre , les
regiftres en prouvent la fortie ou la mort , & fixent la
quantité des journées ; vous voudrez bien faire renouveller tous les mois dans votre hôpital les regiftres
dont il vient d'être parlé , afin de mettre le directeur à portée de faire paffer celui du mois précédent
avec les billets & feuilles d'évacuation au bureau de
la régie. Vous concevez , Monfieur , que pour que
chacun de ces regiftres foit revêtu de l'authenticité
convenable , il eft néceffaire qu'il foit certifié par
celui qui l'aura tenu , & arrêté par vous ; c'eft pourquoi j'ofe me flatter que vous voudrez bien tenir
la main à l'exécution de cet article.

Secondement , indépendamment de ces trois regiftres , il convient que le contrôleur ou le directeur , lorfqu'il n'y aura point de contrôleur , en tienne
un du mouvement journalier de tous les officiers de
fante , garçons chirurgiens , apothicaires , infirmiers
& domeftiques de votre hôpital , dans lequel foit
porté le jour de leur entree , celui de leur fortie ou
de leur mort , avec les fommes qui leur feront dues
à la fin de chaque mois , afin qu'il en puiffe former

un état mois par mois, certifié de lui , arrêté de vous, Monſieur , & l'envoyer au commencement de chaque mois au bureau de la régie.

Troiſiemement , il convient encore que le con-trôleur de votre hôpital continue de tenir, ainſi qu'il a été d'uſage juſqu'à préſent , un regiſtre de tous les armemens , argent & autres effets des ſoldats , avec une colonne d'obſervations pour rendre raiſon de ce qu'ils ſont devenus.

Enfin l'apothicaire aide-*major* comptable de la pharmacie, doit tenir regiſtre de ſes recettes & con-ſommations : vous voudrez bien également le faire mettre en regle ſur la tenue de ſon regiſtre ; & cette partie mérite d'autant plus d'attention , que les abus s'y reconnoiſſent plus difficilement.

Le contrôleur , ainſi que le directeur , doivent avoir l'œil à ce que le garde-magaſin des armes ait l'attention de placer leſdits armemens & effets, régiment par régiment , avec des étiquettes , com-pagnie par compagnie , contenant le nom du ſoldat auquel ils appartiennent , en diſtinguant ceux reſtés au magaſin , & ceux qu'il aura emportés avec lui dans les ſalles ; le tout conformément à ſon billet de ſortie , qui lui ſervira de billet d'entrée dans leſdites ſalles.

Quatriemement , quant au directeur , indépen-damment du regiſtre des entrans, ſortans & morts , il faut encore qu'il en tienne trois des recettes & dé-penſes en deniers, des recettes & dépenſes en den-rées , & des recettes & remiſes en effets.

Comme le ſervice des hôpitaux ſédentaires ne ſe

fait plus par entreprife, mais par régie, vous fentez parfaitement, Monfieur, de quelle néceffité il eft que tous ces regiftres foient fignés, cotés & paraphés de vous. Vous voudrez bien auffi, Monfieur, affifter à l'adjudication au rabais qui fe fera des menues denrées de confommation que la régie ne fournira pas, telles que le lait, les œufs, les légumes, les volailles, &c. & en arrêter les états à ce directeur, après que vous aurez bien voulu les vérifier. C'eft fur les confommations journalieres que l'on trouve les abus les plus fréquens ; auffi ai-je obligé les directeurs d'en tenir des regiftres exacts, & de les porter jour par jour fur la feuille imprimée qui détaille ces confommations : fi lors de vos vifites vous vouliez de tems à autre vous faire repréfenter ces feuilles & les différens regiftres qui doivent être tenus, & les parapher à la date du jour, vous feriez convaincu en même tems de l'exactitude des employés, & de leur fidélité, parce que je fufpecterai toujours d'infidélité celui qui, par des raifons frivoles, aura négligé de remplir fes devoirs. Je vous prie auffi de m'envoyer les foumiffions qui feront faites pardevant vous, foit pour les réparations qui pourroient furvenir à votre hôpital, foit pour des effets dont il pourroit avoir befoin, où dont je pourrois moi-même faire ufage dans d'autres hôpitaux, au cas que le prix m'en convint.

Vous voudrez bien également, Monfieur, continuer d'envoyer ou faire envoyer au Miniftre, au commencement de chaque mois, la copie du regiftre du contrôleur, & à M. l'Intendant de l'armée, les états de quinzaine, les extraits mortuaires, les feuilles des reftans à la fin de chaque mois, régiment par régiment, avec l'état des effets des morts; le tout, ainfi que cela a été pratiqué jufqu'à préfent.

Vous favez qu'il eft très-effentiel pour le bien du fervice, que le nombre des fervans foit complet; il peut fe gliffer des abus dans cette partie qui ne peuvent fe conftater qu'en faifant de tems à autre un appel général des employés fervans & officiers de fanté : je fuis trop convaincu de vos fentimens pour ne pas être perfuadé que vous voudrez bien prendre cette peine.

J'ofe attendre, Monfieur, de votre zèle pour le bien du fervice, que vous voudrez bien tenir la main à l'exécution du contenu de la préfente, & me faire part de tous les abus qui pourroient s'introduire, ainfi que des moyens que vous eftimerez devoir être employés pour les faire difparoître.

J'ai l'honneur d'être avec un très-fincère attachement, Monfieur, votre très-humble & très-obéiffant ferviteur.

De Chamousset.

P. S. Vous me feriez bien plaifir, Monfieur, fi vous vouliez vous faire apporter tous les matins les feuilles de vifites des médecins, chirurgiens & apothicaires, & les vifer ; c'eft fans doute le moyen le plus fûr de prévenir les abus dans cette partie de l'adminiftration.

PROJET

De réunion des Hôpitaux ambulans & fédentaires des Armées aux Hôpitaux Militaires du Royaume, sous une même administration économique, & avantages qui résulteroient de cette réunion.

Deux considérations importantes concourent à l'exécution de ce projet ; la premiere, est le bien-être des malades ; la seconde, une diminution de dépense pour l'État.

On se flate que la premiere de ces propositions sera bientôt prouvée à l'armée ; on y prend toutes les précautions possibles pour traiter les malades avec des soins qui puissent soutenir leur courage, & détruire la répugnance qu'ils avoient pour les hôpitaux. Les bons alimens, la propreté, l'ordre & l'exactitude dans les distributions, la bonté des médicamens & le choix réfléchi des officiers de santé, font espérer que la nouvelle administration aura des succès.

La seconde proposition se prouvera par la simple exposition du projet de réunion du service de l'hôpital ambulant aux hôpitaux sédentaires.

Il y a un grand nombre d'employés, de chirurgiens, d'apothicaires & d'infirmiers à l'hôpital ambulant, toujours nécessaires dans les cas de batailles qui arrivent peut-être deux fois dans une campagne,

mais toujours inutiles dans tout autre tems. Les
hôpitaux fédentaires ont de même un nombre de
furnuméraires de tous les genres deftinés à remplacer l'ambulance. Voilà donc deux maffes de furnuméraires, dont l'une ou l'autre eft fouvent dans
l'oifiveté, mais dont l'une eft néceffairement inutile
dans tous les tems.

Les deux fervices une fois réunis, non-feulement on fupprime la moitié des furnuméraires,
mais on établit une harmonie dans les deux branches du fervice qui concourt au bien de l'une &
de l'autre. Le mélange des effets n'entraînera plus
les inconvéniens des répétitions réciproques ; les
employés ne pourront plus profiter de cette con-
fufion pour faire leur profit des effets qu'on fuppofe perdus ; à mefure des marches de l'armée, les
hôpitaux qui fuivroient la même direction ne laif-
feroient fur les derrieres que les fujets néceffaires ;
on ne verroit pas, comme il eft fi fouvent arrivé
dans cette guerre, l'un des deux fervices manquer
de tout pendant que l'autre étoit dans l'abondance :
tous les fecours feroient répartis & diftribués par
la même main.

Il fuffiroit d'avoir trente caiffons à l'hôpital ambulant pour une armée de cent mille hommes. Cet
équipage feroit uniquement deftiné à fuivre le corps
principal de l'hôpital ambulant, & les divifions
particulieres des armées ; on ne porteroit à ces dépôts provifionnels que le néceffaire pour donner
les premiers fecours : les hôpitaux fédentaires fer-
viroient d'entrepôts & de magafins ; les furnumé-

raires seroient, suivant l'usage, placés à une lieue sur les derrieres du quartier général, munis de tout le nécessaire pour une bataille, & à portée de s'y rendre au premier coup de canon. Dès ce moment, il ne reste plus rien d'inutile dans le service; les employés & les chirurgiens se replient sur les établissemens du derriere avec les malades & les blessés, & à mesure que le service y diminue, reviennent rejoindre le poste des surnuméraires.

La diminution des caissons se suppléeroit avec un profit clair pour le Roi en faisant usage de chariots attelés de bœufs. Ces chariots prendroient sur la frontiere, & même en France si l'on vouloit, les approvisionnemens & effets pour le service des hôpitaux; ils seroient attelés de six bœufs au départ; on en laisseroit quatre ou moins, suivant le besoin, à l'armée pour le service des hôpitaux. Les chariots réduits à deux bœufs en retournant à l'approvisionnement pourroient encore conduire quelques malades, & faire ainsi une grande partie des évacuations sur les derrieres. Par ce roulage perpétuel dont on vient d'éprouver le succès, & qui coûteroit beaucoup moins au Roi qu'un équipage de caissons, non-seulement on feroit tout le service des hôpitaux avec une grande économie, mais on pourroit encore, en portant ses vues plus loin, faire une partie des charois des vivres en employant, suivant le même systême, les bœufs destinés à la boucherie de l'armée; & ces mêmes bœufs qui auroient conduit des subsistances dans les armées ou dans les places, y serviroient à nourrir les troupes ou les garnifons : cette réunion de la boucherie de l'armée avec celle des hôpitaux , feroit très-utile en ce qu'elle diminueroit le nombre des employés, & qu'elle affureroit un bon fervice aux petits hôpi-taux , aux garnifons foibles , qui aujourd'hui , ont peine à avoir de bonne viande. Si l'on réuniffoit ces fervices, les bons morceaux feroient pour les malades, le refte pour ceux qui fe portent bien.

L'utilité de la réunion des hôpitaux ambulans aux hôpitaux fédentaires de l'armée eft démontrée par cette fimple expofition ; mais il fortira encore une autre branche d'économie en réuniffant à la même régie les hôpitaux militaires du royaume. Les en-trepreneurs qui les ont traités , y entretiennent inu-tilement pendant la guerre des pharmacies, des em-ployés , des chemifes , du linge , des uftenfiles ; le Roi y entretient des médecins , des chirurgiens-majors, des aumôniers , des contrôleurs & des lits. Qu'on y établiffe une régie dans la forme qu'on va l'indiquer, alors tous ces fujets continuent leurs fervices pendant la guerre ; on tire des hôpitaux de France les fujets , les chemifes, les bonnets, les coëffes, les uftenfiles, les pharmacies. Tous les fujets, certains de retrouver à la paix une place qu'ils vont encore plus mériter, fe conduiront avec probité & avec zèle , & les foibles augmentations que le Roi fera obligé de leur donner , n'auront aucune pro-portion avec les appointemens qu'on eft obligé de donner à des fujets fouvent incapables : heureux encore quand le hafard qui a décidé du choix qu'on a fait d'eux ne les a pas donnés vicieux ! de-là , la diminution des avances confidérables que le Roi eft obligé de faire en commençant les opérations de la guerre ; de-là, la facilité de monter le fervice des hôpitaux des armées, & de faire des approvifion-nemens fur les frontieres.

Pour régir les hôpitaux du royaume , il faut traiter avec les entrepreneurs des lits militaires de chaque province pour les fournitures des chemifes, des bonnets, des coëffes, des capotes & autres uften-files dans les hôpitaux à tant la journée, ou à tant pour chaque fourniture complette. Il faut traiter avec eux pour fournir les draps , les paillaffes , & facs à pailles pour les foldats malades dans les armées & pour les fournitures d'officiers , à tant de loyer par mois ou par année. Il faut traiter dans chaque province , même dans chaque place d'une province en particulier , de la fourniture du pain, du vin, de la bierre, de la viande, du riz , des œufs , du lait, des pruneaux , &c. Il faut traiter avec les entrepreneurs de la fourniture des bois , de la lumiere, pour étendre le fervice qu'ils font dans les troupes de garnifons à celui des hôpitaux.

Au moyen de ces différens traités , le Roi n'aura d'autres avances à faire que celles des pharmacies. Les directeurs particuliers d'hôpitaux n'auront d'autres dépenfes à porter dans leurs comptes que les appointemens & gages des officiers de fanté , employés & fervans.

Le régiffeur de la province fera en même-tems directeur de l'hôpital de la capitale , & correfpondra au bureau de la régie générale à Paris. Chaque directeur particulier formera l'état de ses journées. Les employés seront réduits à un petit nombre, & plus souvent à un directeur qui fera toutes les fonctions du service. Ces mêmes employés, qui deviennent souvent inutiles dans les lieux que les circonstances laissent sans garnison, seront envoyés par *interim* dans les hôpitaux qui deviendroient plus considérables, & les malades seroient toujours assurés de trouver par-tout des secours prompts & suivis.

MÉMOIRE

Sur une Économie dans le service des Armées.

UNE armée de 100 mille hommes doit donner, suivant les proportions éprouvées, six mille malades qui, à raison d'une livre de viande chacun font une consommation de 6000 liv. par jour ci.　6000 liv.

Les quatre-vingt-quatorze mille soldats en santé, à raison d'une demi livre de viande chacun, consommeront par jour 47000 liv. ci. 47000

Total par jour. . . . . 53000 liv.

Pour produire cette quantité de viande il faut cent six bœufs par jour du poids de cinq cent livres chacun. En attelant ces bœufs à des chariots, on peut établir un roulage considérable qui diminuera beaucoup la dépense que le Roi fait pour cet objet.

La force du bœuf étant relative à sa grosseur, & par conséquent à son poids, il ne peut être fatigué d'une charge qui n'excédera pas sa pesanteur. Ainsi quatre bœufs de cinq cent attelés à une voiture conduiront très-facilement un poids de deux mille livres.

C'est une précaution sage, nécessaire & ordonnée par beaucoup de traités d'avoir à la suite des armées un approvisionnement de bœufs pour la viande d'un mois. Ainsi une armée de cent mille hommes doit avoir à sa suite trois mille cent quatre-vingt bœufs, qui, dans le système actuel, suivans l'armée par bandes, dépérissent parce qu'ils sont peu nourris, & ravagent les productions qui entourent le terrein qu'ils occupent, ce qui fait toujours un peu de tort à la subsistance du reste de l'armée. Sur les trois mille cent quatre-vingt bœufs ci-dessus, on ne propose d'en atteler que deux mille quatre cent sur six cent chariots, réservant les autres pour suivre les différentes divisions de ces chariots & relayer les bœufs qui tireroient mal ou se fatigueroient ; on feroit ainsi arriver à l'armée toutes les semaines avec certitude & grande économie tous les approvisionnemens en viande, & une partie de ceux en farine. Le service des hôpitaux n'exigeant que cent cinquante voitures qui, à deux voyages par mois, porteront trois cent charges, il restera pour le service des farines des vivres quatre cent cinquante voitures, qui dans les deux voyages du mois porteront neuf mille sacs.

On suppose dans ce calcul la distance moyenne

du dépôt général des approvisionnemens à l'armée de trente lieues, dans cette proportion chaque voiture, à quatre lieues par jour, fera deux voyages par mois ; à chaque voyage on choisira pendant la route les bœufs qui tirent le mieux, pour, après le déchargement, en atteler seulement deux sur chaque chariot, & le ramener au lieu du chargement avec une très-légere charge, qui ne consistera que dans les cuirs & les suifs des bœufs qui auront été consommés à l'armée, & dont on tirera un tout autre parti en les rapportant sur les derrieres. On pourra aussi se servir du retour de ces chariots pour évacuer des malades, & comme les arrivées & les départs se feront à jours fixes, on fera ces évacuations avec beaucoup plus d'ordre qu'on ne les a faits jusqu'ici, parce qu'elles seront prévues. Le reste des bœufs restera à l'armée pour la consommation journaliere.

Voyons maintenant le bénéfice que le Roi tirera de l'exécution de ce projet.

Pour faire porter dans l'espace du mois le poids ci-dessus de deux millions quatre cent mille livres par les voitures du Brabant, qui ne se chargent que de quinze à seize cent livres en beaux chemins, il en faut sept cent cinquante, qui, à raison de 6 livres de solde par jour, & quatre rations de fourage évaluées à 20 sols chacune, coûtent par jour au Roi la somme de . . . . 7500 liv.

Le service de ces voitures est bien peu utile l'hiver, parce que leurs petits chevaux ont été ruinés par les routes continuelles de l'été & de l'automne, & qu'ils de l'autre part. . . . . . . 7500 **liv.**

fe perdent dans la boue des mauvais chemins, au lieu que dans le fyftême qu'on
propofe, comme on change la moitié
des bœufs à chaque voyage, & que ceux
qui fervent le plus n'en font que deux,
le roulage eft affuré dans toute faifon, il
pourroit même devenir plus prompt, lorfque les circonftances l'exigeroient.

Pour monter le fervice & faire des
achats d'avance, afin d'affurer la fourniture de la viande du premier mois, il
faudroit 600,000 livres, en fuppofant
que pour faire cette avance il en coutât
l'intérêt à dix pour cent, ce feroit par
jour, ci. . . . . . . 166 l. 13 f. 4 d.

Les deux mille quatre
cent bœufs tirants con-
fommeroient douze cent
rations de fourage par
jour; mais au retour il y
aura une diminution de
moitié des bœufs, ainfi il
faut fur le total ne porter
la confommation journa-
liere qu'à neuf cent ra-
tions qui coûteront par
jour. 900

Solde fix cent chartiers
à 1 l. 5 f. par jour. . . 750

____

18161. 13 f. 4 d.   *ci*

ci contre. . . {18161. 13 f. 4 d.. } . . . . . 7500 liv.

Cent hommes employés *haut le pied* & furnuméraires à 1 livre 5 fols par jour. . . . 125 . . .

Entretien des voitures & des jougs cent vingt-cinq par jour, ci. . . 125

l. f. d.
2066 13 4

Refte fur le bénéfice par jour. . . 5433. 6. 8
Ajoutons au moins 1 fol 6 deniers de bénéfice fur chacune des cinquante-trois mille livres de viande de confommation par jour que le Roi trouveroit en faifant régir cet objet, ci. 3975

Total du bénéfice par jour. . . . 9408. 6. 8

Et par mois de campagne. . . . 282,250

Dans toutes les places où il y a des hôpitaux, le fervice de la boucherie fera fait par les employés de l'hôpital, fans augmentation de traitement ou tout au plus avec une gratification très-légère par mois à celui qui en feroit chargé. D'ailleurs dans les places où il y a un hôpital au-deffous de cent malades, il n'eft pas poffible d'y tuer un bœuf, fans expofer la viande à la corruption : dans le fyftême propofé, le même bœuf fervira aux foldats en fanté & aux malades ; au moyen de quoi les deux fervices fe feront également bien, & il en réfultera encore

Tome II. C

çet avantage, qu'à la fin de la guerre il n'y aura aucune perte fur les bœufs de tirage & d'approvifionnement, s'il en refte, au lieu qu'il y a de grandes
pertes à effuyer fur les chevaux qui deviennent
inutiles.

Je me chargerai très-aifément de ce fervice, qui,
loin d'augmenter mon travail, le facilitera beaucoup,
parce qu'il rendra mes tranfports aifés: ils font aujourd'hui prefqu'impoffibles à l'armée de Broglie. Si
on veut réunir aux hôpitaux fédentaires les ambulans, je réponds d'une diminution fi grande dans la
dépenfe, que ce qu'on donne aujourd'hui aux hôpitaux ambulans, joint au bénéfice que je viens de
montrer, fuffira & au-delà pour le fervice de la totalité des hôpitaux de l'armée.

OBSERVATIONS

SUR LES FOURAGES.

De la nature des Fournitures.

LES fournitures fe font ordinairement par traités
ou marchés, par impofitions & par contributions.

Par traité ou marché, on accorde un prix à un
fourniffeur, proportionné à l'établiffement & à la
diftance des magafins, c'eft-à-dire que s'il s'en trouve
à portée d'une riviere navigable, la ration complette compofée de 18 liv. de foin, & des deux
tiers du boiffeau d'avoine, ne doit pas être payée

en même raison que celle qui devroit être rendue à un magasin où l'on seroit contraint de faire voiturer par terre ces fourages, attendu qu'il en résulte un déchet considérable pour le fournisseur, occasionné par les chevaux, qui pendant toute la route consomment & en perdent beaucoup qui tombe dans les chemins malgré les précautions qu'il prend.

Des Livraisons.

Le fournisseur remet au garde-magasin, suivant l'usage, une lettre de voiture qui constate son chargement en quintaux de foin qu'on appèlle *épilé* ou *bottelé.* Ceci est contre les régles. Ce bottellage n'étant pas égal, les rations se trouvent de 12, 14, 15, 18, 20 & quelquefois 22 liv., ce qui contraint d'en choisir de différens lits, une certaine quantité pour leur donner un poids commun, sur lequel celui qui livre ou reçoit est la dupe, ou en tire avantage: ainsi, pour mettre une égalité, on ne doit recevoir qu'au quintal, poids de marc.

L'avoine ne doit pareillement être reçue qu'au boisseau, mesure de Paris, que l'on réduit ensuite aux deux tiers pour s'en charger en ration: les différentes mesures des pays occasionnent des contestations.

Lorsque l'on reçoit par ordre dans les magasins de la paille, elle doit être bottelée à vingt livres.

L'espeaute doit se recevoir comme l'avoine, &

le feigle au quintal , parce qu'il fe diftribue en livres.

Ces fourages ne doivent être reçus que fuivant les claufes portées au marché du fourniffeur, qui exigent qu'ils foient de bonne qualité, fecs, &c. Et fuppofé qu'ils fe trouvent endommagés, mouillés ou échauffés par défaut de précaution ou autrement, les pertes rejailliffent fur celui qui livre , parce qu'il a dû prévoir tous les événemens avant de conclure & de figner fon marché : il n'eft donc point dans le cas de demander une indemnité au Roi, & le garde-magafin eft autorifé à la lui refufer; auffi le fait-il toujours, vu le bénéfice qui en réfulte pour lui. Il fait fupporter au fourniffeur un déchet confidérable pour fes denrées mouillées & quelquefois pourries, & enfuite il les diftribue comme fi elles étoient de bonne qualité, fous prétexte qu'elles appartiennent à la régie , & qu'il faut que tout paffe : ce font les propos ordinaires des commis à la diftribution. Cependant l'intention du Roi eft que ces fourages ne foient diftribués qu'en bon état, & de bonne qualité : autrement ils peuvent caufer des maladies & même la mort à des chevaux que Sa Majefté paie fort cher.

Ce fourniffeur qui n'a donc pas eu l'attention de conferver fes denrées, perd certainement, & il s'en plaint au garde-magafin, qui pour l'indemnifer lui augmente fon récépiffé d'une quantité de rations dont il reçoit l'argent.

Il y a une autre façon de fournir dont il eft

bon de . parler : prefque toutes les parties pre-
nantes d'une armée ménagent leur fourage , &
vendent à très-bon compte ce que leurs chevaux
ne peuvent confommer ; les gardes-magafins font
ordinairement ce commerce, qui produit plus qu'on
ne peut s'imaginer : c'eft ce qui s'appelle *rachat* ; ils
cédent enfuite ces *rachats* à un fourniffeur : & au
moyen de cet arrangement , fa fourniture fe trouve
faite fans frais de port ni de commis..

Je fuis perfuadé qu'il y a un tiers de ces fournitures qui ne fe font pas autrement ; cependant le
Roi paie très-cher ces fourages de mauvaife qualité, & fouvent l'officier vend ce qu'on lui donne
pour en acheter au marché de meilleure qualité.

Diftribution.

Le bénéfice affuré d'un garde-magafin, occafionné
par les rations de foin qui font toujours au-deffous
de leur poids , quoique fouvent fort mouillées, &
l'adreffe des mefureurs d'avoine lui font vendre
ce bénéfice fouvent d'avance à fes fourniffeurs ;
& lorfque par hazard il eft fubitement relevé , on
trouve un *deficit* confidérable dans fes magafins qu'il
cache fouvent par fes états de fituation, & en for-
çant chaque jour fes dépenfes, mais tôt ou tard cela fe découvre , & alors il n'eft plus tems de remédier au mal , parce que le comptable n'eft pas
folvable & s'eft éclipfé.

Infpection.

Pour éviter ces abus , il faudroit un contrôleur

sûr à chaque magaſin, qui tiendroit un compte ouvert de la recette & de la dépenſe journalieres, qui feroit préſent à la formation des meules de foin, leſquelles feroient fixées par leurs dimenſions, afin qu'on puiſſe en un inſtant faire l'inventaire du magaſin ; de même on ne devroit point permettre que toutes les avoines & autres grains foient en *garenne*, mais feulement une partie pour la diſtribution, & l'autre en fachée, à moins que le défaut d'emplacement n'en empêche : toutes les lettres de voitures, pour des envois faits à d'autres magaſins, feroient viſés par ce contrôleur, qui enverroit toutes les quinzaines fon état de fituation au bureau de la guerre, fans autres formalités : il lui faudroit un commis, mais s'il pouvoit s'en paſſer, ce feroit encore mieux.

On ne pourroit pour lors faire aucun *rachat* : le garde-magaſin n'étant plus dans le cas de les placer, les approviſionnemens feroient réellement faits, & dans un inſtant critique, on pourroit certainement y compter ainſi que fur le tems qu'ils pourroient durer.

La manutention devroit être fixée à un certain prix, fuivant les emplacemens des magaſins : au moyen de cet arrangement, point d'états de dépenſe, les rations reçues & diſtribuées les formeroient.

MÉMOIRE

Sur les Économats & fur le parti qu'on pourroit en tirer pour les Hôpitaux Militaires & les Enfans-trouvés.

Sı dans les fiecles précédens on a cru pouvoir charger les bénéfices d'un certain nombre de foldats proportionné aux revenus fous le nom *d'oblats*, pourroit-on douter, dans un fiecle éclairé comme celui où nous vivons, que le Souverain n'ait le droit de faire fupporter à la maffe totale des bénéfices de fon royaume, & fur-tout de ceux qui font à fa nomination, la dépenfe de fes hôpitaux militaires ? mais afin qu'aucun des titulaires actuels ne puiffe fe plaindre, on propofe de ne tirer la fomme néceffaire pour cette dépenfe que des économats.

Voici les moyens qui ont paru les plus efficaces & les plus doux pour parvenir à ce but utile.

1°. Il faudroit diminuer beaucoup la dépenfe de cette adminiftration. Une des meilleures manieres d'y réuffir feroit de la réunir à celle des invalides, qui eft bien montée.

2°. Il faudroit mettre des bénéfices aux économats, fi ceux qui y font déja ne font pas fuffifans pour la fin qu'on fe propofe.

3°. Il feroit néceffaire de faire paffer tous les bénéfices par les économats à mefure qu'ils vaqueront , & de les y tenir une année. On fait que les revenus d'un bénéfice à nomination royale appartiennent au Roi depuis le jour de la mort du dernier titulaire jufqu'à celui où le nouveau en prend poffeffion ; & ce qu'il perçoit de plus , il le doit à la faveur de Sa Majefté , qui lui accorde une partie de ces revenus par un brevet particulier appellé *Brevet de don des fruits.*

4°. On pourroit encore gréver pour cette deftination tous les bénéfices fimples à nomination royale , foit du dixieme , foit du douzieme , foit d'une portion quelconque du revenu. Les pourvus pénétrés de reconnoiffance de la grace du Roi , & pleins de l'efprit de l'églife , ne fe plaindroient fûrement pas de cette charge fi jufte & fi conforme aux vues de l'évangile. Cette retenue , prefque infenfible fur chaque bénéficier , deviendroit dans fon total un objet très-confidérable pour l'œuvre la plus intéreffante & la plus patriotique. L'humanité & la religion approuveroient également une opération fage , utile , & qui feroit bénir à jamais le Souverain qui l'ordonneroit. D'ailleurs , fi l'on vouloit adopter l'idée que j'ai propofée dans mon *mémoire fur les hôpitaux militaires* , fi l'on plaçoit une partie des enfans-trouvés , foit dans les hôpitaux, foit dans ceux des villes pour les y élever en qualité *d'infirmiers* , ce feroit un titre de plus pour autorifer la retenue dont il eft queftion fur ces bénéfices qu'on peut ordinairement regarder comme de pure grace.

Le revenu de ces bénéfices monte chaque année à

trente-fix millions environ, dont le dixieme formeroit 3,600,oooliv. On préléveroit fur cette fomme celle de 1,200,oooliv. pour élever des enfans-trouvés dans tout le royaume : à ce moyen, on auroit un fond confi-dérable de fujets pour en faire des infirmiers, des matelots, des foldats des colonies, & l'on foula-geroit les hôpitaux des enfans-trouvés, tellement furchargés aujourd'hui par le nombre de ces en-fans, qu'ils font fur le point de n'en plus recevoir. Leur penfion dans les campagnes n'eft cependant que de 40 liv. par année, lorfqu'ils font arrivés à l'âge de quatre ou cinq ans ; fuppofons-la de 50 liv. l'un dans l'autre en prenant ces enfans depuis l'âge de deux ans : avec cette fomme de 1,200,000 liv. on en éleveroit vingt-quatre mille. Les revenus ac-tuels des hôpitaux des enfans-trouvés, fourniront facilement à la dépenfe des deux premieres années; & à l'âge de quatorze ans, ils ne doivent plus rien coûter ; ainfi ce feroit deux mille enfans de qua-torze ans qu'on mettroit chaque année dans la fo-ciété avec cette fomme de un million deux cent mille liv. Quand il y auroit moitié de filles, ce feroit toujours mille hommes chaque année pour recruter les corps, foit de foldats des colonies, foit de matelots, foit d'infirmiers.

A l'égard des filles arrivées à cet âge de quatorze ans, on pourroit les placer dans des établiffemens aux environs des villes ; elles y vivroient de diffé-rens travaux, comme dentelles, broderies, blondes. On les y inftruiroit auffi de ce qui feroit néceffaire pour en faire de bonnes fervantes, foit dans les villes, foit dans les campagnes, fuivant l'aptitude & les difpofitions qu'elles montrèroient. En propofant ces filles avec des gages moins forts que ceux des fervantes ordinaires, beaucoup plus capables d'ailleurs & plus inftruites du fervice que ne le font celles qui fortent de leurs villages, qu'elles ne quittent fouvent que par libertinage & pour cacher des fautes, il n'eft perfonne qui ne les préferât.

On pourroit encore choifir fur ces enfans-trouvés, garçons ou filles, des fujets capables de recruter les maifons *d'infirmiers* & *d'infirmieres* que l'on propofe d'établir *à l'inftar* des *Alexiens* & *Alexiennes* dont on fe loue fi fort en Allemagne. En perfectionnant cet ordre, en retranchant ce qu'il peut avoir de fingulier, il feroit bien utile pour le fervice des malades, tant des hôpitaux militaires que de ceux des villes, & même des maifons particulieres. On pourroit encore placer dans les villages ceux qui feroient les plus inftruits : ils y foigneroient les malades en même tems qu'ils tiendroient les petites écoles.

Tant d'avantages, & tous fi conformes à la religion & aux principes d'une bonne adminiftration, femblent mériter aux vues qu'on propofe, la protection la plus décidée de la part des deux puiffances.

Les deux millions quatre cent mille livres qui refteroient libres tous les ans pour les hôpitaux militaires, feroient en tems de paix une fomme beaucoup plus confidérable que leur dépenfe. Il feroit donc poffible d'économifer chaque année ſur cette ſomme , ſoit pour ſe mettre en état de ſupporter les dépenſes extraordinaires en tems de guerre , ſoit pour fonder & entretenir des eſpeces de chapitres deſtinés à recevoir des veuves & orphelins d'officiers , ſoit enfin pour donner dans les provinces des penſions à des officiers que leurs infirmités ou l'âge avancé obligent de quitter le ſervice.

Nouvelle maniere de rendre les Commiſſaires des Guerres plus utiles.

DANS le grand nombre d'établiſſemens dont la France tireroit de grands avantages , ſi on ne les avoit pas laiſſés dégénérer , celui de MM. les commiſſaires des guerres pourroit être un des plus utiles , ſi on les rappelloit à leur premiere deſtination. Créés pour veiller ſur les différentes parties du ſervice de l'armée , leurs fonctions exigent la confiance du Gouvernement. Il auroit donc fallu n'y admettre que des perſonnes d'une capacité éprouvée à tous égards ; mais la vénalité des charges a introduit des abus dans tous les corps ; l'argent & la protection y ont fait entrer un certain nombre de ſujets qui n'en étoient pas dignes : ce mal a des ſuites bien plus fâcheuſes , lorſque les fonctions de ces ſujets incapables ſont iſolées , que lorſqu'elles ne peuvent ſe faire qu'en commun. Les ſujets médiocres d'un tribunal ſont ſouvent entraînés par l'exemple & l'opinion des bons ; mais dans la partie

dont il s'agit ici , chacun fait ſon travail à part , &
celui qui auroit un plus grand beſoin d'être éclairé ,
montre ordinairement plus de répugnance que tout
autre pour conſulter. C'eſt donc avec ſageſſe qu'il
a été réglé que le titulaire d'une charge de com-
miſſaire des guerres n'auroit d'exercice qu'autant
que le miniſtre le lui auroit confié : d'ailleurs , en
donnant le même grade , les mêmes fonctions , les
mêmes appointemens à celui qui entre dans le corps ,
& à celui qui y ſert avec diſtinction depuis un aſſez
grand nombre d'années , on anéantit l'émulation qui
eſt la ſource de tout ſuccès ſolide. On manque
aux principes de la juſtice , qui exigent que la récompenſe ſoit proportionnée au travail. Celui qui
travaille , eſt par cela même obligé à une plus
grande dépenſe. Il eſt juſte qu'il trouve dans ſon
état de quoi ſe ſoutenir avec décence. Il faut que
ſa poſition ſoit aſſez agréable pour qu'il craigne de
la perdre , & qu'enfin il ſoit au-deſſus des tentations
plus ou moins dangereuſes pour ceux qui ſont
preſſés par le beſoin réel ou arbitraire.

Il eſt un moyen ſimple & peu coûteux pour le
Roi de remplir ces points de vue qu'on croit vainement utiles. Il s'agiroit de choiſir parmi MM.
les commiſſaires des guerres ceux en petit nombre ,
dans leſquels une longue expérience auroit fait reconnoître le plus de talens , & de leur faire un
ſort fort honnête. Chacun auroit un ſecond , capable de l'aider efficacement , & même de le remplacer dans le beſoin , dont le ſort ſeroit encore
honnête. Sous ces premiers & ces ſeconds , ſeroient

les nouveaux reçus, & quelques afpirans qui ne pourroient avoir l'agrément d'acheter des charges qu'après un certain nombre d'années de fervice en cette qualité d'afpirans, & fur les témoignages de ceux fous les ordres defquels ils auroient fervi. On trouveroit dans la diminution des appointemens des deux dernieres claffes, qui feroient les plus nom- breufes, une grande partie de ce qu'on donneroit d'augmentation dans les deux premieres ; & d'ail- leurs le corps de MM. les commiffaires des guerres ainfi monté, le Roi pourroit régir par eux, en di- minuant beaucoup la dépenfe des fervices de l'armée. Pour le prouver, je propofe d'en faire l'effai dans la partie des hôpitaux ; je réponds du fuccès, en me donnant pour chaque armée deux commiffaires à mon choix, dont un aura le titre d'adminiftrateur, & l'autre celui d'infpecteur, & un troifieme pour m'aider dans les opérations générales, & pour di- riger celles de la comptabilité. Il feroit utile qu'il eût le grade d'*ordonnateur* & *adminiftrateur général* des hôpitaux : on éviteroit par-là les frais immenfes des régiffeurs qui font accoutumés à des gains con- fidérables ; le fuccès de ce nouveau fyftême pour cette partie détermineroit bientôt à le fuivre pour la plupart des autres.

MÉMOIRE

Concernant les Ouvriers & les Domestiques.

ON juge de la force des États par leurs revenus.
Un fage gouvernement doit donc être occupé fans
celſe des moyens de les augmenter, & d'empêcher
qu'il ne s'en perde même la plus légère partie. On
a plus befoin dans un État d'hommes qui l'enri-
chiſſent par leur induſtrie, que de gens qui l'illuſ-
trent par leurs talens ; les arts méchaniques le cédent aux arts libéraux pour l'efprit & le génie ;
mais ils l'emportent fur eux par leur utilité. On
ne fauroit jetter trop d'hommes dans les claſſes qui
produifent dans l'État une valeur qui n'y exiſtoit
pas ; celles dont les fonctions font les plus diſtin-
guées, font fouvent celles qui produifent le
moins à la maſſe totale, & qu'une fauſſe gloire
peuple le plus. Ce n'eſt que par la fupériorité du
fyſtême d'Angleterre, par rapport à l'emploi des
hommes dans les claſſes profitables à l'état, que
l'on peut expliquer comment la Grande-Bretagne,
moindre de plus de moitié que la France en hommes
& en terres, poſſede une marine, un commerce
& des revenus fi fupérieurs à ceux de France ; c'eſt
la confideration attachée à tous les états en Angleterre qui retient les enfans dans la profeſſion de
leurs peres ; on y marque pour toutes les profeſ-

sions une considération dont s'honore le citoyen. Un
laboureur qui s'enrichit par la culture des terres; un négociant qui contribue à étendre le commerce de la nation, y sont estimés. L'esprit philosophique y pese l'es-
time au poids des services qu'on rend à sa patrie, & ne
met à cet égard aucune distinction entre les emplois plus ou moins nobles. Si les préjugés empêchent la France de saisir un système qui la rétabliroit, du moins doit-on prendre les moyens d'empêcher la destruction. La désertion des campagnes
par cette foule de gens, qui viennent dans les villes
pour y être des domestiques superflus, ou des ouvriers employés au luxe, est la principale cause de
la destruction d'un état agricole, puisqu'elle diminue
la véritable source de ses revenus, & qu'elle lui
présente plus d'objets de dépense : ce mal est universellement connu aujourd'hui ; cependant on n'a
pris jusqu'ici aucunes précautions pour l'arrêter. Je
conviens que les meilleurs moyens échoueront, si
le cultivateur & le malheureux habitant des campagnes ne font pas soulagés ; mais aussi il faut
avouer que, quelque nécessaire que soit cette diminution d'impôts dans les campagnes, elle n'est pas
suffisante pour arrêter un abus dont on se plaint si
justement. Tant que les domestiques des plus médiocres maisons seront mieux nourris, mieux vêtus,
gagneront davantage, & auront moins de peine
que le journalier, même dans l'état d'aisance ; le
défaut de sentiment & la paresse feront préférer le
parti de la domesticité à celui du travail, si l'une
& l'autre profession font également libres. Je sais

qu'il ne faut pas gêner une nation plus jaloufe
qu'aucune autre de fa liberté ; mais peut-on dire
que c'eft gêner cette liberté, que de diminuer une
licence qui fait quitter arbitrairement une profeffion utile , néceffaire , honnête pour ceux qui
l'exercent, & dans laquelle la Providence les a fait
naître , & de n'accorder cette faculté de quitter la
profeffion de fes peres qu'à ceux qui en auront des
raifons légitimes? De plus, eft-il jufte d'encourager
par la récompenfe des hommes qui commettent
certainement une faute ? le travail de cet homme
qui vient de la campagne , auroit été profitable à
l'État, & en outre il auroit payé une impofition
quelconque, s'il étoit refté chez lui : s'il vient fervir
dans une ville, fon travail ne contribue plus à
l'augmentation de la richeffe de la nation, & il
n'eft impofé qu'à une légère capitation que paie
fon maître. Ce vice n'eft pas le feul qui réfulte de
l'abus de l'idée de liberté; il en eft une autre
qui naît de la même fource : c'eft cette multitude
de mendians , de vagabonds & de gens inconnus,
qui couvrent la furface du royaume, qui défolent,
par leurs demandes , mêlées de menaces, les laboureurs, qui tourmentent les habitans des villes , &
qui enfin deviennent fouvent par leurs crimes l'objet
de la févérité des loix.

Voilà les fuites funeftes d'une licence tolérée par
la crainte de bleffer la liberté ; mais on eft trop
éclairé aujourd'hui pour s'y méprendre. On fait
que l'abus des chofes eft ce qui leur peut faire plus
de tort, & que par conféquent en réprimant la licence

cence on favorise la liberté. D'après ces principes, je proposerai avec confiance un projet qui tend à assurer les revenus de la nation, en faisant rester dans les campagnes tous ceux qui peuvent y être utiles, & qui, de l'autre côté, doit arrêter le torrent des crimes, en ôtant aux hommes, par le signalement, l'espoir d'échapper à la punition, s'ils font affez malheureux pour se laisser aller au crime. Le zèle, l'activité & l'intelligence d'une police exacte, font retrouver aujourd'hui la plus grande partie des criminels; mais ne seroit-il pas bien plus utile de les empêcher de devenir tels, en leur imprimant par un signalement la crainte d'être trop facilement découverts, s'ils deviennent coupables? c'est l'idée de l'obscurité dans laquelle ils croient vivre qui enhardit les hommes: il n'en est point qui se déterminât au crime, quelqu'avantage qu'il dût en retirer, s'il n'espéroit d'échapper aux recherches & à la punition, sur le fondement qu'il n'est point connu. Le signalement que je propose de tout homme venant à Paris pour être domestique, ou ouvrier de ces corps de métiers qui ne tiennent point de registres, suffit pour arrêter bien des mains criminelles. Le dépouillement des registres sur lesquels seront portés ces signalemens, présentés tous les mois aux magistrats, leur fera voir ceux dont ils doivent ordonner le renvoi dans les campagnes, & ce retour dans les villages par ordre du Gouvernement, quand il ne seroit que de quelques-uns, empêchera un grand nombre d'hommes de tenter un voyage qui peut être infructueux. Il ne s'agit au

furplus que de renouveller la déclaration de 1640,
par laquelle il étoit enjoint à toutes perfonnes venant à Paris, foit pour l'exercice de quelque profeſſion, foit pour y fervir, de fe faire enregiſtrer
dans un bureau dans les vingt-quatre heures de leur
arrivée, & de tirer certificat de leur enregiſtrement;
fans lequel elles fe mettoient, & ceux qui les auroient retirées, dans le cas de punition.

Le fuccès de cet établiſſement dans la capitale, déterminera à l'étendre dans toutes les grandes villes
du royaume; & alors, fans augmenter la dépenfe,
les chemins deviendront plus fûrs, & l'on verra diminuer fenfiblement tous les jours ces bandes de
mendians & de vagabonds, que l'occafion rend vo-
leurs, & qui font toujours fi onéreux à la fociété;
on pourra même aifément parvenir, par ce moyen,
à déraciner cette pernicieufe vermine.

L'établiſſement que l'on formeroit de regiſtres
où feroient infcrits tous les renfeignemens dont le
public a befoin, fe chargeroit de cet enregiſtrement
qui doit être gratuit, pour la premiere fois, aux conditions fuivantes, 1°. qu'il ne paiera à la poſte de
Paris aucuns ports pour toutes les chofes relatives
à fon opération; 2°. qu'on lui donnera gratuitement
un corps-de-garde, de quelques hommes détachés
des compagnies d'Invalides, pour maintenir le bon
ordre dans un lieu où il paſſera tous les jours une
affluence confidérable de peuple; 3°. qu'il lui fera
permis d'exiger deux fols pour le certificat qu'il
donnera à chaque ouvrier, toutes les fois qu'il changera de maître, quatre fols de chaque domeſtique

qui ſera dans le même cas, & ſix ſols de chaque renſeignement, que les maîtres feroient prendre ſur le compte d'un domeſtique qu'ils veulent prendre à leur ſervice. On pourroit même tenir un regiſtre particulier de tous ceux ſur la conduite deſquels on n'auroit reçu que de bons témoignages, & l'on enverroit une note de ce regiſtre à tous les maîtres qui la demanderoient, en payant à raiſon d'un ſol par chaque domeſtique indiqué; à côté du nom de chacun, ſera celui du maître chez qui il a ſervi, & ſon témoignage. Par cette idée, on remplit tout l'avantage que le public peut tirer d'un bureau de domeſtiques, ſans qu'il puiſſe en réſulter aucun inconvénient, puiſque ce bureau n'en donnera jamais; qu'il ne répondra qu'aux demandes qu'on lui fera, & que néanmoins il tiendra tous les domeſtiques dans la crainte qu'une note déſavantageuſe ne les empêche d'entrer dans une bonne condition; d'où il réſulte qu'ils ſeront moins ſujets à l'inſolence, à l'inexactitude, à la pareſſe, à l'ivrognerie & à mille autres défauts, dont les maîtres ont journellement raiſon de ſe plaindre, & pour leſquels il n'eſt point de punition aujourd'hui.

Le dépouillement des regiſtres qui ſeroit préſenté tous les mois aux magiſtrats, comme il a été dit ci-deſſus, leur feroit voir les domeſtiques que ces fautes répétées doivent rendre l'exemple des autres, par la punition qu'ils auroient méritée, & qu'ils leur infligeroient. Ceux qu'on ne croiroit pas dans le cas de punition, ſubiroient toujours celle de voir préférer, pour les places, leurs camarades, à qui l'on n'auroit pas de reproches à faire, & cette préférence deviendroit en même tems un encouragement & une récompenfe pour ceux qui fe conduiroient bien. On pourroit même par la fuite propofer une maifon de retraite dans la vieilleffe, ou dans des accidens qui les empêcheroient de continuer de fervir, à tous ces domeftiques qui ne s'en feroient pas exclure par de mauvaifes notes fur leur compte ; ils y acquéreroient le droit de retraite au bout d'un certain nombre d'années, par le paiement d'une cotifation libre & volontaire, & en fuivant l'idée de l'inftitution des Invalides.

Les claffes de cette retraite feroient différentes fuivant la fomme que l'on donneroit chaque année. On donnera plus d'étendue à l'expofition de cette idée, fi elle eft agréée; ce qui m'a déterminé à la préfenter, c'eft que cette perfpective devient une nouvelle raifon d'engager les domeftiques à fe conduire fagement, & d'économifer fur leurs débauches, fur le jeu, & enfin fur mille autres dépenfes qui, quoique moins répréhenfibles, font inutiles. Par cet établiffement, les maîtres pourront fans fe gêner affurer une récompenfe certaine à ceux qu'ils croiront l'avoir méritée par leurs fervices; enfin, par l'exécution totale de ce projet, on procurera la fûreté des villes, celle des grands chemins, & même des campagnes, la commodité du citoyen, la récompenfe du bon domeftique, la punition du mauvais ; l'Etat & les familles qui le compofent, fe trouveront déchargés d'un fardeau très-onéreux, & on empêchera la dépopulation des campagnes : voilà les effets naturels qui réfulteront de l'exécution du plan qu'on propofe. Si jamais il y a eu une circonftance propre à le produire, c'eft fans doute celle de la paix, qui ramene en France, & fur-tout dans Paris, une foule de gens défœuvrés, qui ne trouvant plus dans la guerre d'occupation pour fubfifter, fe font un droit de leur mifere pour porter par-tout le trouble & le défordre. Les doux fruits de la paix font toujours empoifonnés par les brigandages affreux qui la fuivent : l'unique moyen d'arrêter ce torrent de maux prêt à inonder la France, c'eft de faire refluer dans les campagnes ces hommes que la néceffité des tems en a arrachés pour les dangers de la guerre, & d'engager à enrichir l'État de leur travail ceux qui ont été employés à le défendre.

MÉMOIRE.

Sur un Établiffement en faveur des Servantes malades & hors de condition, des Filles de boutique & des Ouvrieres.

LE fervice des villes y attire des campagnes une multitude de filles qui, pour la plûpart, n'y retournent jamais. Quelques-unes, il eft vrai, fe marient dans les villes ; mais quelle différence entre ces mariages & ceux des villages, où les parties contractantes fe connoiffent depuis leur naiffance, où l'inf-

-pection des parens empêche ces désunions si fréquentes dans les villes & si contraires à la population. Celles qui se livrent à la débauche y sont moins
propres encore. S'il étoit possible de les excuser, on
pourroit dire qu'un grand nombre d'entr'elles est
presque nécessairement conduit à cette vie malheureuse par l'abandon qu'elles éprouvent lorsqu'elles
sont hors de condition. Plusieurs même ne sçavent ou
aller coucher au moment où elles sortent de maison.
L'hôpital de Sainte-Catherine ne leur est ouvert que
pour trois jours ; & encore y auroit-il bien des choses
à dire sur cette ressource insuffisante. Elles n'ont d'autre moyen de subsister que les foibles économies qu'elles ont pu faire sur des gages modiques ; effrayées par
les dépenses qu'elles sont obligées de faire dès l'instant que leur nourriture, leur entretien & leur logement tombent à leur charge ; incertaines du tems où
cette dépense cessera par une nouvelle condition ;
livrées à elles-mêmes, sans principes, sans éducation, n'ayant personne qui ait autorité sur elles,
qui veille sur leur conduite ; est-il étonnant qu'elles
écoutent des propositions qui les tirent de cette détresse , & dont on ne leur montre que les douceurs
& les avantages ? Quelle position pour des filles qui
n'ont nulle expérience ! Aussi la plûpart succombent
à la tentation, & de meres de famille qu'elles auroient été, elles deviennent des filles prostituées. La
religion & la saine politique sont donc également
intéressées à un établissement qui présentera un
moyen assuré de remédier à un mal qui les attaque

également. Le feul fentiment d'humanité fuffiroit pour faire prendre part au funefte abandon qu'éprouvent ces malheureufes filles. Le plan d'établiffement que je mets fous les yeux du public, jugé naturel des idées qu'infpire le défir d'être utile à la fociété, n'eft pas aufli confidérable que je le défire; les efforts d'un particulier font néceffairement circonfcrits par des bornes étroites : mais il prouvera du moins qu'il eft fufceptible de s'étendre & de fe perfectionner. Il confifte à préfenter une retraite à un certain nombre de filles, moyennant une petite rétribution par an, toutes les fois qu'elles feront malades ou hors de condition.

Les perfonnes qui feront à la tête de la maifon, feront éclairer de près la conduite de ces filles, qui fouvent ne fe dérangent, que parce que perfonne ne les furveille. Elles récompenferont celles qui fe conduiront bien, & feront punir les coupables, proportionnellement à leurs fautes ; le coup d'œil le plus fuperficiel fuffit pour apercevoir tout le bien qui doit réfulter d'un pareil établiffement ; ainfi, je me bornerai ici à un détail fommaire de fon exécution.

Dans la maifon que je propofe, ouverte aux filles malades, & à celles qui feront hors de condition, on établira pour les dernieres, différens ouvrages qui procureront un fort plus ou moins avantageux à celles qui y feront occupées, fuivant que l'ouvrage fera plus ou moins lucratif, & que l'ouvriere fera plus ou moins habile. Les filles qui ne s'affocieront que pour s'affurer des fecours en maladie, trouveront dans cette maifon les reffources les plus efficaces pendant le cours de celles qui peuvent leur furvenir, & ne paieront que 9 livres par an pour cet objet; celles qui voudront joindre à ce premier avantage celui d'une retraite, lorfqu'elles feront hors de condition, trouveront dans cet établiffement le logement, le chauffage & la lumiere, moyennant 3 liv. de plus par an. On emploiera autant qu'il fera poffible aux ouvrages généraux de la maifon & à la garde des malades, celles qui y feront propres, & qui ne feront pas capables de travailler aux différentes manufactures qu'on y établira, & on les paiera à proportion de leurs fervices.

Indépendamment de ces avantages, il fera tiré tous les ans une loterie au profit des affociées, à raifon de deux lots par cent de celles qui y feront admifes.

Les affociées dont la conduite aura été irreprochable pendant le courant de l'année, & qui en rapporteront des certificats, feront les feules qui auront droit à cette loterie gratuite, puifqu'aucun billet ne fera payé, mais donné à toutes celles qui apporteront ces certificats.

Une récompenfe pour celles qui fe conduiront bien, des punitions proportionnées aux fautes, & enfin, une infpection continuelle fur la conduite de ces filles, font les moyens les plus propres pour faire tourner au bien toutes celles qui en feront fufceptibles.

On aura grand foin de renvoyer de cette efpèce de fociété toutes celles qui feront vicieufes, & d'en avertir la police ; ainſi , toutes les perſonnes qui s'adreſſeront à l'établiſſement propoſé pour avoir des domeſtiques , feront certaines de n'en avoir que de ſûres , au moins pour les choſes principales ; d'ailleurs , en les prenant dans cet établiſſement , elles ſe debarraſſeront de l'inquiétude & des ſoins que donne une malade , de la peine de lui chercher un lieu , ſi elles ne veulent pas la garder chez elles , & du ſoin de la remplacer : l'établiſſement s'engagera de leur envoyer pendant la durée de la maladie une fille en état de faire le ſervice de celle qui ſera malade. On continuera ſeulement à cette ſuppléante les gages & la nourriture de la malade qui n'en a pas beſoin , puiſqu'elle ſera reçue dans la maiſon. Les maîtres s'aſſureront donc par cet établiſſement de bonnes domeſtiques , & une continuité de ſervice que rien n'interrompra ; les domeſtiques s'aſſureront une retraite lorſqu'elles ſeront hors de condition , tous les ſecours les plus efficaces lorſqu'elles ſeront malades , & une récompenſe , ſi elles ſe comportent bien.

Pour procurer ce double avantage aux maîtres & aux domeſtiques, on ne leur demande , comme il a été dit , que 12 liv. par an ; il ſeroit naturel que chacun donnât 6 liv.

Dans les commencemens, on ne recevra que trois mille perſonnes dans cette aſſociation , & pareil nombre d'expectantes qui , ne payant rien , n'auront aucun droit dans cette maiſon ; mais qui , par ordre de date de leur inſcription , entreront à la place de celles qui ſeront renvoyées , ou qui ſortiront. Par ce fyftême, on étendra davantage le bien réfultant de cette propofition, puifque celles mêmes qui ne feront pas encore admifes , feront intéreffées à fe bien conduire pour mériter des certificats qui les y faffent entrer dans la fuite.

L'Hôtel-Dieu fe trouvera déchargé par cette opération de beaucoup de maladies, qui fouvent font devenues graves , parce qu'on a négligé pendant quelque tems les indifpofitions qui les annonçoient. Cet établiffement formé ; dès l'inftant qu'une fille fe trouvera indifpofée , elle viendra recevoir les fecours néceffaires pour empêcher la maladie de faire des progrès.

On fuppofe que l'on n'admettra dans les commencemens que trois mille filles, qui, à raifon de 12 liv. par an, provenant d'elles ou de leurs maîtres, donnent 36000 liv. de revenu.

Pour faire face aux maladies de ces trois mille filles, il faut toujours entretenir trente-fix lits, qui, à raifon de 300 liv. chacun, forment une dépenfe de . . . . 10,800 liv.

Cent cinquante de ces filles toujours hors de condition fur les trois mille, à raifon de 6 fols par jour pour le chauffage, le logement, le coucher, &c. coûtent quarante-cinq livres par jour, & par an 16,200

TOTAL 27,000

Ainfi il reftera 9000 liv. qui, jointes aux gains

qu'on pourra faire fur le travail général, mettront en état de payer les appointemens de ceux qui feront à la tête de cette maifon, les dépenfes extraordinaires, celles d'une épidémie qui pourroit furvenir, & enfin les cent louis faifant le fonds des lots de la loterie de récompenfe. Comme on n'y admettra que celles qui apporteront les certificats les plus clairs & les plus authentiques, on croit que l'on fera fort heureux, fi fur trois mille abonnées on en a deux mille qui méritent cette faveur par une conduite exempte de tout reproche : or, deux mille perfonnes à deux lots pour cent, obligent de faire quarante lots :

SAVOIR,

10	Lots d'un louis chacun	10
10	*Idem.* de deux	20
10	*Idem.* de trois	30
10	*Idem.* de quatre	40
		100

Au furplus, fi une fage adminiftration peut procurer des économies, elles feront diftribuées à celles de ces affociées qui mériteront le plus par leur bonne conduite & leur befoin.

J'ai le projet de joindre à cet établiffement un objet qui n'eft pas moins inréreffant pour l'État, qui occuperoit un nombre de ces filles avec utilité, & qui fourniroit par conféquent à une grande partie de leur dépenfe.

Dans ce moment, il ne s'agit que de connoître par des souscriptions le goût du public, & celui des personnes pour lesquelles cet établissement est imaginé. On se prêtera volontiers à établir différentes classes pour celles qui voudront y entrer, en payant davantage, & même une maison particuliere, si le nombre de celles qui la demanderoient étoit suffisant pour la soutenir; mais comme ces différens prix & ces différentes positions doivent être relatives à la maniere de penser de ceux qui auront dessein de se servir de cet établissement, je crois plus sage d'attendre qu'ils fassent connoître leurs desirs, que de leur faire des propositions. Elles doivent être certaines de l'empressement avec lequel on saisira tout ce qui sera praticable, & qui pourra leur plaire.

On trouvera depuis neuf heures du matin jusqu'à une heure, & depuis quatre heures après midi jusqu'à huit heures, au bureau général de la poste de Paris, rue & place du Chevalier du Guet, près le grand Châtelet, des personnes également prêtes à recevoir du public toutes les idées utiles, à répondre à toutes les questions qu'il pourra faire sur cet objet, & à inscrire ceux qui le voudront.

Je crois que ceux qui auront pris la peine de lire cet écrit avec attention, seront convaincus de ce qui y est annoncé au commencement; que cet établissement intéresse la religion, les mœurs & la saine politique; ainsi, j'ai lieu de compter, non-seulement sur les avis de tous ceux qui sont animés de l'amour du bien; mais même, pour les premieres dépenfes de cette œuvre, fur les fecours de tous ceux qui en fentiront la bonté. On donnera à ceux qui le défireront la fatisfaction de voir l'emploi qu'on en fera ; d'ailleurs, cet objet ne peut être que d'une très-petite conféquence, comme, par exemple, une année une fois payée pour les frais d'établiffement (1).

ÉTABLISSEMENT

Pour les Femmes enceintes.

La multitude d'établiffemens formés dans Paris par la religion, & la faine politique, fembleroit ne plus laiffer aucun befoin de l'humanité fans fecours. *L'Hôtel-Dieu*, la *Charité*, les *Hofpitalieres* font deftinés à la guérifon des maladies curables, *l'Hôpital des Incurables* à procurer une retraite heureufe à ceux que des infirmités qu'on ne peut guérir, rendent incapables de tous travaux ; les *Petites-Maifons* renferment les foux ; *Bicêtre* & la *Salpêtriere*, les vieillards, les pauvres, & de plus ceux qu'une vie déréglée rendroit pernicieux dans la fociété. D'autres

____

(1) En 1762 M. de Chamouffet fit imprimer un *profpectus* fur cet établiffement qui ne produifit dans le tems d'autre effet que la foufcription de cinq ou fix cent filles ; mais ce nombre n'étant pas fuffifant, ce projet utile & humain ne fut pas plus heureux que plufieurs autres.

afyles de miféricorde , les *Enfans-Trouvés*, pour les nouveaux-nés abandonnés par des meres fans facultés ou fans entrailles ; les *Enfans-Rouges* pour les orphelins ; les *Cent-Filles*, pour les orphelines ; les hôpitaux du *Saint-Efprit* & de la *Trinité*, pour les uns & les autres : toutes ces fondations dépofent en faveur de l'humanité de nos prédécefleurs qui les ont faites, & de la fagefle du gouvernement qui les a autorifées. N'eft-il pas réfervé à celui-ci de faire exifter un établiflement deftiné à procurer aux meres les moyens les plus fûrs & les moins difpendieux de mettre au monde des enfans qui font la richefle de tout État bien adminiftré? Au furplus cette inftitution ne doit point être gratuite ; l'Hôtel-Dieu offrira toujours fes fecours à celles pour qui le gratuit n'eft pas une reflource trop humiliante : l'établiflement dont il s'agit, inftitué pour le bien de l'Etat, ne tirera de celles qui y auront recours , que le remboursement de fes dépenfes, & procurera par là à chacune d'elles toute l'économie & l'efficacité que l'on doit attendre des fecours réunis dans un même lieu.

Il paroît inutile de parcourir ici toutes les différentes clafles auxquelles un femblable établiflement fera de la plus grande importance. Dans des lieux féparés & inacceflibles à tous ceux qui n'y feront point abfolument néceflaires , on offrira une retraite des plus fûres à tous égards à ces perfonnes qu'un moment de foiblefle a fait fuccomber , & que la honte expofe fouvent à la tentation de commettre un fecond crime, par la crainte d'être obligées de découvrir un état qui les défefpere. Elles feront reçues dans cet afyle fous le nom du Saint du jour où elles entreront, & défignées par le numéro de leur lit ou de leur appartement. Elles dépoferont en entrant, un paquet cacheté, dans lequel fera tout le détail néceffaire pour les faire connoître, & pour avertir ceux qu'elles jugeront à propos, s'il leur furvient quelque accident, & que l'on rendra tel qu'il aura été configné à toutes celles qui fortiront de cette maifon.

Indépendamment du médecin , des chirurgiens, & des fages-femmes qui réfideront dans cette maifon, on y attachera à titre de confultans les hommes les plus célébres dans cet art, pour avoir leurs avis dans les cas embarraffans. Cet établiffement fera compofé de deux corps de logis; celui du fond refervé pour le fecret, fera plus fpécialement inacceffible à tous ceux qui n'auront pas des raifons effentielles & indifpenfables d'y entrer; l'autre corps de logis fera deftiné pour toutes les femmes qui n'ont point ici de domicile, foit qu'elles y foient venues pour n'y paffer qu'un certain tems, foit qu'elles y foient attachées comme domeftiques , pour les femmes d'ouvriers, de gens en maifon , qui n'ayant dans leurs logemens que l'exact néceffaire en fanté, profiteront avec fatisfaction d'un établiffement où fans dépenfer davantage que chez elles , elles trouveront beaucoup plus de fecours.

Ces maifons d'accouchemens , feront compofées de petits appartemens, de chambres à un lit, d'autres de deux à trois lits, enfin de petites falles de dix à douze lits. Les appartemens conſiſteront en trois pièces, une anti-chambre, la chambre de l'accouchée, & une chambre pour ſa domeſtique ; indépendamment de la cheminée de la chambre de la malade, il y en aura une dans l'anti-chambre pour lui faire ſon pot, ſes tiſannes &c. Elle ſera nourrie avec ſa domeſtique, & une garde que la maiſon lui fournira à raiſon de 8 livres par jour à compter de celui où elle accouchera, juſqu'à celui où elle reprendra la nourriture ordinaire, & quittera ſa garde ; elle ne paiera alors que ſur le pied de 6 liv. par jour, comme pour les jours qui auront précédé l'accouchement.

Dans les chambres à un lit on paiera 6 liv. par jour pour le tems des couches, & 4 liv. pour les autres jours.

Dans celles à deux ou trois lits, 4 liv. par jour pour les jours de couches, & 3 liv. pour les autres.

Dans les ſalles de dix à douze lits, 3 liv. par jour pour les jours de couches, & 2 liv. pour les autres.

Si l'on entroit dans cette maiſon avant le dernier mois, on ne paieroit dans la derniere claſſe que 30 ſols pour les jours qui le précéderont.

En entrant, on paiera d'avance pour quinze jours, & on donnera caution pour le reſte du tems qu'on pourra paſſer dans cette maiſon.

TROISIEME

TROISIEME PARTIE.

Boiſſon ſalutaire; Alimens ſains; Préſervatifs contre les maladies.

MÉMOIRE

Sur un établiſſement pour procurer de l'Eau pure à Paris (1).

L'EAU étant, après l'air, la choſe dont les hommes font le plus d'uſage, rien n'eſt plus important, pour leur conſervation, que de la leur procurer pure & ſans altération. Il eſt certain que celle des rivieres ne peut être telle que dans leurs courans, dont le mouvement jette ſur les bords les corps étrangers qu'elles charient, en même-tems qu'agitant les molécules qui compoſent cet élément, il en empêche la réunion, & entretient par là cette eau du courant dans la fluidité d'où dépend ſa pureté : il ne peut donc y avoir d'eau parfaite que celle des courans.

____

(1) Ce Mémoire a été imprimé à Paris en août 1768 ſous le titre de *Proſpectus.*

Tome I.　　　　　　　　　E

La néceffité de conferver celui de la Seine libre pour le paffage des bateaux qui conduifent des provifions à Paris, a empêché d'y placer les différens établiffemens qui ont été formés jufqu'ici pour y donner de bonne eau. Aucun n'a pu la puifer que fur les bords où elle eft altérée par le ralentiffement de fon mouvement, par le féjour des corps étrangers que le courant y jette perpétuellement, & par le mélange des ordures que les égouts & ruiffeaux y apportent en telle abondance, que fouvent dans les eaux baffes les deux rives en font noires (2).

La clarté & la limpidité que les fontaines fablées & autres filtres quelconques peuvent donner à une telle eau, n'eft qu'impofante ; tout filtre en altère la nature, fans la débarraffer des fels dont le féjour des corps étrangers doit l'avoir imprégnée, & qui, peut-être, font la caufe d'une infinité d'indifpofitions, même de maladies ; c'eft donc effentiellement à la pureté d'un fluide, dont l'ufage eft fi étendu & fi néceffaire, que l'on doit fur-tout s'attacher: fi l'activité du fervice mettoit obftacle à ce qu'il eût le tems de fe bien clarifier dans le réfervoir, où il fera dépofé felon mon plan, il acquerra parfaitement cet avantage, & au degré le plus fupérieur, en donnant le tems aux particules de terre qui feules peuvent troubler une eau auffi pure,

---

(2) Feu M. de Juffieu a obfervé qu'il croît fur ces rives des plantes pernicieufes, dont la corruption dans des parties d'eau ftagnantes le long des bords, peut contribuer aux maladies épidémiques.

& qui font plus lourdes que celles d'eau, de tomber au fond de vafes de grès bien cuits, dont chacun peut aifément s'approvifionner, & dans lefquels elle ne peut s'altérer en y féjournant; bien différente en cela de l'eau actuelle, qui, en peu de tems, fe corrompt.

J'efpere que le plan que je propofe ici, pour remplir cet objet, plaira à tous mes concitoyens; je les prie de me donner, foit par les écrits périodiques, foit par la pofte de Paris, les avis qui pourroient tendre à le perfectionner; j'en profiterai avec reconnoiffance, ne cherchant qu'à leur être utile.

Des bateaux plats, neufs, qui n'auront point été goudronnés, & auxquels on fera perdre tout goût de bois en les faifant tremper quelque tems au fond de la riviere, iront chercher l'eau dans le milieu du courant de la Seine, au-deffus du bateau de l'Hôpital & de la riviere des Gobelins, & l'apporteront aux réfervoirs que la Ville me permettra de conftruire fur les bords de la riviere.

Jufqu'à ce que je connoiffe exactement le goût du public pour ces établiffemens, je me contenterai d'en élever un dans le terrein que la Ville vient de m'accorder pour cet objet à côte du pont de la Tournelle; l'eau en fera portée par des tonneaux, tant dans les maifons, qu'aux réfervoirs qui me feront donnés dans les quartiers peuplés & éloignés de la riviere, à mefure que leurs habitans prouveront le defir qu'ils ont d'en avoir un amas dans leur voifinage, tant pour leur boiffon ordi-

naire, que pour les cas d'incendies. Elle fera donnée
au grand réfervoir à un fol la voie de 24 pintes,
& fur le pied d'un denier la pinte à ceux qui viendront la chercher aux réfervoirs des différens quartiers, dans des cruches ou autres vafes. Ceux qui
viendront la prendre au grand réfervoir pour la
revendre dans la ville, feront obligés de fe fou-
mettre à avoir leurs tonneaux ou feaux peints d'une
couleur particuliere, numérotés & fermés avec des
cadenats, dont les clefs refteront au réfervoir; les
cadenats feront fouvent changés de l'un à l'autre,
afin qu'on ne puiffe faire fabriquer de clefs pour
les ouvrir; les tonneaux & feaux fe vuideront au
moyen d'un robinet placé dans le bas, & par lequel on ne pourra les remplir. Les porteurs-d'eau
à tonneaux ordinaires, feront employés, autant
qu'on le pourra, dans cette diftribution, & payés
à proportion du travail qu'ils auront fait, & à un
prix qui leur laiffera plus de profit qu'il ne leur en
refte maintenant, & le public aura de très-bonne
eau; au lieu que celle que lui donnent les tonneaux
actuels eft très-mauvaife, parce que les courans,
la pêche du fable, & mille autres raifons, chan-
geant fouvent le fonds de la riviere à quelques dif-
tances du rivage, ces tonneaux ne peuvent s'en
écarter pour puifer, fans courir les plus grands
dangers: peut-être même la Ville jugera-t-elle à propos de leur interdire abfolument l'entrée de la riviere,
& de leur ordonner de venir prendre leur eau aux
réfervoirs, auffi-tôt que le fuccès de l'établiffement
que je propofe prouvera que l'on en peut avoir en

telle quantité que l'on voudra, en multipliant les réfervoirs fur la riviere, les tonneaux pour les vuider, & les bateaux pour les remplir.

Ces bateaux feront percés dans leurs flancs de deux grands trous faciles à ouvrir & à fermer, au-deffous d'un plancher parfaitement joint; lorfqu'ils feront montés fous les yeux de la fentinelle de la garre, les mariniers ouvriront ces trous, & en un inftant leur bateau fe trouvera rempli d'une eau bien pure, puifqu'elle fera prife dans le milieu du courant, & fix pouces au-deffous de la fuperficie de la riviere. Le cachet qu'ils feront obligés à chaque voyage de recevoir de cette fentinelle, doit prévenir tout foupçon contre cette manœuvre, de la fidélité de laquelle le logement que je viens de prendre fur cet attelier me met d'ailleurs en état de répondre.

Je me chargerai de rendre cette eau à raifon de deux fols la voie de vingt-quatre pintes, dans toules maifons qui en prendront journellement; les plus éloignées, dans l'enceinte cependant des barrieres, l'auront au même prix, pourvu qu'elles en prennent un tonneau à la fois, ou qu'elles en procurent le débit dans leur voifinage. Il eft important de rappeller ici qu'une eau auffi pure peut fe conferver tant que l'on voudra, en la mettant dans des endroits convenables & dans des vafes de grès ou autres qui ne peuvent en altérer ni le goût, ni la nature; qu'elle ne fera même d'une clarté & d'une limpidité parfaite qu'au bout de quelques jours de repos dans ces vafes, d'où il réfulte un avantage certain d'en faire à la fois une provifion.

Toutes les perfonnes qui voudront fe procurer chez elles de cette eau, font priées d'envoyer un apperçu de la confommation qu'elles comptent en faire par jour, par femaine ou par mois, aux bureaux de l'établiffement, l'un dans ma maifon quai Saint-Bernard, & l'autre chez M. Poiffon, rue & place du Chevalier du Guet, à l'ancien bureau général de la pofte de Paris. Cet apperçu que tous les facteurs, boëtes & bureaux de la pofte de Paris recevront fans rétribution, mettra à portée de monter le fervice de maniere à pouvoir, dès les commencemens, fatisfaire à toutes les demandes du public.

Le paiement de cette eau ne fe fera qu'avec des cartes imprimées, numérotées & fignées de perfonnes commifes à cet effet; chaque carte fera payée deux fols, & ne fervira que pour une voie d'eau. On en trouvera dans les bureaux particuliers de cet établiffement, & dans les grands bureaux de diftribution de la pofte de Paris, fitués, rue des Déchargeurs, cloître Culture-Sainte-Catherine, rue Saint-Martin, rue Neuve des Petits-Champs, rue Saint-Honoré près les capucins, rue du Bacq près les moufquetaires, rue des Quatre-Vents, au college des Cholets quartier Sainte-Geneviève, & rue Poiffonniere. On en commencera la diftribution auffitôt que le réfervoir fur la riviere fera en état de fournir. L'avance de ces cartes, que l'on paiera en les prenant, eft un fi foible objet, qu'il eft à pré-

fumer qu'elle ne déplaira point ; cette précaution
étoit nécessaire pour assurer le service du public,
ce n'est que par la rentrée de ces cartes, le soir,
que l'on peut être certain que la fourniture a été
faite chaque jour dans les endroits où elle devoit
l'être ; d'ailleurs sans ce moyen il étoit impossible
de se dispenser d'autoriser les hommes de travail,
par qui cette distribution se doit faire, à en recevoir
l'argent, ce qui eût nui souvent à l'exactitude du service, en fournissant à ces hommes des ressources
pour les cabarets ; lorsqu'on ne leur donnera que des
cartes qui n'auront de valeur qu'au bureau, ils seront
forcés de les y apporter toutes, pour être payés de
la part qui leur reviendra sur chacune d'elles. En
partant du réservoir, on donnera à chaque conducteur de charette à tonneau une petite feuille des
différentes maisons où il doit faire sa distribution ;
le double de ces feuilles, que l'on gardera à ce bu-
réau, & les cartes que ces conducteurs feront obligés de rapporter de chaque maison où ils auront
fourni, mettront en état de vérifier le soir, en
bien peu de tems, le service de chacun d'eux, &
de veiller également à ce que ni le public, ni les
auteurs de l'entreprise, ne souffrent aucun préju-
dice.

On enverra donc chercher dans un des bureaux
ci-dessus indiqués le nombre de cartes que l'on jugera à propos ; & quelques jours avant que l'eau
manque, on donnera à un des facteurs de son quartier un billet ouvert de la quantité d'eau que l'on

défire; il fe chargera gratuitement de ce billet, &
l'eau fera portée dès le lendemain, fi la note eft
rendue d'affez bonne heure la veille pour entrer
dans les feuilles du travail du lendemain, finon ce
fera pour le jour fuivant; mais ceux qui ne prendront pas habituellement de cette eau, feront affujettis à marquer au bas de leurs billets de demandes
les numéros des cartes avec lefquelles ils doivent
payer, & l'adreffe jufte de l'endroit où il la faut
porter, & dans les tems de glaces ils la paieront
deux cartes par voie; ceux au contraire qui feront
enregiftrés aux bureaux de l'établiffement, & chez
lefquels on fera une fourniture réglée, ne feront
affujettis à aucune formalité, & la paieront en tout
tems le même prix d'une carte par voie. Le moyen
que l'on a imaginé pour faire ce fervice dans les
tems de glaces, augmentera la dépenfe de l'entreprife, mais il affure l'exactitude du fervice, & c'eft
le principal objet de l'établiffement. Pour remplir
ce même objet, on attachera à chaque quartier
un nombre d'hommes choifis pour faire la diftribution de cette eau dans les différentes maifons de
ces quartiers, à mefure que les voitures arriveront.

D'après ce qui vient d'être dit, on fent qu'un
femblable établiffement demande beaucoup d'avances, & qu'il ne peut même commencer que lorfqu'on fera affuré d'un nombre fuffifant de maifons
pour efpérer la rentrée des frais lors de l'exécution.
Elle dépend donc aujourd'hui uniquement du public. Je me fuis affuré de tout ce qui étoit néceffaire pour monter cet établiffement en bien peu de

tems, aussitôt qu'il m'aura montré son goût, par les notes que je demande à chacun de mes lecteurs, de la consommation qu'il compte faire de cette eau par jour, par semaine, ou par mois: la poste de Paris se chargeant gratuitement du port de ces notes, il n'en coûtera que la peine de les écrire ; & ce n'est que par le relevé de ces notes que je peux sçavoir si l'établissement plaît au public, & que je peux le monter de maniere à assurer son service, ainsi qu'on vient de le voir.

Si l'on veut bien réfléchir sur cette proposition, on verra combien elle est supérieure à tout ce qui a été tenté jusqu'ici, pour procurer de bonne eau à Paris; d'ailleurs elle se fera si publiquement & si à découvert, qu'elle ne sçauroit être susceptible de la moindre fraude sans qu'on s'en apperçût, & cette fraude seroit en pure perte pour ceux même qui la feroient.

OBSERVATIONS GÉNÉRALES (1)

Sur les Pâtes d'Orge & Rob de Bierre.

Si l'on considere la force & l'air de santé des brasseurs, l'embonpoint de ceux qui font un grand usage de la bierre, & la célébrité que les plus grands

---

(1) Ces observations générales ont été déja imprimées dans le recueil de 1772, chez Barbou, sous le titre de *Préface de l'Auteur.*

médecins de tous les tems & de tous les pays ont accordée à l'orge pour la nourriture des malades, on se convaincra que l'on ne pouvoit rendre un plus grand service à l'humanité, que de chercher les moyens d'étendre les ressources que l'on peut tirer de ce grain salutaire, & d'en porter la partie fine & substantielle aux pays les plus eloignés ; c'est dans ceux mêmes où la chaleur empêche ce grain de croître, que l'usage en est pour ainsi dire le plus utile, soit pour accélérer la guérison des malades, en leur donnant une tisane rafraîchissante & nutritive, plus propre à leur état que tout autre aliment, soit en donnant à tous les habitants des pays chauds, les moyens de faire une boisson fraîche & nourrissante, qui tempérant l'ardeur de leur sang, & réparant les pertes d'une transpiration trop abondante & trop continuelle, suite nécessaire de la chaleur du climat, les préservera d'un grand nombre de maladies. Ces pâtes que je tire de l'orge par mes préparations, fondent d'elles-mêmes sans aucun soin dans l'eau, ou dans des tisanes appropriées au goût & à l'état des malades. Par ce moyen on s'assure de la dose d'aliment que l'on donne à chacun, ce que l'on ne peut espérer des décoctions ordinaires, qui plus ou moins bouillies, chargent plus ou moins l'eau dans laquelle on les prépare. D'ailleurs les décoctions d'orge ordinaires, sont fades & pesantes sur l'estomac. Les préparations que je fais subir à ce grain pour en tirer mes sirops, pâtes & tablettes, en rendent les tisanes très-faciles à digérer, & si sucrées, que presque tous ceux

qui les goûtent, s'imaginent que j'y mets du fucre
ou du miel; avec ces mêmes pâtes, on pourra faire
dans les pays les plus chauds des bierres excellentes,
ou autres boiffons fermentées, auffi falutaires qu'a-
gréables; il ne s'agira que de faire bouillir ces pâtes
dans une certaine quantité d'eau du pays; l'ébullition & la fermentation dont ces pâtes la rendent
fufceptible, purifieroient la plus mauvaife; en retirant la décoction de deffus le feu, on la rafraîchira
fur le champ, & on la mettra au point de recevoir
le levain, en y ajoutant des infufions ou décoctions
froides, foit de houblon, foit de plantes d'un goût
agréable, que l'on pourroit choifir dans les productions du pays la fermentation qu'excitera tout de
fuite ce levain, confervera ces liqueurs, en même
tems qu'elle les rendra fortifiantes, fans leur faire
perdre cependant leur qualité nourriffante & rafraîchiffante.

A tous ces avantages, il faut encore joindre celui
de l'économie. Il n'eft point de malades qui puiffent
confommer plus de trois onces de pâtes dans les vingt-
quatre heures. Cet extrait nourricier eft certainement plus confidérable, que celui qu'on tireroit
d'une livre & demie de viande; & je donnerois mes
pâtes en gros & aux débitans, à raifon d'un fol
l'once. A ce prix quelle reffource & quelle économie pour les hôpitaux, pour ceux des armées,
pour ceux des colonies, & pour les équipages des
vaiffeaux!

Pour les confommations prochaines du lieu de
la fabrication, je pourrois donner l'orge en firops,

& par-là diminuer encore le prix de l'aliment de chaque malade, je fuis perfuadé que par ce moyen, ceux de l'Hôtel-Dieu ne reviendroient qu'aux environs de deux fols par jour, l'un dans l'autre.

Lorfque l'on ouvrira dans le public le débit de ces firops & pâtes d'orge, ceux de MM. les apothicaires qui voudront s'en charger, auront la préférence fur tous les autres. Pour convaincre le public de tous les avantages que procurera ma découverte, je mets fous fes yeux: 1° ce qui m'a été écrit par des hommes, en qui à fi jufte titre il a beaucoup de confiance: 2° des obfervations faites en Angleterre, & différentes lettres fur ces obfervations: 3° l'avis de MM. les commiffaires de la faculté: 4° le décret de cette faculté: 5° un extrait des regiftres de l'académie des fciences de 1766 : 6° le privilege qu'il a plu au Roi de m'accorder pour la compofition des firops, pâtes & tablettes d'orge & de bierre, fur le rapport avantageux qu'a bien voulu lui faire de l'utilité de cette découverte, un Miniftre auffi éclairé que zèlé pour le bien du public en général, & particulierement pour celui de la marine & des colonies, dont il a l'adminiftration.

LETTRE

De M. de Chamouffet à M. Lorry.

JE m'adreffe à vous, Monfieur, comme à un juge éclairé, pour décider de ma découverte fur les fi-

rops, pâtes & tablettes d'orge & de bierre ; j'es-
pere qu'elle contribuera beaucoup à la conservation
des hommes ; je crois même que pour s'en convaincre,
il ne faudra que se rappeller ce que les grands médecins de tous les tems & de tous les pays ont dit
sur la préférence que doivent avoir les décoctions
de grains, & particulierement celle d'orge, sur le
bouillon, pour la nourriture des malades dans les
maladies graves, blessures & opérations ; comme
aussi les avantages de cette tisane, dans un nombre infini d'indispositions, dont l'usage de cette boisson seroit la guérison assurée ; les observations du
sieur Mac'bride, célébre chirurgien de Dublin,
prouvent combien celle de l'orge préparée purifie
le sang ; puisque d'après des observations réitérées,
il la regarde comme un des plus grands remedes
du scorbut.

Mes pâtes d'orge doivent être préférées aux in-
fusions proposees jusqu'ici, soit par M. Mac'bride,
soit par tous autres.

1°. Parce que par mon travail, j'ai extrait tout
ce qu'il y avoit de nourrissant pour l'homme dans
ce grain, & qu'ainsi avec mes pâtes qui se conservent parfaitement, on ne portera au plus, que
le cinquieme du poids du grain, que l'on seroit
oblige de transporter en nature, si on ne vouloit
pas se servir de mes pâtes.

2°. Les tisanes faites avec mes pâtes, n'exigent
ni feu ni travail, il ne s'agit que de les laisser fondre dans la liqueur que l'on veut.

3°. Par mes pâtes, on est assuré de la dose d'a-

liment que l'on donne à chaque malade, objet bien
important, qui ne peut être rempli par les dé
coctions de grains, qui plus ou moins bouillies,
chargent plus ou moins l'eau dans laquelle on les
prépare.

4°. Les décoctions d'orge ordinaires, font fades
& pefantes fur l'eftomac. Les opérations que je
fais fubir à ce grain, avant que d'en titer mes firops, pâtes & tablettes, en rendent les tifanes très-
faciles à digérer, & fi fucrées, que prefque tous ceux
qui les goûtent, s'imaginent que j'y mets du fucre
ou du miel.

5°. La facilité avec laquelle ces firops, pâtes &
tablettes fe fondent dans toutes les liqueurs, donne le moyen de les faire prendre aux malades, dans
des tifanes appropriées à leur état, ou dans des infufions agréables à leur goût.

6°. Etant delayées par l'ébullition dans une certaine quantité d'eau, pour qu'elles s'y uniffent plus
intimément, & rafraîchies fur le champ par des
infufions ou décoctions faites d'autre part, & que
l'on auroit eu foin de laiffer refroidir avant que de
mettre les pâtes fur le feu, on feroit facilement
dans les pays les plus chauds, en ajoutant du levain dans ces liqueurs, une boiffon fpiritueufe &
agréable, fi ces infufions ou décoctions que l'on prendroit pour refroidir la décoction des pâtes d'orge,
étoient de houblon, plante qu'il feroit facile de
tranfporter feche, peut-être même de faire croître
dans ces differens pays, on feroit des bierres auffi
agreables & auffi légeres, que celles que l'on peut

commander ici chez nos meilleurs braſſeurs. En
faiſant ces infuſions ou décoctions avec d'autres
aſſaiſonnemens choiſis dans les productions du pays,
on pourroit faire d'autres boiſſons ſpiritueuſes &
agréables, qui toutes feroient ſaines, parce que
la baſe en feroit toujours un orge que les préparations ont rendu propre à purifier & à adoucir le
ſang, & par conſéquent, le ſpécifique de bien des
maladies & indiſpoſitions.

A tous ces avantages, il faut encore ajouter celui de l'économie, qui ſera très-conſiderable, en ce
que ſuivant l'avis des plus grands médecins, comme il vient d'être dit, les maladies de ceux qui feront uſage de ces boiſſons d'orge, feront moins
dangereuſes & moins longues, que s'ils avoient pris
du bouillon, & en ce que deux à trois onces de
pâte, qui vendues en gros, ne coûteront qu'un ſol
l'once, nourriront mieux les malades, que le bouillon d'une livre & demie de viande ; l'emploi que
quelques ménages de particuliers peuvent faire de
la viande qui a ſervi à faire le bouillon du malade, leur rendra peut-être cette économie moins
ſenſible, qu'elle ne le ſera pour de grands établiſſemens tels que les hôpitaux, ſur-tout pour ceux
des armées, & ſpecialement les ambulans, qui en
ſuivent tous les mouvemens, & dans leſquels on
dépoſe pour quelques jours, & juſqu'à ce que l'on
puiſſe les renvoyer dans les hôpitaux des derrieres,
tous ceux qui ſont bleſſes, ou tombent malades;
c'eſt ſur-tout pour ces premiers jours de bleſſures,
ou de maladies, que la nourriture de tiſane faite

avec des pâtes d'orge feroit fpécifique, & il feroit
plus facile de faire fuivre ces hôpitaux, dont le
nom même marque l'inftabilité, par quelques caiffes de pâtes d'orge, que par des troupeaux de bœufs
& de moutons: d'ailleurs on éviteroit, outre la dépenfe de la nourriture des animaux, celle du grand
nombre d'hommes qui font employés à les conduire,
à les tuer, à les préparer pour les cuire, à en faire
le bouillon, & à porter enfuite le bouillon dans
les différens endroits où font les malades; avec les
pâtes, il ne s'agira que de les laiffer fondre dans
l'eau que l'on trouve par tout. Ces mêmes pâtes
purifieront les mauvaifes eaux en les rendant fufceptibles de fermentation; perfonne n'oferoit boire
de celles qui font les bonnes bierres de Flandres;
& fous cet afpect, les firops & pâtes d'orge &
de bierre, feroient bien utiles dans les traverfées
pour convertir en une bierre agréable & très-fa-
lubre, une eau gâtée, qui eft auffi défagréable que
mal-faine. Je n'ofe entrer dans plus de détail, pour
ne point abüfer d'un temps auffi précieux & auffi
utile au public que l'eft le vôtre; je vous fupplie
cependant de vouloir bien mettre au bas de cette
lettre, ce que vous penfez des différens articles qui
la compofent. Je fouhaite pouvoir m'autorifer auprès du public de votre fuffrage, parce que vous
avez fait un ufage médicinal de ces pâtes, dont les
premiers effais ont été fort approuvés en 1766, par
l'académie des fciences, & en dernier lieu par la
faculté de médecine de Paris.

J'ai l'honneur d'être, &c.

RÉPONSE

RÉPONSE

De M. Lorry à la Lettre ci-dessus.

MONSIEUR, les avantages du régime tiré des végétaux, sur celui que nous fournissent les animaux, je ne dis pas seulement dans les maladies, mais même dans la plus parfaite santé, sont si demontrés, si constamment avoues par tous les médecins & par les physiciens, qu'il est inutile de vouloir revenir sur une chose dont la démonstration est poussée jusqu'à l'évidence. Ne seroit-ce point un étalage d'érudition inutile, que de vouloir apprendre au public à se determiner par les grandes autorités d'Hippocrate, de Galien, de Sydenham, de Boyle, de Boerrhaave & de Cocchi, &c. de lui rapporter les expériences de Gaber, de Pringle, de Mac'bride, & des auteurs qui ont remporté le prix de l'academie de Dijon. Ce seroit frapper ses oreilles, sans ebranler son esprit. L'expérience & l'observation sont plus faites pour le décider que les théories les plus sublimes; ainsi sans leur rappeller les dogmes des Pytagoriciens & des Brachmanes, demandez aux hommes les moins versés dans la physique, si quand ils ont un feu violent dans le gosier ou dans l'estomac, le bouillon ne leur fait pas horreur; si dans les fievres aiguës qu'ils ont éprouvées, cette horreur n'alloit pas jusqu'à exciter des vomissemens; & s'ils n'eussent pas troqué avec ardeur tous les bouillons qu'on leur préfentoit , pour une limonade légere , pour de l'eau d'orge fraîche , pour des émulfions : il n'eft pas un homme attaqué de fievre , qui ne defire & qui ne demande qu'on trouve le moyen d'exclure les bouillons de fa nourriture , & qu'on emploie à leur place quelque fubftance, qui ne porte pas avec elle cette âcreté infupportable , & ce dégoût fouvent invincible.

Il eft fans doute démontré , que dans tous ces cas , les alimens végétaux font préférables ; mais entre les alimens de la même claffe , tous ne font pas d'un même mérite : l'orge eft fans contredit de tous les farineux le plus rafraîchiffant. C'eft une qualité que tous les médecins lui ont reconnu , il paroît être dans cette claffe celui que les anciens ont le plus employé. Il femble même que ce foit par femer & recueillir de l'orge que la culture de la terre ait commencé; on lui a feulement reproché d'être un peu lourd, plus propre & plus convenable à la vie exercée des premiers hommes, qu'à la foibleffe des organes de ceux de notre âge , ou pour mieux dire à leur oifiveté. Vous avez entrepris d'en faite une nourriture dont l'ufage foit univerfel , & qu'on puiffe employer dans tous les cas ; voilà quel eft le fyftême fur lequel eft fondé l'établiffement de la manufacture des Pâtes que vous m'avez confiées en me priant de les examiner. Je vous envoie le réfultat de mes obfervations; faites-en tel ufage qu'il vous plaira. J'ai fondu une once de votre pâte dans une pinte d'eau de Seine, elle s'y eft diffoute très-aifément à froid ; l'eau eft reftée louche, mais elle n'a rien dépofé pendant qua-

rante-huit heures. Au bout de trois jours elle est devenue très-mousseuse, a élancé des esprits fort pi-
quants : elle est devenue beaucoup plus louche, &
a donné les marques d'une agitation, telle qu'on la
voit dans les liqueurs qui fermentent. Elle n'étoit
plus de mon ressort, je l'ai abandonnée. Cette liqueur, bue fraîche, n'offre à la bouche rien de
visqueux ni de pâteux, elle a plutôt un goût légé-
rement sucré ; j'en ai fait boire à quelques malades,
qui n'en ont point eu l'estomac chargé ; ils se sont
trouvés rafraîchis : cette même pâte mangee à sec
est de même un peu sucrée, se fond dans la bouche
avec beaucoup de promptitude ; elle y laisse un goût
doux, qui n'est pas desagreable, & qui disparoît
plus vîte qu'on ne peut l'attendre, d'une substance
si dense & si compacte.

Voilà, Monsieur, quelles sont les propriétés de
votre pâte, les parties du mucilage de l'orge sont
brisées & atténuees au point d'avoir perdu toutes
leur viscosite ; elles ne sont plus pâteuses, elles se
mélent avec une très-grande facilite à toutes les liqueurs animales, ce qu'elles ne faisoient pas auparavant. Elles ont cependant conservé toutes leurs qualités nutritives ; ce qu'elles ont acquis, c'est donc
une très-grande facilité à se mêler avec la salive, à
se digérer dans l'estomac & à s'assimiler dans les liqueurs ; & si je ne craignois de vous effrayer par des
expressions médicinales, je vous dirois que vous avez
fait passer l'orge d'une classe d'aliment plus éloignee
de la substance nutritive, prête à s'appliquer à nos
fibres, dans une classe plus rapprochée, telle qu'elle

doit être quand elle va nourrir , *quod jam nutriturum est* , dit Hippocrate ; votre préparation a donc un degré d'atténuation , qui la rend dans les maladies aiguës & inflammables , préférable à la fameuse tisane d'Hippocrate ; car cette tisane préparée comme vous le savez sans doute par une longue ébullition de l'orge , ne peut pas cependant parvenir à perdre entiérement la viscosité naturelle qu'elle tient de l'orge ; aussi Galien qui étoit un très-bon observateur & un habile Physicien , quand il s'en tenoit à la seule observation , se plaignoit-il déja de la foiblesse des organes des hommes de son tems , qui trouvoient la tisane d'Hippocrate trop lourde , & qui vouloient qu'on y joignît des substances aromatiques ; il demandoit déja comment on pourroit rendre les parties nutritives de l'orge , plus fines , plus délayées & moins visqueuses. Plusieurs Médecins , témoins des mêmes inconvéniens , se sont appliqués à cette recherche. Vous trouverez dans Aétius, dans Oribase , & dans Alexandre de Tralles, des corrections faites à la tisane d'Hippocrate; ces corrections consistent principalement à torréfier l'orge avant de l'employer. On a même prétendu que l'orge employé par Hippocrate , étoit déja torréfié. Je ne sais pas sur lequel des ouvrages d'Hippocrate, on a pu appuyer cette opinion : je sais que le premier usage des hommes qui ont employé les farineux pour leur nourriture , a été de les torréfier ; delà , dit-on , on les appelle *fruges*. Mais je crois que cette méthode embarrassante a cessé dans le moment où on a su réduire ces graines en farine,

& les mêler avec du levain. Il me semble que nous ne voyons ni dans Homere, ni dans Héfiode, la méthode de torréfier employée; un feul vers de Virgile (*Æneid. Liv. I.*), & les commentaires de Servius fur ce vers, vous mettront au fait & de cette méthode & de cette opinion. Au refte, fi cette recherche pouvoit vous être agréable, *Mercurialis*, *Braffavolus*, & en dernier lieu le favant M. Glaff, médecin anglais, vous apprendront tout ce qu'on peut defirer fur l'ufage & la préparation de la tifane d'Hippocrate. Les Anglais emploient encore aujourd'hui avec fuccès dans les maladies aiguës & inflammatoires, pour toute nourriture, une efpece d'eau de gruau, qu'ils préparent en faifant bouillir une demi-livre de gruau dans fix pintes d'eau pendant douze heures, y ajoutant de l'eau à mefure qu'elle fe confume. Ils prétendent brifer ainfi les liens du mucilage trop groffier, en faire une fubftance douce, légere, nutritive & favoneufe : en effet, ayant fuivi exactement leur procédé, & ayant traité ainfi le gruau, il m'eft arrivé de trouver les parois du vaiffeau de terre qui avoit fervi à l'opération, enduits du gruau féché comme d'une feuille de papier. La liqueur, qui étoit au milieu, étoit affez claire, avoit un goût doux & fucré, couloit facilement fur la langue, & ne chargeoit pas l'eftomac; c'eft la préparation que j'ai vu approcher davantage du goût doux & favoneux de vos pâtes; mais elle ne laiffe pas que d'être difpendieufe, car elle prend aifément un goût de feu très-défagréable : alors il faut recommencer. Les Anglais y joignent un peu de fucre &

de canelle. Je m'en fuis fouvent fervi avec un grand
fuccès, en y ajoutant un peu de jus de citron : mais
il eft certain que vos pâtes d'orge, qui fe diffolvent
fi aifément & avec fi peu de frais, me paroiffent
préferables en tout point. Pour faire votre extrait,
vous vous fervez, fans doute, d'orge, dont la
fubftance eft deja affinée par un commencement de
fermentation que vous arrêtez en torréfiant l'orge,
lorfque vous l'avez mis au point où vous voulez
qu'il foit, afin que fes parties foient affez atténuées
pour n'être plus groffieres, & ne pas perdre cependant leur qualité nutritive. Vous en faites ainfi une
nourriture légere, pénétrante, & même un peu favoneufe, qu'on peut dofer comme on veut dans les
maladies aiguës, inflammatoires, & dans les opérations de chirurgie; de façon qu'on puiffe, par la
variété des dofes, répondre à la *ptifanna percolata,
cremor ptifannæ, ptifanna integra* d'Hippocrate. Sans
doute, Monfieur, ces avantages font ineftimables;
on peut en faire la nourriture de tous les tems de la
maladie, & même de tous les convalefcens. Avec la
qualité nutritive, on y trouvera ce qu'Hippocrate
cherchoit dans fa tifane, de ne point invifquer la
bile, & de tenir le ventre libre, fouple & frais.
Alvum fubluit, difoit-il. Ainfi certainement cette
nourriture fera antifeptique. Mais avec de fi grands
avantages, de fi belles prérogatives, ne lui cherchons
point de propriétés imaginaires : cette nourriture eft
préférable à toutes les autres dans le fcorbut, mais
elle n'eft point antifcorbutique. J'ai lu les obfervations que M. Alexandre Young a écrites à M.

Mac'bride. Il a mêlé avec fon *vort*, qui eft le mout de la bierre, des oranges & des citrons : il a guéri des fcorbutiques ; j'en conviens. Mais qu'en conclure ? Que l'orge, même dans un état de fermentation, eft une nourriture antifeptique, bonne dans le fcorbut. Mais c'eft une nourriture : ce n'eft donc point un reméde. Eh, Monfieur, ne faites pas quitter à votre préparation d'orge ce beau titre pour une qualité très-équivoque : c'eft un aliment auffi propre à la foibleffe qu'aux inflammations, au fcorbut qu'aux maladies vénériennes ; c'en eft bien affez. Faffe le ciel que votre zèle patriotique ne fe trompe pas fur les frais néceffaires à cette préparation , & vous recevrez de tous les hommes les actions de graces que peuvent, dès aujourd'hui, vous rendre ceux qui ne jugent pas des efforts louables & vertueux par leur fuccès !

Je fuis , &c.

Avis de M. DE VERNAGE.

JE fouffigné, Docteur-Régent de la Faculté de Médecine de Paris, adopte dans tous les points le fentiment de M. Lorry , fur l'ufage de la pâte d'orge en boiffon, pour fervir de nourriture aux malades attaqués de maladies aiguës, que M. de Chamouffet, toujours zélé pour le bien public, propofe. Les médecins de tous les tems & de tous les pays, ont toujours regardé les boiffons alimentaires, tirées des végétaux, comme falutaires dans les fiévres putrides ou inflammatoires , & toutes les maladies aiguës; & celles qui font tirées des animaux , comme pernicieufes , parce qu'elles font propres à entretenir la pourriture des humeurs & difpofitionsinflammatoires du fang : la répugnance que les malades éprouvent pour cette efpece de nourriture , devroit en interdire l'ufage, parce que c'eft une preuve de plus qu'elle leur eft contraire.

Paris, *le 20 Novembre* 1771.

Avis de M. P O I S S O N N I E R.

J E fouffigné, Confeiller d'État, Médecin-Confultant du Roi, Infpecteur & Directeur général de la Médecine , Chirurgie & Pharmacie , dans les Ports & Colonies , &c. certifie que les pâtes & tablettes d'orge, préparées fuivant le procédé de M. de Chamouffet, font d'un ufage très-recommandable dans les maladies aiguës, inflammatoires, principalement qu'ayant l'avantage de pouvoir être tranfportées fans altération dans les colonies, & d'être employées fur les vaiffeaux, elles y fuppléeront très-utilement aux bouillons des fubftances animales , dont je travaille depuis long-tems à profcrire l'ufage, plus ou moins pernicieux ; & qu'enfin ces pâtes & tablettes fe combineront parfaitement avec les autres moyens déja indiqués pour fubftituer le régime vegétal à celui des viandes falées , tant pour les malades à la

mer, que pour garantir même les équipages des maladies dont ils font fi fufceptibles.

A Paris, le 23 Novembre 1771.

Réponfe de M. DE CHAMOUSSET à M. LORRY.

QUOIQUE je fois très-fort de votre avis, Mon-
fieür, fur la qualité nutritive de la drêche, je ne
vois pas que le fcorbut, qui eft une maladie de la
fubftance même du fang, ne puiffe être guéri par
l'ufage d'un aliment capable de lui fournir conftamment des principes antifcorbutiques, & je ne puis
pas vous diffimuler qu'il me femble que le Journal
de M. Alexandre Young, eft démonftratif fur cet
objet. Guillaume Larder, Guillaume Water, me paroiffent n'avoir dû le rétabliffement de leur fanté
qu'à cet ufage. Ainfi je vous prie de vouloir bien
réfléchir que l'ufage de mes pâtes doit être regardé
comme plus étendu que vous ne me paroiffez le
penfer. Je fuis, &c.

---

*EXTRAIT du Journal de M. ALEXANDRE
YOUNG, Chirurgien-Major du Vaiffeau de Sa
Majefté Britannique LE JASON, pendant un
voyage fait aux îles de Falkland, fur la côte des
Patagons.*

NOUS nous fommes embarqués pour les îles
de Falkland, le 25 octobre 1765, à bord du vaiffeau
le Jafon, dont l'équipage confiftoit en 180 hom-

mes, y compris vingt-cinq soldats de Marine, &
point de mousses ; & dans tout le voyage qui a
duré jusqu'au 20 mars 1767, on n'a perdu que trois
hommes, l'un d'une fièvre putride, l'autre d'une
apoplexie, & le troisieme d'excès de boisson. On
a sur tout tâché de prévenir les maladies, soit en
entretenant une propreté extrême, ou en ouvrant
très-souvent les entre-ponts, pour y renouveller l'air,
soit en y brûlant de tems en tems du goudron avec du
soufre, soit en mettant dans chaque barrique d'eau
deux cuillerées d'élixir vitriolique.

Nous n'avons eu occasion de reconnoître les effets
de la drêche, dans le traitement des scorbutiques,
que pendant le retour du vaisseau ; la seule personne qui y ait eu recours pendant la traversée,
mangeant aussi des pommes & des oranges, & ceux
qui en ont fait usage pendant leur séjour au port
Egmond , y ayant joint celui du céleri sauvage,
plante qui croît très-abondamment dans ce pays-là.

Dans notre retour le scorbut s'étant manifesté sur
quatre malades, & n'ayant aucuns végétaux frais à
leur donner, on les mit au régime suivant. Leur
déjeûné étoit composé de biscuit de mer, bouilli
dans le malt , & du sucre. Leur dîné étoit pris de la
table des officiers, ou du bouillon conservé en tablettes épaissies avec l'orgette ou le ris, assaisonné
avec des échalottes ou de l'ail. A soupé on leur donnoit du ris cuit avec des raisins de Corinthe, du
sagou ou salep, avec du vin de Madere; le moult
composé d'une mesure de drêche moulue dans trois
mesures d'eau bouillante , étoit fait frais tous les

jours, & on tenoit le vafe exactement fermé jufqu'à ce qu'il fût froid.

Les quatre malades commencerent le moult en même tems, le premier février 1767. Guillaume Larder, âgé de vingt-neuf ans, jouiffant d'une bonne fanté, fe plaignit de grandes laffitudes. Son vifage étoit pâle & jaunâtre, les gencives un peu enflées & fpongieufes, l'haleine très-forte, le refte de la bouche en affez bon état, ce que nous croyons devoir attribuer à l'élixir vitriolique que l'on met dans l'eau ; les jambes enflées & œdémateufes, plus le foir que le matin, & gardant l'impreffion du doigt, fe couvrirent de taches bleues de différentes grandeurs, reffemblantes à des meurtriffures : il fe forma enfin deux ulceres, dont le fond noir, tirant à la gangrène, laiffoit découler un *ichor* fanguinolent & fereux, le ventre étoit refferré, l'appétit affez bon, & le pouls prefque régulier ; on baffina fes jambes avec la fomentation ordinaire, & les ulceres furent panfés à la maniere accoutumée.

Il prit le moult le premier février, à la dofe d'une demi-chopine le matin & autant le foir. Le 3 une demi-chopine le matin, & une le foir. Le 7 une chopine le matin, une demi-chopine le foir, qui le purgea. Le 8, la même quantité, fans qu'elle renouvellât la purgation. Le 12, une chopine le matin, une à midi, une le foir. Le 20, fon vifage étant mieux, les enflures ayant prefque difparu, & les ulceres, quoique n'annonçant pas encore de guérifon, ayant perdu l'air noir & fanguinolent, on lui donna une pinte le matin, une chopine à midi, & une le foir.

Le 28, il fe trouva beaucoup mieux, les ulceres prefque cicatrifés, les enflures diffipées, excepté le foir ; les jambes pelerent : il prit trois pintes dans la journée : enfin le 6 mars, tous les fymptômes ayant difparu, il retourna à fon devoir, continuant à boire le moult, qu'on diminua petit à petit jufqu'à fa parfaite guérifon.

Jean Carol, âgé de trente-cinq ans, jouiffant auparavant d'une bonne fanté, apporta d'Angleterre une maladie vénérienne, qui réfifta à tous les remédes, ce que l'on peut attribuer à la négligence ou à l'intempérance de cet homme, joint à une difpofition fcorbutique, qu'il avoit acquife pendant l'hiver, & qui dégénéra en vrai fcorbut, dont il fut très-mal : mais l'ufage de la drêche & du céleri fauvage, joint à l'exercice qu'il faifoit à terre, le foulagerent. Les molets de fes jambes étoient reftés durs & noirs. Le premier février il parut fur fon corps, fes jambes, & fes bras, des ulceres de très-mauvaife qualité ; il lui furvint à la joue une tumeur très-groffe & très-dure, *teftes duri, tumefacti infenfibiles*, les gencives pourries, noires, faignantes fréquemment, l'haleine horriblement fétide, dans le dernier état de maigreur, fans force, fans courage, fans appétit, prêt à fe trouver mal à chaque moment, le pouls très-petit. Les ulceres furent panfés à fec, & on lui donna le matin une chopine de moult, qui lui occafionna une diarrhée, accompagnée de défaillances. On arrêta ces deux fymptômes avec l'*electuarium fcordii*, delayé dans de l'eau de canelle & du vin chaud. On lui donna vingt gouttes de l'élixir de vitriol avec le

moult , & trois fois par jour un verre de vin amer
compofé ,

> *Cortic. peruvian. craffe pulv. uncias ij.*
> *Limonum* . . . . . *uncia ſſ.*
> *Vini Maderenſis* . . . *libr. ij.*
>   *M. f.*

Le 13 il fut mieux : on lui donna une demi-chopine matin & foir. Le 10, fes forces augmentant ,
& les défaillances diminuant , la tumeur de fa joue
parut rouge & enflammée; on mit deſſus un cata-
plafme de farine d'avoine & d'huile. Le 20, les
forces fe foutenant , l'appétit revint : les ulceres
ayant meilleure apparence, la tumeur de la joue
s'ouvrit d'elle-même; il en fortit peu de matiere
de mauvais caractere, noire & très-fétide : on lui
donna deux chopines par jour. Le premier mars,
le mieux continuant , l'abcès de la joue dégénéra
en un ulcere de la même qualité que les autres; il
prit trois chopines par jour. Le dix , les forces
étant prefque entierement revenues, ainſi que l'appétit, le pus des ulceres commença à s'épaiſſir &
à prendre une meilleure qualité. Le feize , il prit
deux pintes par jour , le vingt, le vaiſſeau étant arrivé aux Dunes, quoique la guérifon parût prochaine,
on jugea à propos de le mettre à terre , pour lui
faire changer d'air & hâter fa convalefcence.

Guillaume Roger , foldat de marine , âgé d'environ vingt-cinq ans , d'un tempérament maigre &
foible , fut malade tout l'hiver. Le premier février,
il fe plaignit de foibleſſes , accompagnées de douleurs & d'enflures aux genoux. Ses jambes étoient

contractées & retirées, au point qu'il ne pouvoit les étendre sans douleur. Son visage étoit jaune, tirant sur le noir, ayant à peine la peau sur les os : le pouls foible, & plutôt vif que lent : le ventre trop libre. On employa deux fois par jour sur ses genoux les fomentations ordinaires, auxquelles on ajoutoit un huitieme de vinaigre, & on les frottoit avec un liniment camphré. On le mit à l'usage du vin amer, & d'une chopine de moult par jour, divisé en deux doses. Le six, on lui donna une chopine & demie, en trois doses. Le dix, il en prit deux qui lui exciterent une diarrhée, qu'on arrêta immédiatement avec vingt gouttes de *tinctura thaibaica*, dans deux cuillerées d'eau de canelle. Le douze une demi-chopine trois fois par jour. Le dix-huit, il se trouva beaucoup mieux, recouvra l'exercice de ses jambes, & prit deux chopines & demie. Le vingt-six, trois chopines ; le mieux à continué jusqu'au neuf mars, & on l'a renvoyé guéri.

Guillaume Water, âgé de trente-six ans, d'un tempérament fort & robuste, après avoir ressenti tout l'hiver des douleurs scorbutiques, se plaignit le premier février de foiblesses, devint-très maigre ; ses jambes se trouverent attaquées d'ulceres qu'on pansa à sec, & on le mit à l'usage de trois demi-chopines de moult par jour. Le six, il prit trois chopines. Le vingt, deux pintes. Le vingt-huit, trois. Le dix mars, les ulceres étant cicatrisés, le malade ayant recouvré son embonpoint, il fut renvoyé parfaitement guéri.

Lettre de M. LORRY à M. DE CHAMOUSSET.

MONSIEUR, je ne vois dans le Journal d'Alexandre Young, que le feul Williams Water, qui ait été à l'ufage du moulr de bierre pour tout remede : c'eft donc la feule obfervation concluante. A la vérité fa guérifon a été très-prompte ; mais une obfervation ifolée ne démontre encore rien. Suppofons qu'elles foient continuées, & qu'elles aient toujours le même fuccès; alors je conclurois ce que je fuis fort porté à croire, que M. Mac'bride a bien faifi le méchanifme de la pourriture. En effet, fes expériences tendent à prouver que toutes les fubftances qui fe putréfient, celles même qui, dans un corps vivant, perdent leur activité par un commencement de putréfaction, perdent en même tems leur air principe, ou pour parler plus clairement, l'air de leur combinaifon ; par conféquent quand on peut rendre cet air aux parties putréfiées ou à demi-putréfiées, non-feulement on peut arrêter la putréfaction, mais la faire rétrograder, & rendre à ces parties les propriétés dont elles jouiffoient avant l'altération fpontanée des principes. Il a fait fur cet article important de la phyfique, & en général fur la combinaifon de l'air dans les corps, les expériences les plus importantes & les plus ingénieufes qui y aient été faites depuis Boyle & Hales. Elles méritent d'autant plus d'attention que M. Gaber, l'auteur du traité de la putréfaction, les savans qui ont travaillé pour le prix de l'académie de Dijon, & en particulier M. de Boissieux, ont trouvé par des voies toutes différentes, & dans des vues très-séparées, les mêmes résultats que M. Mac'bride. Beaucoup de phénomenes de la nature, dont les causes étoient inconnues jusqu'à ce jour, trouvent leur solution dans cette belle théorie. C'est dans ces vues que M. Mac'bride propose contre les maladies dans lesquelles il y a une putréfaction évidente, l'usage du moult de bierre, c'est-à-dire, une liqueur toute composée d'un mucilage dont les parties étant dans un mouvement actuel de fermentation, sont savoneuses, se dissolvent, se mêlent aisément à toutes les liqueurs du corps, en entraînant avec elles une quantité énorme de parties actives d'un air, qui est dans l'état de l'expansion la plus violente. Cette expansion, d'après les expériences de Boyle, de Hauksbée & de Hales, précede immédiatement la fixation de l'air, comme si cette fixation ne dépendoit que de son ressort forcé. Je vous dirai plus, j'ai beaucoup d'observations, malheureusement faites sur moi-même, qui pourront prouver un jour que les plus violens accès de goutte, ne dépendent que de l'expansion d'un air qui cherche à se fixer, & qui se retrouve dans les nodus, *dii meliora piis.* Mais, Monsieur, si cette propriété antiputride se vérifie, la gloire en appartiendra aux liqueurs qui sont dans un état actuel de fermentation. Alors, elles nourriront assez peu, étant réduites à un état savoneux, & leur mucilage

n'ayant

n'ayant pas, par une nouvelle condenfation, acquis la fermeté de celui qu'on retrouve dans le vin en affez grande quantité, d'après les belles expériences que Glauber a faites dans le fiecle paffé. Ce mucilage très-condenfé, & qui contient une grande quantité d'air très-fixe, étant dans un état de fermentation la plus vive, aura des propriétés dangereufes pour le canal inteftinal; il imitera & changera les propriétés de la bile. Remarquez, je vous prie, que prefque tous ceux qui ont pris de ce malt ont été purgés. C'eft une propriété contraire à la faculté nutritive. Au furplus, fi le malt de la bierre a de fi beaux fuccès, on peut bien-tôt donner à vos pâtes la même propriété. Car dans le peu d'expériences que j'ai faites fur celles que vous m'avez confiées, délayées dans l'eau dès le troifieme jour, elles avoient acquis toutes les qualités de malt; mais je n'en croirai pas moins que vos pâtes d'orge ne foient bien plus utiles à l'humanité par la bonne nourriture qu'elles peuvent fournir dans les maladies aiguës, en ne les délayant qu'à mefure que l'on en a befoin, par le petit volume qu'elles occupent, par leur facilité à être tranfportées, que par une propriété que je ferai charmé de voir démontrée, mais qui ne me paroît pas plus fans inconvénient que l'ufage immodéré que je vois faire tous les jours des raifins qui, fouvent falutaires, ont auffi quelquefois des fuites fâcheufes par les fontes & les irritations qu'elles occafionnent. Je vous demande pardon de vous écrire fi fort, *currente calamo*; mais mes affaires ne me laiffent pas le tems de m'arrêter plus long-tems sur cette matiere, quelque importante qu'elle soit. J'ai l'honneur, &c.

Lettre de M. DE CHAMOUSSET à M. LORRY.

PERMETTEZ-MOI, Monsieur, de vous observer que, dans le Journal ci-dessus, Williams Water n'est pas le seul guéri par l'infusion de la drêche ; Guillaume Larder ne paroît pas avoir pris d'autres remedes. A l'égard des deux autres, les drogues qu'ils ont prises paroissent leur avoir été données pour des accidens particuliers, & n'avoir aucune influence dans la guérison du scorbut ; d'ailleurs, je vous supplie d'observer que c'est avec une infusion récente du moult dans l'eau bouillante, que tous ces malades ont été traités ; & une infusion récente n'est pas du malt. Je me crois donc fondé à continuer de penser que la guérison des scorbutiques, dont nous venons de parler, est plus due aux principes antiscorbutiques , fournis par l'aliment de l'infusion du malt, qu'à l'opération chimique que vous supposez d'après beaucoup de savans s'être passée dans le corps de ces malades. A l'égard de la purgation que cette infusion du moult a occasionnée à trois de ces malades, vous voyez que dans le premier elle s'est arrêtée dès le lendemain sans aucun remede ; & ceux qu'on a faits aux deux autres, pour la calmer, ont été peu considerables, & ont eu un

effet bien prompt; ne feroit-il pas naturel de dire,
Monfieur, que la chaleur de l'eftomac de ces malades purgés, ayant fait fermenter l'infufion du malt,
elle eft devenue acide, parce que c'eft le premier
degré de la fermentation végétale? Cette liqueur
devenue acide, & trouvant dans les premieres voies
des humeurs putrides, & par conféquent alkalines,
a fourni un fel neutre qui a purgé. Guillaume
Larder, en ayant moins que les deux autres, fa
purgation s'eft arrêtée quand il a été débarraffé de
ces humeurs; les deux autres ayant beaucoup plus
de ces humeurs & moins de forces, on a été obligé de modérer l'effet de l'opération chymique; Williams Water, d'un tempérament beaucoup plus fort
que les autres, ne paroît point avoir été purgé,
d'où il me femble que l'on peut conclure que cet
aliment ne purge point par lui même, & que ce
n'eft qu'autant qu'il rencontre dans les premieres
voies des humeurs putrides & alkalines. Mais alors
il faut convenir que cet aliment fera d'une bien grande reffource dans toutes les maladies, puifqu'il nour-
rira, rafraîchira & tempérera ceux qui n'ont befoin
que de ce fecours, & qu'il purgera ceux qui auroient befoin d'être évacués, ou qu'au moins il leur
tiendra le ventre fi libre qu'ils feront débarraffés de
leurs humeurs, avec beaucoup moins de drogues &
moins d'efforts qu'il n'en faut aujourd'hui pour pur-
ger des corps échauffés par le bouillon, qui, n'étant
que la partie mufqueufe & gelatineufe de la chair
des animaux, délayée dans l'eau, doit néceffairement
augmenter le volume des humeurs alkalines & pu-

trides, parce que le premier degré de la fermentation animale eſt la putridité, & que la même chaleur
de l'eſtomac, qui convertit l'aliment d'orge en un
acide qui expulſe les humeurs putrides des premieres
voies, convertit de même le bouillon en humeur
putride, ſemblable à celle qui occaſionne la maladie. C'eſt donc jetter du bois dans le feu que l'on
veut éteindre, que de donner du bouillon à de ſemblables malades, juſqu'à ce que l'eſtomac bien net-
toyé le mette en état de le digérer; l'état de liberté,
de ſoupleſſe & de fraîcheur dans lequel Hippocrate
dit que l'uſage de la tiſane d'orge met le ventre des
malades, ſemble confirmer ce que je viens d'avoir
l'honneur de vous dire. Au ſurplus, Monſieur, vous
ſavez la confiance que j'ai en vos lumieres, &
qu'ainſi je ſouſcrirai à vos déciſions. J'ai l'honneur,
&c.

Lettre de M. LORRY, *en réponſe à celle ci-deſſus.*

MONSIEUR, il eſt très-poſſible que je me ſois mépris en liſant le journal de M. Young, que je n'ai
eu qu'un moment entre les mains, & que je n'aye
pas fait aſſez d'attention au cas de Guillaume Larder.
Quoi qu'il en ſoit, puiſqu'il eſt bien démontré que
le ſcorbut qui afflige les équipages, ſe guérit ſouvent par l'uſage des ſeuls végétaux frais, je ne ſuis
pas ſurpris que la drêche diſſoute dans l'eau puiſſe
avoir de très-bons effets dans cette maladie; mais

foyez fûr, Monfieur, que l'idée de M. Mac'bride, eft de donner à fes malades un aliment qui produi-fe beaucoup de l'air fixe, qu'il regarde comme un antiputride. La propriété qu'a cet air, de diminuer, de détruire, & de faire même rétrograder la pu-tréfaction, eft une propriété bien démontrée par les belles expériences des auteurs dont je vous ai parlé dans ma derniere lettre : il s'agiroit à préfent de prouver, que paffant dans l'eftomac & dans les premieres voies, l'air ne perd pas cette qualité an-tifeptique, ou plutôt qu'il n'eft pas privé de fon élafticité, & fixé avant que de pouvoir parvenir aux lieux où il devoit jouir de fes droits; j'en dou-tois, & j'oferois prefque dire que j'en doute en-core. J'avois puifé mes doutes dans les expérien-ces de Boyle, de Hauksbée, de M. Hales, & de quelques autres auteurs. Je regardois l'air qui for-toit des corps, comme étant dans un état d'expanfion violent, qui lui faifoit perdre & détruifoit totale-ment fon reffort, & par conféquent je croyois qu'il lui falloit de nouveaux alliages pour redevenir air élaftique : les expériences de Boyle & de Hales m'ont paru démontrer cette vérité. J'avois lu dans le premier de ces auteurs, que Drebbelius, chy-mifte allemand, avoit une liqueur, avec laquelle il renouvelloit l'air quand il vouloit, en rendant l'élafticité à celui qui étoit détruit par la refpiration des animaux. Si les expériences de M. Mac'bride fe continuent, fi les vôtres y répondent, la décou-verte de ce favant Anglais, déjà recommandable par fa curiofité, fera de la plus grande utilité. Je

G 3

le défire, & je commence même à n'être plus in-
crédule : mais il eſt impoſſible de croire que la
drêche ſe décompoſe aſſez dans l'eſtomac, pour y
devenir un vinaigre décidé, qui puiſſe former un
ſel neutre avec des alkalis. Ces derniers ſels ne
peuvent pas ſe développer, & ne ſe font jamais dé-
veloppés dans notre frêle machine, de façon à
faire efferveſcence. Vous ſavez que M. Boerrhaave
a démontré que l'urine même retenue long-tems
dans la veſſie d'un homme vivant, & exhalant une
telle odeur, que le chirurgien qui le ſondoit s'en
trouva mal, ne donnoit cependant aucun ſigne
d'alkali développé. Je ſais à la vérité que le ſoufre pris intérieurement, ſemble ſe combiner en foic
de ſoufre dans les entrailles ; mais tous les chymiſ-
tes vous diront que cette combinaiſon eſt totalement différente ; d'ailleurs voulez-vous une preuve
complette que M. Mac'bride penſe comme moi,
preuve dont je ne me doutois pas la premiere fois
que je vous ai écrit : vous ſerez d'autant plus aiſe de
la voir, qu'elle confirme les propriétés de vos pâtes ;
elle eſt fidélement extraite du London Chronicle,
que j'ai reçue il y a quatre jours ; elle ſe trouve dans
la feuille du 12 au 23 novembre, N° 2332, p.
495. « La bierre douce, (ſweet wort) de Mac'bride,
» faite avec le malt, a eu des ſuccès ſurprenans
» dans le voyage autour du monde, fait par l'*Endea-*
» *vour*. M. Perry, chirurgien de l'équipage, en a
» fait un grand nombre d'épreuves, avec les ſuites
» les plus heureuſes. Lorſque le ſcorbut a com-
» mencé à ſe déclarer, ce remede a paru ſuppléer,

› comme par miracle, au manque des végétaux frais,
› en produifant une très-grande quantité d'air fixe,
› qui poffede éminemment les qualités les plus évi-
› dentes d'antifeptiques & d'antifcorbutiques. J'ai
› l'honneur d'être , &c.

Mémoire préfenté à Meffieurs de l'Académie des Sciences.

MESSIEURS, j'ai l'honneur de vous préfenter un rob de bierre que je crois inaltérable dans les tranfports, vu fa confiftance & la maniere dont il a fupporté les différentes épreuves auxquelles je l'ai foumis. Lorfqu'il fera arrivé dans les lieux de fa deftination, il ne s'agira que de le délayer dans fix fois fon volume d'eau ordinaire, & de faire entrer enfuite la liqueur en fermentation de la même maniere que les braffeurs font fermenter ce qu'ils appellent *les métiers*, c'eft-à-dire, la décoction d'orge & de houblon. Par ce moyen, on pourra procurer aux habitans des pays brûlants de nos colonies une boiffon faine, rafraîchiffante, nourriffante, & à un prix très-inferieur à celui qu'ils paient maintenant, une bierre qui ne peut y paffer & s'y conferver qu'à raifon d'une force qui la rend échauffante, de rafraîchiffante qu'elle devroit être. La marine nourrie dans fes traverfées de viande falée, tireroit un grand avantage d'une boiffon que la bonne fanté de ceux qui en font un ufage conti-

nuel prouve être très-falutaire , & qu'un livre de
médecine qui va paroître, démontrera être un des
fpécifiques contre le fcorbut de mer ; le nom & les
talens connus du médecin, auteur de cet ouvrage,
& les voyages qu'il a faits dans les colonies, doivent donner beaucoup de confiance dans fes obfervations. Si l'on prend le parti de donner à notre
marine de la bierre au lieu de vin & d'eau-de-vie,
les hommes s'en porteront mieux, & il en coûtera
moins cher au Roi ; on chargeroit dans chaque bâ-
timent le nombre de pieces de rob qui feroient néceffaires relativement à la force de l'équipage ; il
feroit très-facile de trouver dans chacun un homme
affez attentif & affez intelligent pour délayer ce rob
dans la quantité d'eau fuffifante , & pour mettre
enfuite la liqueur en fermentation avec la levure
de bierre qui fe conferve long-tems , quand on l'envoie fous une forme folide, & renfermée dans une
veffie. J'ai encore un autre moyen de conferver la
levure ; c'eft d'y tremper des petits bâtons tendus
comme des liens de fagot, & que l'on fait fécher
quand ils font bien imbibés : d'ailleurs, les premieres pieces que l'on feroit fermenter avec cette
levure, en formeroient abondamment pour en faire
fermenter d'autres quelques jours après. En continuant ainfi à faire fermenter fur le vaiffeau tous les
quatre ou cinq jours, on procureroit à tout l'équipage une bierre toujours fraîche, & aux différens
endroits où le vaiffeau mouilleroit, une levure qui,
avec le rob dont on leur laifferoit quelques pieces,
les mettroit en état d'avoir une bierre auffi fraîche

& auffi nouvelle que celle qu'on peut avoir à Paris.

Quelque important que foit cet objet pour la confervation de nos colonies & de notre marine, & même pour le commerce de France, il n'eft pas le feul fruit du fuccès que l'on retirera de mes recherches fur cette partie. Je fuis parvenu à trouver une préparation des grains bien fupérieure à celle dont nos braffeurs fe fervent pour l'orge de leur bierre. D'après cette préparation, je fuis en état de faire un rob d'orge bien préférable à l'orge même pour la tifanne & l'aliment dans un nombre prefque infini de maladies. Les médecins les plus célèbres de tous les tems conviennent que la dé-coction d'orge donne une tifanne nourriffante, bien plus falutaire pour la plupart des malades que les bouillons. D'après ces principes, j'ai lieu de penfer qu'on fera un grand ufage de l'orge, quand on en aura par-tout & avec facilité ; le rob procure-roit cet avantage, & fon ufage feroit plus utile que celui de l'orge même, qui ne peut donner qu'une décoction trouble, fade & d'un goût défagréable, fi elle n'a reçu aucune préparation : le rob au con-traire fondu dans l'eau, donnera une décoction lé-gère, fucrée, claire & d'un goût gracieux. On pourra le mêler à la décoction de toute autre plante appropriée à l'état du malade. Il femble qu'on peut comparer la fimple décoction d'orge à un pain fans levain, peu cuit & mal-fain, & le rob à un pain bien levé, bien cuit ; les préparations & les cuif-fons qu'on fait éprouver à ce grain pour le mettré en état de rob, ne dérangent rien de fes principes, & ne font qu'en féparer les parties groſſieres, inutiles, & dont le goût rebuteroit à la longue les malades déja plus ou moins dégoûtés. D'ailleurs, ce travail diminue les frais du tranſport de plus des quatre cinquiemes. Une piece de rob d'orge de cent cinquante pintes, quand même on ne lui fuppoſeroit pas plus de perfection qu'à l'orge en nature, donneroit une plus grande quantité de tiſanne nourriſſante que cinq feptiers d'orge.

D'après cet expoſé ſommaire, on fent toute l'utilité que peut avoir cette découverte, & combien il eſt important d'empêcher les fraudes & les mélanges dans ces robs d'orge & de bierre. Ces falſifications, qui ne feroient faciles à connoître que lors de l'emploi, détruiroient les avantages que l'on a droit d'attendre de ces robs, & feroient perdre à la France une branche de commerce qui peut lui devenir très-avantageuſe, s'ils font faits de bonne foi & avec exactitude. Je ne vois que deux moyens pour remplir parfaitement cet objet; le premier, feroit de donner au Roi le produit de mes travaux, en le laiſſant maître de mon fort; le fecond, feroit d'obtenir un privilége excluſif pour ces robs, qui ne fe font nulle part.

Je fupplie MM. de l'Académie, de vouloir bien me nommer des commiſſaires, auxquels j'aurai l'honneur de communiquer tout ce que j'ai fait juſqu'ici, & la perfection que j'y ajouterai lorſque je pourrai faire mon travail en grand.

Extrait des Regiſtres de l'Académie Royale des Sciences.

Du premier Juillet 1766.

Nous avons examiné par ordre de l'Académie, une eſpece de rob , ou extrait de conſiſtance ſyrupeuſe, propoſé par M. de Chamouſſet, pour préparer preſque ſur le champ, en le mêlant avec de l'eau, une boiſſon agréable & ſaine ; nous nous ſommes tranſportés à cet effet chez le ſieur Vilot, braſſeur dans le fauxbourg Saint-Antoine, où nous nous ſommes aſſurés, 1°. qu'il n'entre dans la compoſition de ce rob qui s'eſt faite en notre préſence, que les mêmes matieres qui ſont employées pour la bierre ordinaire : 2°. que ce rob, lorſqu'il eſt mêlé ſeulement avec de l'eau, ſans lui faire ſubir aucune fermentation, ne doit être regardé que comme une tiſanne nutritive & rafraîchiſſante, qu'on peut rendre plus ou moins légère, ſuivant les indications. M. de Chamouſſet nous à fait goûter d'une autre ſorte de rob ſans houblon, qu'il propoſe d'appliquer ſingulierement à cet uſage de tiſanne pour les malades : 3°. qu'après avoir mêlé enſemble une partie de rob houblonné ſur ſix parties d'eau commune, & avoir trempé dans ce mélange des petits bâtons dont on nous a fait voir la préparation, qui ne peut être en aucune maniere

dangereuſe, il étoit entré promptement en fermentation, & qu'au bout de quarante-huit heures la
liqueur s'étant clarifiée, avoit acquis le goût d'une
bierre agréable & bien braſſée ; nous avons jugé,
conſéquemment à ces obſervations, que la boiſſon
préparée, ſuivant le procédé de M. de Chamouſſet,
réuniſſoit toutes les qualités de la bierre ordinaire ;
& que le rob avec lequel on eſt maître de ne la
compoſer qu'à proportion de la conſommation
qu'on en veut faire, & de maniere qu'elle ait toujours la fraîcheur d'une bierre nouvellement braſſée,
auroit de plus l'avantage de pouvoir être tranſporté
dans les pays chauds, même les plus éloignés ; ſi,
comme M. de Chamouſſet l'eſpere, il peut ſoutenir les épreuves d'un long voyage, ce que l'expérience ſeule peut apprendre, & que nous attendons
pour donner un rapport définitif.

Signés, de Juſſieu, Morand, Bourdelin & Poiſ-
ſonnier.

Je certifie l'extrait ci-deſſus conforme à ſon original & au jugement de l'Académie.

A Paris le 7 Juillet 1767. *Signé*, Grandjean de
Fouchy, ſecrétaire perpétuel de l'Académie Royale
des Sciences.

Extrait des Regiſtres de l'Académie Royale des Sciences.

Du 15 Juillet 1772.

Les commiſſaires nommés par l'Académie pour examiner le *Rob* ou *Syrop* de bierre préſenté par M. de Chamouſſet (ce rob ayant fait le voyage de Saint-Domingue) , ſuppoſent d'abord qu'il a fait réellement ce voyage , ce dont une lettre de M. Fauveau , ancien commandant en ſecond à Saint-Domingue , donne la preuve ; au moyen de quoi n'ayant plus à décider aujourd'hui autre choſe que la queſtion de ſavoir , ſi ce rob ſoutenant les épreuves d'un long voyage pouvoit être tranſporté en ſe conſervant ſain , les commiſſaires ne peuvent refuſer à M. de Chamouſſet le témoignage qu'il deſire , & qui eſt conforme à l'exacte vérité. *Signé* Morand & de Juſſieu.

Je certifie l'extrait ci-deſſus conforme à ſon original , & au jugement de l'Académie. A Paris le 26 juillet 1772.

GRAND-JEAN DE FOUCHY , *Secrétaire perpétuel de l'Académie Royale des Sciences.*

Copie de l'avis de Messieurs les Commissaires de la Faculté de Médecine, du 31 Mars 1770;

D'APRÈS les ordres de la faculté, nous commiſ-
faires souſſignés, avons examiné des pâtes d'orge,
compoſées par M. de Chamouſſet, au mois de
Novembre de l'année précédente; elles avoient toutes
une conſiſtance ferme, & qui par conſéquent ne
permettoit pas qu'elles puſſent s'altérer par un mouvement de fermentation, auquel elles auroient pu
être expoſées, ſi leur conſiſtance eût été moins ferme.
On nous en a préſenté de trois eſpeces différentes,
l'une ſimple, dont le goût étoit ſucré & agréable,
une ſeconde aniſée, & une troiſieme chargée de
la partie aromatique du ſureau: ces deux dernieres
joignoient au goût primitif celui de l'aromat qu'on
leur avoit uni; la diſſolution de ces mêmes pâtes
dans l'eau, à la doſe de deux gros ſur chopine,
nous a préſenté le même goût.

Cette pâte nous a paru renfermer pluſieurs avantages, qui doivent rendre cette découverte précieuſe
& utile à l'humanité.

1°. On eſt ſûr de fournir aux malades un aliment
médicamenteux, dont les anciens faiſoient tant d'u-
ſage, & qui, dépouillé de la partie extractive qu'auroit pu lui fournir l'écorce, ne portera rien d'âcre
ni d'irritant.

2°. Cette farine ayant ſubi antérieurement un

mouvement de fermentation, eft plus mifcible à toutes nos humeurs.

3°. La facilité avec laquelle cette pâte fe diffout dans l'eau chaude, permet aux médecins de la faire prendre aux malades dans des décoctions ou des infufions appropriées à la fituation des perfonnes qu'ils traitent.

4°. Enfin la modicité du prix, en comparaifon de ce que coûtent les bouillons faits avec la viande, la facilité du tranfport & la célérité de la préparation, tout concourt à nous déterminer à donner un témoignage avantageux à cette pâte, & à louer le zèle du citoyen qui l'a inventée.

Fait à Paris aux écoles de médecine, le 31 mars 1770. Signés Bertrand, Dubourg, Cézan, & le Vacher de la Feutrie.

Décret de la Faculté de Médecine.

LE famedi 31 mars 1770, la faculté de médecine affemblée, pour entendre le rapport de MM. Bertrand, Dubourg, Cézan & le Vacher de la Feutrie, qu'elle avoit chargés d'examiner un firop & des pâtes d'orge compofées par M. de Chamouffet, après avoir oui ce rapport & mis l'affaire en délibération, a entièrement adopté le jugement de fes commiffaires à ce fujet : elle eftime que l'ufage defdits firops & pâtes peut être très-avantageux dans toutes les maladies en général, & particuliére-

ment dans celles qu'on nomme aiguës, dans lefquelles il eſt eſſentiel de ne donner aux malades que
des boiſſons adouciſſantes, rafraîchiſſantes & antiputrides, des alimens légers, exempts de toute
chaleur & de toute acrimonie : ces différentes qualités ſe trouvent réunies dans leſdits ſirops & pâtes,
avec leſquels on peut compoſer à peu de frais & ſur
le champ, une boiſſon agréable, médicamenteuſe,
& plus ou moins nourriſſante, ſelon l'état du malade ; il feroit à ſouhaiter qu'on la ſubſtituât aux
bouillons de viandes, toujours trop chargés de parties ſalines & ſulphureuſes, qui augmentent nécel-
ſairement l'ardeur de la fievre & l'âcreté des humeurs ; alors cette boiſſon tiendroit lieu de la fa:
meuſe tiſane d'orge, tant recommandée par les
anciens ; elle feroit même de beaucoup préférable
à celle-ci, dont elle n'a pas la viſcoſité. La faculté
regarde donc l'invention de ces ſirops & pâtes,
comme une découverte précieuſe qui peut devenir
très-utile à l'humanité, principalement dans les hôpitaux, dans les armées, & même dans les pays
chauds des colonies, où l'ardeur du climat exige,
ſur-tout dans les maladies, des remedes & des alimens rafraîchiſſants & antiputrides, tirés de la claſſe
des végétaux, parmi leſquels l'orge tient ſans contredit le premier rang ; en conféquence elle ſe croit
obligée de donner une approbation authentique à
ces compoſitions, outre les juſtes éloges que mérite le citoyen reſpectable qui en eſt l'auteur, &
dont les travaux toujours conſacrés au bien du public, lui ont acquis déja tant de droits à ſa reconnoiſſance

noiſſance. Tel a été le ſentiment unanime de la compagnie , & c'eſt ainſi que j'ai conclu.

Signé, L. P. F. R. Le Thieullier , Doyen.

Arrêt du Conſeil ſur les Syrops , Pâtes d'Orge
& de Bierre.

Aujourd'hui 28 novembre 1771 , le Roi étant à
Verſailles. Sa Majeſté ayant égard aux repréſenta-
tions du ſieur de Chamouſſet ſur la compoſition
des ſyrops & pâtes d'orge & de bierre de ſon invention, lui a accordé & accorde le privilége excluſif
de les compoſer, vendre & débiter pendant l'eſpace
de quinze ans dans les colonies françaiſes , aux prix
dont il conviendra avec ceux qui en voudront
acheter. Sa Majeſté lui permet d'aſſocier audit privilége, ſoit par acte de ſociété ou formation d'actions, telles perſonnes qu'il aviſera bon être ; &
fait defenſes à toutes perſonnes , autres que celles
qui en auront pouvoir de lui , de quelque qualité
& condition qu'elles puiſſent être , de compoſer,
vendre & débiter leſdits ſyrops & pâtes dans
les colonies, à peine de 600 liv. d'amende contre
chacun des contrevenans ; ladite amende applicable
au profit du ſieur de Chamouſſet, & qui ſera pro-
noncée par les juges des lieux. Sa Majeſté entend
que leſdits ſyrops & pâtes compoſées en France, &
deſtinées pour les colonies françaiſes , jouiſſent à
leur embarquement des exemptions de droits accordés par les Lettres-patentes de 1717 , aux den-

rées & marchandifes envoyées aux colonies françaifes. Mande & ordonne Sa Majefté aux gouver-
neurs, lieutenans généraux & intendans, ou à ceux
qui les repréfenteront, aux confeils fupérieurs des
îles & colonies françaifes, de faire enregiftrer le
préfent brévet, & de tenir la main à fon exécution;
& pour témoignage de fa volonté, Sa Majefté a
figné de fa main le préfent brévet, qu'elle a
voulu être contrefigné par moi fon confeiller fecrétaire d'Etat & de fes commandemens & finances.
Signé LOUIS, *& plus bas,* BOURGEOIS DE
BOYNES.

Lettre à M. du Buq, Chef des Bureaux de la Marine.

VOUS n'ignorez pas, Monfieur, que l'on ne
peut faire de bonne bierre dans les pays chauds,
parce que le grain y germe mal, & plus encore parce
que la bierre fe gâte. Pendant les refroidiffemens que
l'on eft obligé de lui faire fubir avant de la mettre
en levain, lorfque les infufions de l'orge ont été
cuites dans les chaudieres avec le houblon, il ne
manque plus à la bierre que d'être fermentée; mais
comme l'action de la levure avec laquelle on excite
cette fermentation, feroit détruite par la chaleur
de la liqueur, il faut attendre qu'elle tombe du
degré de l'ébullition où elle eft dans les chaudieres
a celui d'une chaleur tiede; & pour l'y faire parvenir plutôt, on a dans toutes les braſſeries des el-

pèces de grands réfervoirs en bois, qu'on appelle des bacs, dans lefquels on étend la liqueur au point qu'elle n'a plus que quelques pouces de hauteur; par ce moyen, quand l'air eft frais, elle eft bientôt refroidie, & en état d'être *mife en levain* en terme *de brafferie*, & qui veut dire *en fermentation*; mais fi, lorfque la bierre eft ainfi dans les bacs, il furvient un tems chaud tel qu'on l'éprouve dans certains orages, la liqueur s'aigrit avant d'être refroidie, & elle eft perdue. C'eft par cette raifon qu'on ne peut faire de bonne bierre en Efpagne & en Portugal, où l'air eft toujours trop chaud. Comme celui de l'Ifle de France l'eft encore bien davantage, il eft à craindre qu'une brafferie n'y ait point de fuccès; cependant il feroit bien important que dans cette colonie, comme dans toutes les autres, on eût une boiffon auffi falubre & auffi appropriée à l'état du fang de leurs habitans, qu'une bierre fraîche, telle que celle qui fort de chez les braffeurs; c'eft un avantage que ne peut leur procurer la bierre que l'on y fait paffer maintenant en liqueur, puifqu'elle ne peut fupporter la traverfée, qu'autant qu'elle eft défendue contre la chaleur par une quantité d'ef-prits qui la rend échauffante.

C'eft d'après ces réflexions que j'ai cherché les moyens de faire paffer cette bierre fraîche dans nos colonies, en y envoyant des fyrops & des pâtes qu'il ne s'agira que de délayer dans de l'eau tiede, en excitant tout de fuite dans la liqueur la fer-mentation avec un levain quelconque. M. de Fau-veau vous dira que le rob, fyrop épais de bierre,

qu'il avoit tranfporté à Saint-Domingue, s'y eft
confervé, mais qu'on n'a pu en tirer parti, parce
que la levure qu'on avoit tranfporté en même tems
s'étant gâtée, la diffolution de ce rob dans l'eau n'a
donné qu'une liqueur fucrée, amère & platte, parce
qu'elle n'avoit point fermenté, mais fans aucune
aigreur; ce qui prouve que le fyrop s'étoit cependant confervé. Aujourd'hui j'ai un moyen fûr de
faire paffer cette levure fans altération : d'ailleurs,
comme on peut allumer un très-grand feu avec une
étincelle; on peut de même avec un levain quelconque mettre en fermentation quelques cuillerées
de cette liqueur, qui donnera fuffifamment de levure pour communiquer ce mouvement à des
pieces entieres. Si, d'après ce que je viens d'avoir
l'honneur de vous dire, Monfieur, vous croyez
que l'intempérie du climat fit obftacle à l'établiffement d'une brafferie à l'Ifle de France, voici une
propofition qui pourroit plaire à M. le Duc de
Praflin. Le domaine de Villeneuve-Saint-George
qui appartient à l'Abbaye Saint-Germain, & qui eft
actuellement aux économats, eft compofé principalement d'un moulin & d'une ferme très-propre
à l'établiffement d'une brafferie, parce qu'il tombe
dans cette ferme des eaux de fource, & que les
terres font très-propres à porter de l'orge. Si M.
le Duc veut me faire avoir ce domaine à bail em-
phitéotique, fur le pied où il eft loué à différens particuliers, & avec augmentation à chaque renouvellement du bail général des biens de l'Abbaye
Saint-Germain, de la part qu'il doit en fupporter

au *prorata* de fa valeur dans la maffe totale de fes biens ; pour obvier à ce qu'on pourroit alléguer qu'une brafferie occafionneroit plus de réparations que la fimple exploitation d'une ferme, je me chargerai de toutes réparations, moyennant la fomme, à laquelle des experts fixeront qu'elles doivent monter chaque année. Un procès-verbal de l'état des lieux, fixera celui dans lequel je dois les rendre. L'Evêque d'Alleria, qui a befoin de fyrops & pâtes de bierre & d'orge pour fa Corfe, doit engager M. le Duc de Choifeul à faire cette même demande pour moi à M. l'Evêque d'Orléans : ayant cette pofition, il ne s'agira plus que de m'aider pour monter une brafferie dans cette ferme ; par ce moyen, je ferai en état de donner les fyrops & pâtes de bierre que me demandera M. le Duc de Praflin au prix coûtant ; bien entendu cependant que fur les douze mois de l'année, je ne ferai obligé d'y travailler que quatre mois ; mais dans ces quatre mois, on fera affez confidérablement de fyrops & de pâtes de bierre, pour que la bierre devienne à grand marché dans les colonies.

J'ai l'honneur d'être, &c.

Lettre à M. de la Biche, écrite par M. de Chamousset, le 3 Juin 1771, sur les Pâtes d'Orge.

Vous defirez, Monfieur, de connoître la maniere de convertir en boiffon mes pâtes d'orge & rob de bierre; je vais vous fatisfaire : c'eft pour moi un véritable plaifir. La pâte d'orge deftinée aux malades, n'a befoin que d'être délayée dans de l'eau ou dans telle tifanne qu'on jugera à propos, pour nourrir le malade, en même tems que par fa vertu rafraîchiffante & relâchante, elle procurera aux remedes les plus fimples un plus grand effet. Cette même pâte d'orge bouillie à la dofe de trente livres pendant environ une heure dans cinquante pintes d'eau, & refroidie fur le champ par cent pintes d'infufion, de deux livres & demie de houblon qu'on aura fait la veille, formera une bierre excellente en la faifant entrer tout de fuite en fermentation, par le moyen de petits bâtons impregnés de levure que l'on aura foin de faire tremper quelques momens dans une pinte ou deux de la liqueur mélangée, pour former ce que les braffeurs appellent *un pied de levain.* A l'inftant que ces deux pintes feront en fermentation, on les jettera dans le tonneau; & peu de tems après, toute la liqueur contenue dans ce tonneau entrera en fermentation. On aura foin de mettre fous ledit tonneau un vafe

quelconque pour recevoir ce qui sortira du tonneau,
& l'on aura grand soin de le remplir à mesure qu'il
se vuide, avec un peu de liqueur qu'on aura réservée
pour cet objet, & avec celle qui se trouvera sous
la mousse dans le vase qui sera sous le tonneau.
Vingt-quatre heures après que la fermentation aura
commencé, le tonneau bien rempli, on le bon-
donnera, en faisant à côté du bondon un trou de
vrille qu'on laissera débouché pour lui donner de
l'air. Au bout de deux ou trois jours, on délaiera
un très-petit morceau de colle de poisson dans environ une pinte de bierre, & l'on versera cette liqueur par le bondon dans le tonneau ; on le rebon-
donnera, & on mettra une petite cheville au trou
de vrille ; on remuera la piece pour que la colle
se répande par-tout ; & quatre ou cinq jours après,
si la liqueur est parfaitement claire, on tirera la
piece en bouteilles, que l'on aura soin de bien
boucher, parce que peu de jours après, la force que
prendra la bierre feroit sauter les bouchons, si les
bouteilles n'étoient pas bien bouchées.

Il faut donc environ trente livres de pâte & deux
livres & demie de houblon pour faire cent cinquante
pintes d'excellente bierre. En diminuant la dose de
la pâte & du houblon, on pourroit faire des petites bierres, mais qu'il seroit, je crois, difficile de
conserver dans des pays fort chauds : l'expérience
seule peut apprendre beaucoup de détails sur cet
objet. Le point important est que la pâte ait bien
bouilli avec l'eau ; le signe de cette coction est
lorsque l'écume qui se forme dans les commence-

mens à la furface de la chaudiere où fe fait l'ébullition, fe précipite au fond de ladite chaudiere ;
alors il faut la retirer fur le champ du feu, & la
refroidir à l'inftant avec les infufions de houblon
que l'on a fait la veille. Lorfque l'on veut faire des
bierres plus agréables que de garde, il fuffira après
avoir fait bouillir pendant environ une heure, les
cent pintes d'eau deftinées à l'infufion, d'y jetter
les deux livres, ou deux livres & demie de houblon, auxquelles on ne fera faire qu'un bouillon,
& qu'on laiffera enfuite infufer jufqu'à ce que la
liqueur foit froide. Lorfqu'elle fera dans cet état,
on la paffera avant que de la mêler avec la décoction de pâte. Quand on veut que la bierre fe conferve davantage, on met deux livres & demie de
houblon bon poids, & on les fait bouillir plus
long-tems dans la liqueur deftinée à l'infufion ; cette
derniere bierre fera plus colorée & plus amère que
la première ; on pourroit dans la fuite trouver dans
les colonies mêmes des plantes d'un goût agréable,
qui conferveroient la liqueur, & que l'on fubftitueroit
au houblon avec de la pâte d'orge, par exemple, un
peu de fucre brut & des écorces de citron, ou de bi-
garade, ou d'oranges ; & avec la fermentation, on
fera peut-être des boiffons auffi agréables qu'utiles. La
pâte de bierre ne differe de celle d'orge qu'en ce que
l'on a mêlé dans cette derniere lors de la fabrication
le houblon néceffaire pour en faire tout de fuite de
la bierre ; alors il n'y aura pas d'infufion de houblon
à faire, mais il n'en faudra pas moins faire bouillir
les cent pintes d'eau qui fervent à l'infufion quand

on fe fert de la pâte d'orge, afin de rendre cette eau
plus mifciblé avec la décoction de pâtes. Peut-être
l'eau de nos colonies plus légère ou plus cuite par
le foleil que la nôtre, n'auroit-elle pas befoin de cette
préparation ; c'eft encore une expérience à faire fur
le local. Ce qu'il y a de très-certain, c'eft qu'il faut
ajouter à la décoction de pâtes, en fortant de deffus
le feu, affez d'infufion ou d'eau froide pour que la
totalité de la liqueur prenne tout de fuite le degré
de chaleur tiede qui eft néceffaire, pour que le levain faffe entrer la liqueur en fermentation. Si elle
tardoit à refroidir dans un pays très-chaud, il feroit
à craindre qu'elle n'aigrit avant de prendre la fermentation qui l'en préferve ; c'eft ce danger que
courent quelquefois nos braffeurs dans les tems
d'orage, qui eft la principale caufe de l'impoffibilité de faire des bierres ordinaires dans nos colonies.

J'ai l'honneur d'être, &c.

Lettre de M. de Chamouffet à M. . . . à Naples,
fur le Rob de bierre.

LA brochure que j'ai répandue dans le public,
prouve, Monfieur, combien la tifanne faite avec la
pâte d'orge eft avantageufe aux malades ; & comme
cette pâte n'eft faite qu'avec l'infufion du malt, qui n'eft
autre chofe qu'un orge préparée, vous fentez qu'elle

doit produire les mêmes effets que le célèbre
Mac'bride a éprouvés de l'infusion de ce malt.
Cette reſſource ineſtimable pour tous les malades
en général, eſt encore plus précieuſe dans les pays
chauds que dans les autres, parce que cette tiſanne
d'orge ainſi préparée, eſt l'aliment le plus digeſtible,
le plus miſcible avec nos humeurs, le plus rafraî-
chiſſant que l'on puiſſe donner, le moins ſujet à
la pourriture, & qui ſoutient les corps affoiblis
par la chaleur du climat, plus que des bouillons,
pour leſquels les malades dans tous les cas graves
ont une répugnance qui fortifie l'opinion des grands
médecins ſur le danger dont ils leur ſont. Pour tout
dire, en un mot, les gens de l'art qui ſavent la
maniere dont ſe compoſe cette pâte, conviennent
que la boiſſon qui en provient en la délayant dans
l'eau ou dans telle infuſion que l'on juge à propos,
eſt exactement la fameuſe tiſanne d'Hippocrate,
arrivée au point de perfection, où lui, & beaucoup
de ſes ſucceſſeurs, déſiroient de la porter. Les lettres que j'ai miſes ſous les yeux du public prouvent
cette vérité, & je ne doute pas que les grands médecins d'Italie, auxquels je vous prie, Monſieur,
de faire part de la brochure que je vous adreſſe, ne
ſouſcrivent à tous les avantages qui doivent réſulter
de l'uſage de cette pâte d'orge pour les malades.

Mais il eſt encore un autre point de vue ſous
lequel cette pâte ſera d'un grand avantage à l'humanité. Les ſueurs perpétuelles des pays chauds af-
foibliſſent les corps, & excitent vivement la ſoif,

Les boiſſons trop ſpiritueuſes ne font qu'augmenter le feu de ces corps déja brûlés ; l'uſage trop
grand des boiſſons aqueuſes affoiblit l'eſtomac, &
augmente les ſueurs en paſſant rapidement au travers des corps ſans y laiſſer aucune ſubſtance. La
bierre, plus rafraîchiſſante qu'une boiſſon ſimplement
aqueuſe, vertu qu'elle tire de l'orge, porte avec
elle un aliment qui nourrit & fortifie beaucoup
ceux qui en font uſage. Pour ſe convaincre de cette
vérité, il ſuffit de conſidérer l'embonpoint de la
plupart des braſſeurs, & de ceux qui habitent des
pays froids ou tempérés, où l'on fait un uſage journalier de cette boiſſon, peut-être trop nourriſſante
pour eux ; elle doit procurer un effet admirable dans
les habitans des pays chauds, où elle défendroit
les corps de la maigreur & de la foibleſſe dans
leſquelles l'intempérie du climat & les boiſſons
contraires à leur état les font tomber. La bierre eſt
ſpiritueuſe, ainſi elle fortifie ; mais la chaleur de
l'eſprit eſt tempérée par l'onctueux de l'orge ; &
quand bien même l'eau dans laquelle cet onctueux
eſt délayé repaſſeroit par les ſueurs, il reſteroit au
moins pour ceux qui font uſage de cette boiſſon,
cet onctueux de l'orge qui les ſoutiendroit & les
empêcheroit de devenir trop maigres. Ces vérités
ſont palpables, tout le monde en conviendra ; mais
le moyen de procurer un bien auſſi eſtimable aux
pays chauds étoit inconnu juſqu'ici ; on ne peut y
fabriquer de la bierre : indépendamment de la difficulté d'y préparer les grains, elle aigtiroit avant
que d'être aſſez refroidie pour recevoir le levain

qui la met en fermentation , & qui eſt également
néceſſaire pour en faire une boiſſon ſpiritueuſe &
pour la conſerver. Les bierres étrangeres qu'on fait
paſſer dans les pays chauds ſont trop cheres pour
en faire une boiſſon ordinaire ; & de plus, elles
ſont trop ſpiritueuſes pour rafraîchir. Je me ſuis
donc occupé depuis dix ans à trouver un moyen
de faire paſſer la bierre toute faite par-tout où l'on
voudroit , ſans qu'elle courût riſque de ſe gâter, &
dans un très-petit volume pour diminuer les frais
de tranſport. Arrivée au lieu de ſa deſtination , on
l'étend dans une quantité d'eau plus ou moins
grande ſuivant qu'on veut la rendre plus ou moins
forte; & comme on eſt le maître par un méchaniſme
fort ſimple de la mettre en un inſtant au degré de
chaleur tiede qui eſt néceſſaire pour qu'elle prenne
le levain, on peut , par les pâtes d'orge bien bouillies dans une certaine quantité d'eau , & refroidies
au ſortir du feu par des infuſions de houblon faites
la veille, faire dans les pays les plus chauds & les
plus éloignés de la bierre auſſi bonne , auſſi fraîche
& auſſi légère que celle que l'on pourroit faire
dans la meilleure braſſerie. En preſentant ces avantages, je ne dois pas laiſſer ignorer que cette boiſſon,
quelque ſaine qu'elle ſoit, occaſionne ſouvent à
ceux qui n'y ſont point accoutumés , pendant les
premiers jours de ſon uſage , quelque dérangement.
Preſque tous les hommes qui, pour travailler dans
les braſſeries viennent des pays où l'on n'eſt point
accoutumé à cette boiſſon, lorſqu'ils n'en prennent
point modérément dans les commencemens , ont

des coliques, des dévoiemens qui se passent très-facilement par un peu de régime, ou une légère médecine ; ils ne s'en portent que beaucoup mieux après. Mais comme dans le nombre des Napolitains qui s'accoutumeront à notre bierre, Monsieur, il pourroit s'en trouver quelques-uns qui se trouveroient incommodés de l'usage immodéré qu'ils en feroient dans le commencement, j'ai cru devoir vous en prévenir, & vous engager même à en parler aux médecins de Naples, pour que d'un côté ils prémunissent vos buveurs contre les petits inconvéniens qui pourroient résulter d'un trop grand & d'un trop fréquent usage de cette boisson dans les commencemens, & que de l'autre ils rassurent ceux qui, malgré leurs sages avis, se feroient mis dans le cas d'être incommodés.

J'ai l'honneur d'être, &c.

Mémoire trouvé dans les papiers de M. de Chamousset, & auquel on a cru ne devoir rien changer.

LE prospectus que j'ai répandu dans le public sur la pâte d'orge, lui a acquis beaucoup de partisans, dont le nombre augmente de jour en jour par les succès qui résultent de l'usage de cette pâte ; elle réunit tous les avantages que les grands médecins de tous les siecles ont reconnu pour la guérison d'un grand nombre de maladies, dans les différentes préparations de l'orge ; celles que je fais subir à ce grain pour le convertir en pâte, opèrent sur sa farine le même effet que le levain & le four opèrent sur celle du bled. Ainsi, il doit y avoir autant de différence entre la tisanne faite avec cette pâte & celle faite avec toutes les autres préparations d'orge, qu'il y en a entre du pain bien levé & bien cuit, & la pâte qui ne seroit ni levée ni cuite. J'aurois souhaité qu'il m'eût été possible de continuer à donner gratuitement cette pâte d'orge à tous ceux à qui elle peut être utile : mais d'un côté leur nombre trop immense s'y oppose ; de l'autre, la délicatesse de la plupart de ceux même à qui elle a déja procuré beaucoup de soulagement, les empêche d'en continuer l'usage tant qu'ils ne pourront se la procurer en la payant ; ils attendent avec impatience qu'elle soit mise en vente pour reprendre cet usage salutaire. C'est donc pour étendre le bien que doit opérer ma découverte, & satisfaire au desir général, que je me détermine à en ouvrir des bureaux de distribution dans les différens quartiers de cette capitale. Mais comme cette pâte d'orge est très-susceptible de mélanges qui ne seroient profitables qu'à ceux qui les feroient, difficiles à reconnoître par les acheteurs, & qui, néanmoins, en changeroient totalement les bons effets, j'ai été obligé de prendre les plus grandes précautions pour assurer la fidélité de sa composition. En conséquence, dans tous les bureaux de distribution que j'indiquerai, soit à Paris, soit en province, cette pâte sera renfermée dans des pots d'une livre & d'une demi-livre, portant trois lettres de mon nom,

C. H. M. que l'on trouvera fur chaque pot, mifes fous l'émail dans la fabrique même. Chacun de ces pots fera fermé d'un bouchon de liege enveloppé d'un papier, & fur le tout un cachet, où les trois mêmes lettres feront répétées : d'ailleurs ces pots de pâte d'orge ne fe vendront à Paris que dans ceux des bureaux que j'indiquerai à la fin de ce prof-pectus. Les perfonnes qui voudront plufieurs livres de cette pâte dans un même vaiſſeau, auront la bonté de m'en écrire, afin que je faſſe faire des barils ca-pables de contenir la quantité qu'ils en demande-ront. Sur les bondons de ces barils, on mettra des bandes de parchemin cachetées du même cachet que celui qui fera fur les pots.

MM. les médecins des villes de province qui fentiront l'avantage de cet aliment fur celui du bouillon dans un nombre infini de maladies, & qui, connoiſſant tous les cas où le même aliment de-vient remede, defireront de fe procurer de cette pâte dans leurs villes, auront la bonté de m'indi-quer les endroits où ils croient que j'en dois faire les dépôts : ce choix doit leur appartenir, puifque j'efpere que de leur côté ils voudront bien infpecter ces dépôts, & empêcher les abus qui pourroient s'oppofer aux avantages qui doivent réfulter pour le public de la diftribution de ces pâtes.

Il y en aura un général, où l'on fera paſſer ladite pâte en barils ; ce fera de ce dépôt qu'elle fera en-voyée en pots, tels qu'on vient de les décrire, dans tous les différens autres dépôts que l'étendue de la ville obligera d'établir. Ce fera auſſi de ce dépôt

général que ceux qui voudront avoir des provifions
de ces pâtes pour les pauvres malades de leurs terres,
les tireront avec les précautions que nous avons ci-
deffus détaillées.

Ces pâtes fe gardent plus d'un an , pourvu qu'on
ne les mette pas dans des endroits chauds ou hu-
mides : j'ofe encore fupplier MM. les médecins de
répandre dans tous les écrits publics les bons effets
qu'ils obferveront fur l'ufage de cette pâte; comme
auffi les inconvéniens qui réfulteront de l'abus que
quelques imprudens pourroient en faire. Ces inconvéniens ne peuvent certainement avoir de
fuites , parce que cette pâte d'orge , fidelement
faite , n'eft autre chofe qu'un aliment tiré d'un grain
reconnu de tout tems par les plus grands médecins,
comme le plus fain. Il eft préparé d'une maniere
qui le rend très-digefte & très-mifcible avec notre
fang qu'il rafraîchit & qu'il purifie.

Le détail de mes préparations eft connu de l'A-
cadémie des Sciences , de la faculté de Paris , de la
commiffion royale , & de quelques perfonnes de
mes amis. La facilité qu'a cette pâte de fe délayer
dans tout liquide , en étend prodigieufement l'ufage.
Dans les cas de maladies , on peut la fondre dans
des boiffons appropriées à l'état du malade ; lorfqu'on ne la prend que par régime , en en fondant
une petite cuillerée dans un verre d'eau chaude ,
& y ajoutant le double de lait , on en fait un très-
bon déjeuné , très-falutaire , & qui a opéré de fort
bons effets fur des perfonnes très-connues. Ceux qui
aiment le fucre peuvent y en ajouter un peu. Cette
boiffon

boiſſon reſſemble beaucoup au café au lait par ſa couleur & un peu par ſon goût. Les perſonnes aux-quelles le lait n'eſt pas propre, peuvent la delayer dans l'eau froide, ou dans toute autre boiſſon qui leur ſera agreable ou appropriee à leurs indiſpoſi-tions; on peut même la prendre en ſubſtance, & boire par-deſſus la boiſſon que l'on voudra.

J'ai eſſayé de faire avec cette pâte & différens mêlanges, tels que la crême de tartre, le ſucre, la gomme arabique ou autres, des tablettes, qui, pour bien des perſonnes, réuniſſent l'agrément du goût à l'efficacité deſirable dans bien des maladies. Mon objet eſt de rendre cette baſe ſalutaire de la pâte d'orge propice à grand nombre d'indiſpoſitions que l'on guériroit plus ſûrement & plus promptement, ſi l'on trouvoit le moyen de faire porter au malade dans ſa poche le remede à ſon mal, & de le lui faire prendre ſous une forme & un goût, qui, loin de lui répugner, lui paroîtroit agreable. Au ſurplus, je n'ai prétendu qu'indiquer ce moyen de guériſon; c'eſt aux maîtres de l'art à preſcrire les mêlanges qui, avec cette pâte, leur paroîtront les plus con-venables pour arriver à ce but.

Les doſes de cette pâte varient ſuivant les eſto-macs; chacun doit tâter qu'elle eſt la ſienne. Comme ce n'eſt point un médicament proprement dit, mais plutôt un aliment utile à la ſanté, on ne peut ſe tromper d'une maniere dangereuſe. Le plus grand inconvénient qui puiſſe réſulter d'une trop grande doſe, c'eſt une petite peſanteur d'eſtomac très-paſ-ſagere, que l'on évite en en prenant moins le len-

demain. Plufieurs perfonnes en prennent trois onces
par jour ; d'autres n'en prennent qu'une cuillerée
dans une pinte d'eau ; d'autres, enfin, une fimple
cuillerée à café. De plus, en commençant par de
petites dofes, on peut augmenter à mefure que
l'on s'en trouve bien, en difcontinuer l'ufage quelques jours, recommencer enfuite, & enfin varier
cet aliment médicamenteux de toutes les manieres
poffibles, & toujours fans danger ; il n'en réfultera
jamais d'inconvéniens dont les fuites puiffent donner
de l'inquiétude. On peut fondre cette pâte dans des
infufions ftomachiques ou autres, & fans rien faire
perdre à ces infufions de leurs vertus ; elle tempérera la chaleur des unes ; elle rendra les autres
plus mifcibles avec notre fang & nos humeurs,
parce qu'étant aliment, elle devient chyle, & porte
ainfi avec elle dans les dernieres ramifications des
vaiffeaux les parties fubtiles des médicamens avec
lefquels on l'a combinée ; enfin en fa qualité de
boiffon fucrée, étant très-fufceptible de fermentation, elle aura cette propriété qu'on paroît recher-
cher aujourd'hui, de porter de l'air fixe dans le canal
inteftinal, foit en boiffon, foit en lavement, & de
corriger ainfi la putridité des humeurs. Mais pour
les lavemens fur-tout, il faut toujours commencer
par de petites dofes ; une forte décoction de pâte
dans le peu de liqueur que contient la feringue,
fourniroit trop d'air à la fois, & occafionneroit
peut-être des coliques venteufes qui n'auroient pas
de fuites fâcheufes, mais qui feroient fouffrir du
plus au moins ; il faut donc toujours commencer

par de légères teintures, que l'on rend plus fortes
à mesure que le canal inteſtinal s'y accoutume.

Je ne rapporterai point ici un grand nombre d'obſervations qui viendroient à l'appui de ce que j'a-
vance ; je me contenterai de dire, d'après l'avis des
plus grands médecins, que c'eſt le meilleur aliment
dans toutes les maladies putrides & inflammatoires,
comme auſſi dans le traitement des plaies en général, & à la ſuite des grandes opérations ; & que
dans la plupart des indiſpoſitions, c'eſt le remede
le moins dangereux, & peut-être le plus efficace,
qui d'ailleurs, loin d'en exclure aucun autre, en
doit augmenter les bons effets ; en rendant la fibre
plus ſouple, il obvie aux inconvéniens de l'irrita-
tion, que les meilleurs remedes occaſionnent quelquefois, & en même tems, il fait ſéjourner dans
le ſang la liqueur à laquelle il eſt joint, plus long-
tems que ſi elle étoit ſeule, & il donne aux infuſions faites dans la liqueur où on la délaie, le tems
d'agir plus efficacement.

Avis imprimé en 1774.

Tout le monde ſait que M. de Chamouſſet a
paſſé ſa vie & ſacrifié ſa fortune à exercer des actes
de charité, & à former des projets utiles. La découverte des pâtes d'orge, dûe à ſes longues, pénibles & coûteuſes recherches, alloit conſoler ſon
cœur des efforts, ſouvent inutiles, qu'il avoit fait

pour le bien de l'humanité, lorsque la mort l'a
enlevé précipitamment. Il avoit obtenu les permif-
fions néceffaires pour la diftribution de ces pâtes,
qui réuniffent tous les avantages que les grands
médecins de tous les fiecles ont reconnus dans les
différentes préparations de l'orge, pour la guérifon
d'un grand nombre de maladies. Il en avoit diftribué
gratuitement à toutes les perfonnes qui avoient
défiré d'en faire ufage, & les cures merveilleufes
qu'elles avoient déja opérées, fur-tout dans les maladies qui intéreffent la poitrine, avoit acquis affez
de partifans à ce remede alimentaire pour que le
public défirât avec impatience qu'il fût mis en
vente. Des arrangemens indifpenfables ont retardé
l'ouverture des bureaux de diftribution que M. de
Chamouffet avoit défigné; & quelque defir que
l'héritiere bénéficiaire de M. de Chamouffet puiffe
avoir de fe conformer aux vues d'humanité & même
de charité, qui étoient le vrai principe & la vue
unique de feu fon refpectable neveu, elle doit avertir
le public qu'en faifant un effai d'établiffement pour
la diftribution des pâtes, & les livrant au prix ci-
deffous marqué, elle fe trouvera cependant forcée
d'en augmenter le prix dans la fuite pour ne pas
opérer fa propre ruine & celle de fa famille. Le
prix des orges eft augmenté, la dépenfe pour les
différens établiffemens & pour les diftributeurs
dans les bureaux, l'eft en proportion du prix général. Le tranfport de Compiegne à Paris, & les
droits d'entrée s'uniffant encore à tant de frais,
fans y comprendre tous les accidens imprévus, mais

ìnévitables, forceront à une augmentation que l'on réduira le plus qu'il fera poffible, & que l'on n'ajoutera que lorfque l'expérience en aura fait connoître l'indifpenfable néceffité. Le Roi a bien voulu accorder à Madame la Comteffe d'Amfreville la continuation du privilége, après l'examen & le rapport qui lui a été préfenté, & qu'en a fait la Commiffion royale de Médecine de Paris, en date du 8 février 1774.

Comme il n'eft pas poffible de former actuellement un établiffement en grand fur cet objet, ainfi que M. de Chamouffet l'avoit projeté, on fe contentera en ce moment de placer le dépôt général chez M. le Moyne, *rue de Buffy, fauxbourg Saint-Germain, maifon de M. André, chapelier.*.

Et les dépôts de diftribution :

'Au bureau général de la Pofte de Paris, rue des Déchargeurs.

Chez M. Cadet, *Apothicaire, & membre de l'Académie des Sciences, rue Saint-Honoré, près de la rue de l'Arbre-fec.*

Chez M. Bellanger, marchand Mercier, *rue & près le petit Saint-Antoine, vis-à-vis la rue de Fourcy, au maréchal de Saxe.*

Chez M. Bernard, *rue Saint-Jacques, près les dames Urfulines.*

Et à Verfailles chez M. Vaffal, *Apothicaire de Madame la Comteffe d'Artois, rue & vis-à-vis des Récollets.*

La pâte d'orge fe vendra dans des pots de faiance, d'une livre & de demi-livre, marqués des lettres *C. H. M.* ficelés & cachetés d'un cachet en chiffre des mêmes lettres *C. H. M.* à raifon de 24 fols la livre, fans y comprendre les pots & bouchons, dont on tiendra compte à ceux qui les rapporteront.

Les perfonnes qui pourroient defirer d'en avoir à la fois des pots contenant plufieurs livres, pourront s'adreffer audit fieur le Moyne, au dépôt général.

EXTRAIT

Du premier Regiftre des Délibérations de la Commiffion Royale de Médecine.

Aujourd'hui lundi fept février mil fept cent foixante-quatorze, la Commiffion Royale de Médecine étant affemblée au Vieux-Louvre en la maniere accoutumée, fur les repréfentations faites par la dame Berthelot, comteffe d'Amfreville, qu'en fa qualité d'héritiere bénéficiaire du fieur Claude-Humbert Piarron de Chamouffet, fon neveu, elle défiroit continuer le débit de pâtes d'orge de la compofition dudit fieur Chamouffet, qui auroient été ci-devant approuvées par ladite Commiffion, comme devant être naturellement douces & alimentaires, & de la préparation defquèlles il lui

auroit laiſſé le ſecret. Ladite Commiſſion a de nouveau approuvé l'uſage deſdites pâtes d'orge, & a en
conſéquence arrêté qu'il ſeroit permis à ladite dame
Berthelot, comteſſe d'Amfreville, de compoſer,
vendre, faire vendre & débiter leſdites pâtes dans
toute l'étendue du royaume, ainſi & de la même
maniere que ledit ſieur Chamouſſet y avoit été autoriſé; à la charge par elle de ſe conformer aux diſ-
poſitions de la déclaration du Roi du vingt-cinq
avril mil ſept cent ſoixante-douze, ſous les peines
y portées, & qu'au ſurplus ladite dame comteſſe
d'Amfreville ſeroit tenue de ſe retirer pardevant Sa
Majeſté pour obtenir un brevet confirmatif de ladite
permiſſion, en vertu du préſent extrait de délibération, lequel brevet ſeroit par elle rapporté dans
trois ans à ladite Commiſſion Royale, pour être
dans le tems ſtatué ce qu'il appartiendroit ſur ſon
renouvellement. Fait & arrêté au bureau de la
Commiſſion Royale de Médecine, les jour & an
que deſſus. *Signés* le Thieullier, *doyen*, de l'Epine,
Belleteſte, Laſſaigne, Raulin, Andouillé de Boiſ-
caillaud, Louis, Bordenave, Sabatier, Gourſaud,
le Bas, Habert, Jamart, Laborie & Mitoüart. Pour
extrait conforme à l'arrêté de ladite délibération.
Signés le Thieullier, *doyen*, & la Martiniere. Par
MM. de la Commiſſion Royale de Médecine. *Signé*
Nogaret, greffier de ladite Commiſſion.

Aᴜᴊᴏᴜʀᴅ'ʜᴜɪ huit février mil ſept cent ſoixante-
quatorze, le Roi étant à Verſailles, la dame Berthelot, comteſſe d'Amfreville, a très-humblement

expofé à Sa Majefté que la Commiffion Royale de
Medecine lui avoit permis de continuer à compofer , vendre, faire vendre & debiter dans toute
l'étendue du royaume des pâtes d'orge, ci-devant
préfentées à ladite Commiffion par le feu fieur
Claude-Humbert Piarron de Chamouffet, fon neveu,
& par elle approuvées comme douces & alimentaires,
de la préparation defquelles ledit fieur Chamouffet
lui auroit laiffé le fecret ; le tout ainfi qu'il étoit
mentionné en l'extrait qu'elle repréfentoit, d'une
délibération de ladite Commiffion, en date du jour
d'hier ; qu'elle fupplioit en conféquence Sa Majefté
de vouloir bien lui accorder un brevet confirmatif
de ladite permiffion , aux offres qu'elle faifoit de fe
conformer aux différentes claufes & conditions
énoncées en ladite deliberation : à quoi ayant égard,
vu ledit extrait de delibération ci-attaché fous le feel
de la Commiffion Royale de Médecine, Sa Majefté
a agréé & confirmé la permiffion accordee par ladite
Commiffion à ladite dame Berthelot, comteffe
d'Amfreville ; en conféquence Sa Majefté a autorifé & autorife ladite dame comteffe d'Amfreville
à compofer, vendre, faire vendre & debiter dans
toute l'étendue du royaume lefdites pâtes d'orge,
à la charge par elle de fe renfermer ftri&ement
dans les termes de ladite délibération, en vertu de
laquelle Sa Majefté lui a fait expédier le préfent
brevet, valable pour trois ans feulement, que, pour
affurance de fa volonté, Elle a figné de fa main,
& fait contrefigner par moi Confeiller-fecrétaire
d'Etat & de fes commandemens & finances. *Signé*
LOUIS ; & plus bas , *Signé* PHELYPEAUX.

QUATRIEME PARTIE.

Projets de M. de Chamouffet pour augmenter les agrémens de la Société.

MÉMOIRE

Sur la petite Poste établie dans l'intérieur de la ville de Londres, fur le modèle de laquelle on pourroit en établir de femblables dans les plus grandes villes de l'Europe.

CETTE poste s'appelle à Londres *penny-poste*, du mot anglois *penny*, qui fignifie un denier fterling, enforte que c'eft à proprement & littéralement parler, la poste d'un denier fterling; c'eft-à-dire, d'environ deux fols tournois, argent de France.

L'établiffement de cette poste fut fait par le fieur Dockwra, négociant de Londres, en 1680, fous le regne de Charles fecond, avant que le duc d'Yorck fon frere, depuis Roi, fous le nom de Jacques fecond, à qui on avoit accordé le revenu des poftes, parvint à la couronne.

La grandeur de la ville de Londres, & sa figure oblongue, firent sans doute naître les premieres idées de cet établissement. Quand on dit ici la ville de Londres, on doit entendre non-seulement Londres même, mais Westminster, Sowthwark & les fauxbourgs, & c'est toujours dans ce sens qu'on parlera de la ville de Londres dans la suite de ce Mémoire. Or, Londres pris en ce sens, a de l'est à l'ouest sept mille de long, ce qui fait environ trois petites lieues.

On refusoit alors à la poste générale toutes les lettres qui s'y portoient pour la ville de Londres & pour tous les villages en deçà de la premiere poste, ensorte qu'on étoit obligé de les envoyer par des messagers particuliers.

La petite poste de Londres dont il est ici question, fut établie pour remédier à cet inconvénient.

Le sieur Dockwra, qui en fut l'inventeur, en fit l'établissement à ses frais & dépens, sans appui ni autorité de la part du Gouvernement. Cette négligence lui coûta cher ; & dans la suite, il allégua envain qu'il devoit au moins en qualité d'inventeur jouir pendant quatorze ans des fruits de son invention, conformément à une loi faite sous le regne de Jacques premier.

Lorsqu'il commençoit à tirer un assez bon revenu de cet établissement, qu'il n'avoit pu faire sans de grands frais & des avances considérables, le duc d'York lui fit intenter procès par les officiers de la poste générale, sous prétexte des loix qui défendent aux particuliers de préjudicier à la poste générale.

Suivant l'avis des plus habiles avocats, les loix qui, en Angleterre s'interprêtent fervilement & littéralement, n'auroient point eu de prife contre Dockwra, s'il avoit eu au moins la précaution de donner à cet établiffement un autre nom que celui de pofte, comme, par exemple, *bureau des petits paquets.*

Ces loix cependant n'étoient pas fi formelles que leur explication ne fut fujette à bien des contefta-tions. Cette incertitude empêcha d'abord la dé-cifion de ce procès; mais le duc d'Yorck intenta depuis contre Dockwra deux nouvelles actions, & finalement Dockwra fut débouté de toutes fes prétentions. L'État continua de jouir du revenu de cette pofte particuliere, qui fut réuni à celui de la pofte générale, qui eft une régie pour le compte du Gouvernement, comme le font tous les autres revenus d'Angleterre.

On eftime que les frais de régie de cette pofte peuvent monter à 168,000 liv. argent de France, & qu'elle produit environ 120,000 liv. tous frais déduits. Le Gouvernement d'Angleterre a moins confidéré dans l'établiffement de cette petite pofte le bénéfice qui en revient à l'Etat, que la com-modité du public.

Il y a fix bureaux principaux dans la ville de Londres pour l'adminiftration de cette pofte; favoir, le premier de tous près de la Bourfe ou Banque, le fecond à Saint-Paul, le troifieme au Temple, le quatrieme à Weftminfter, le cinquieme à Sowthwark, & le fixieme dans le Ratcliff. Chacun de ces bureaux a un chef & un commis, excepté celui près de la Banque, & celui près de Weſt-minſter, qui ont deux commis.

Il y a plus de cent meſſagers qui portent les lettres dans les différens quartiers de la ville ; & à la tête de la régie, il y a un contrôleur, un col-lecteur, un teneur de livres, & un commis du contrôleur.

Il y a des boëtes particulieres dans la plupart des rues, & quelquefois pluſieurs dans une même rue ſuivant ſon étendue, & toutes les lettres que ces boëtes renferment ſe portent aux ſix bureaux prin-cipaux, d'où les facteurs les portent à leurs adreſſes.

La diſtribution des lettres commence à ſix heures du matin, & finit à huit ou neuf heures du ſoir. Les facteurs partent tous à la même heure quatre fois par jour des ſix bureaux principaux, enſorte qu'on peut s'écrire du bout le plus éloigné de la ville, & recevoir réponſe deux fois le même jour.

La petite poſte va tous les jours à la campagne juſqu'à trois lieues aux environs de Londres, dans tous les villages, hameaux & maiſons de plaiſance; mais on ne reçoit de réponſe que le lendemain.

Il n'y a que deux prix pour les ports de lettres, celui de la ville & celui de la campagne.

Le prix de la ville eſt de deux ſols, ou d'un denier ſterling, qui ſe paie en remettant la lettre à la poſte, ſoit qu'on la porte aux boëtes particu-lieres, ou à l'un des ſix bureaux principaux, ſans quoi on ne l'y recevroit point.

Quànt au prix des lettres pour la campagne, on fait en outre payer un second denier à celui qui reçoit la lettre, ensorte qu'il en coûte quatre sols pour ces sortes de lettres.

Cette poste se charge des petits paquets au même prix, pourvu que leur poids n'excède pas seize onces, ou une livre, & que leur valeur n'excède point dix livres sterlings.

On donne un sol par douzaine de lettres à chaque personne qui a une boëte établie chez soi, & on donne 8 liv. 16 s. par semaine à chaque facteur.

Cette petite poste est de l'aveu des Anglois, & des étrangers qui voyagent à Londres, un des établissemens le plus commode qu'il y ait en Angleterre.

Jamais le Gouvernement ne s'en est plaint, & il n'y a point d'exemple qu'elle ait jamais produit aucuns mauvais effets ; au contraire, il arrive souvent qu'elle est fort utile par des avis sans nom qui se donnent aux différens bureaux de la ville de Londres, des mauvaises pratiques qui s'y font, & il est assez ordinaire que les commissaires avertissent dans les papiers de nouvelles que celui qui a écrit une telle lettre n'a qu'à venir faire bon ce qu'il a avancé, & qu'en ce cas il sera récompensé. L'on conçoit aussi aisément qu'il y auroit trop de risque à en faire un mauvais usage par la nécessité qu'elle impose de remettre les lettres en mains propres pour en acquitter le port d'avance ; ce qui facilite le moyen d'en connoître les auteurs.

Au surplus, il y a en Angleterre une loi qui remédieroit promptement à l'abus qu'on en pourroit faire, c'eft que le principal fecrétaire d'état a droit de donner des ordres pour l'ouverture des lettres fufpectes : aulſi ne fe fie-t-on point à cette petite pofte pour des intrigues politiques ou criminelles.

Il n'eft point douteux que l'établiffement d'une pareille pofte ne préfente de très-grands avantages : c'en eft un d'abord de pouvoir vaquer ainſi aux affaires du dehors, fans abandonner celles du dedans, & de s'épargner par-là beaucoup de dépenfe, de fatigue & de perte de tems, en courfes ou en vifites fouvent infructueufes. C'en eft un autre de ne point s'expofer aux injures du tems dans quelque faifon que ce foit. Les vieillards y trouveront leur confolation, les perfonnes infirmes leur foulagement, & généralement tous ceux que leur état ou leurs occupations obligent de réfider plus affidument chez eux en tireront une utilité évidente.

Elle fera fur-tout fort utile pour les favans & les gens de lettres, pour les financiers & les gens de robe, pour les négocians, pour les marchands & pour toutes autres perfonnes que différentes efpeces d'affaires obligent d'être en perpétuelle correfpondance, & néanmoins à réfider chez eux.

L'établiffement d'une pareille pofte feroit également praticable dans toute autre ville confidérable, comme Londres, & ce Mémoire pourroit fervir de plan pour l'exécution d'un tel projet.

LETTRES-PATENTES

Du 5 Mars 1758, portant permission d'établir une petite Poste dans la ville de Paris, & jouissance des fruits d'icelle par M. de Chamousset ou ayanscause, pendant l'espace de trente années.

LOUIS, PAR LA GRACE DE DIEU, ROI DE FRANCE ET DE NAVARRE. A tous ceux qui ces présentes Lettres verront : SALUT. Notre amé & féal le sieur Piarron de Chamousset, conseiller, maître ordinaire en notre chambre des Comptes de Paris, nous ayant fait représenter qu'il seroit utile au public d'établir dans l'intérieur de notre bonne ville de Paris, & fauxbourgs d'icelle, une petite poste aux lettres pour faciliter le commerce des citoyens ; & cet établissement étant fait de maniere que l'on pourra écrire & avoir réponse en peu d'heures, il nous a paru propre à entretenir une communication habituelle & journaliere entre tous les habitans de notre bonne ville de Paris, qui, ayant sans cesse des affaires les uns avec les autres, ne peuvent souvent se les communiquer que par la voie des lettres & de l'écriture. Les avantages que la société retire de l'établissement des postes pour les provinces, nous font espérer que notre bonne ville de Paris trouvera la même utilité dans une poste particuliere, dont les bureaux seront distribués dans les différens quartiers d'une

ville auſſi peuplée & auſſi étendue ; & comme l'expoſant nous a fait offrir de faire cet établiſſement à ſes
propres frais , & que la dépenſe que doit entraîner
une pareille entrepriſe eſt conſidérable ; il nous a
très-humblement fait ſupplier de fixer le prix que
nous lui permettrions de recevoir pour le port de
chaque lettre , billet ou carte qui ſeroient apportés
aux différens bureaux , & de donner à cet établiſſement une forme ſtable & authentique pour lui
répondre des avances qu'il ſera obligé de faire , en
lui accordant nos lettres ſur ce néceſſaires.

A ces causes & autres à ce nous mouvant,
voulant traiter favorablement l'expoſant , & lui
donner des marques de la ſatisfaction que nous
avons de ſon zèle pour le bien public , de l'avis de
notre Conſeil , de notre grace ſpéciale , pleine puiſ-
ſance & autorité royale , nous avons par ces préſentes ſignées de notre main , approuvé & autoriſé,
approuvons & autoriſons l'établiſſement d'une poſte
particuliere dans l'intérieur de notre bonne ville de
Paris & fauxbourgs d'icelle , pour , par l'expoſant,
ſes hoirs & ayans-cauſes , en jouir excluſivement
à tout autre pendant le tems & eſpace de trente
années , à compter du jour de l'enregiſtrement
des préſentes , conformement aux articles qui
ſuivent.

A R T I C L E P R E M I E R.

Il ſera ouvert aux frais de l'expoſant , à ſon choix,
dans les différens quartiers de la ville & des fauxbourgs

bourgs de Paris, tel nombre de bureaux que bon lui semblera, dans lesquels les lettres , billets ou cartes envoyés par les particuliers seront reçus toute la journée , & d'où ils seront portés au moins trois fois par jour au bureau général de cette poste, dans lequel seul ils seront distribués aux facteurs des différens quartiers pour être remis à leurs adresses.

A*rt.* II. Il sera établi dans chaque bureau une boëte différente de celles de la grande poste, dont l'ouverture est au-dehors sur la rue, & lesdites boëtes seront toujours placées sur le comptoir des marchands qui se chargeront des bureaux, soit dans quelqu'autres lieux apparens.

A*rt.* III. Les clefs de ces différentes boëtes demeureront déposées dans le bureau général, dans lequel seul lesdites boëtes pourront être ouvertes pour faire la distribution des lettres, billets ou cartes y contenus à tel nombre de facteurs qu'il plaira à l'impétrant de commettre.

A*rt.* IV. Aucune lettre, billet ou carte, ne pourront être mis dans les boëtes sans avoir été préalablement timbrés. A cet effet, le bureau général fournira aux différens bureaux un timbre particulier, ainsi qu'une marque d'affranchissement que les buralistes seront tenus d'imprimer sur les lettres, billets ou cartes qui leur seront apportés , afin de connoître les différens quartiers d'où ils sont partis & les lettres, billets ou cartes dont le port aura été affranchi.

A*rt.* V. Les timbres de chaque bureau particulier seront différens, & seront composés de chiffres & de caracteres alphabétiques, enforte qu'aucune lettre ne pourra être reçue au bureau général qu'avec l'empreinte du timbre particulier du bureau où elle aura été dépofée.

Défendons à toutes perfonnes de quelque qualité & condition qu'elles foient de contrefaire lefdits timbres, chiffres & caracteres, fous telle peine qu'il appartiendra.

ART. VI. La diftribution des lettres, billets ou cartes, ne pourra fe faire que dans le bureau général, où ils feront remis aux facteurs des différens quartiers; & à cet effet, les buraliftes feront tenus d'envoyer précifément aux heures indiquées leurs boëtes, foit au bureau général s'ils en font affez proches, foit à des bureaux d'entrepôt dans lefquels le bureau général enverra chercher les boëtes des petits bureaux trop éloignés.

ART. VII. Défendons aux porteurs defdites boëtes de fe charger en chemin d'aucune lettre, billet ou carte s'ils n'ont paffé aux bureaux particuliers, & qu'ils n'y aient été timbrés.

ART. VIII. Le port de chaque lettre, billet, carte ou paquet, fera de deux fols pour quelque quartier que ce foit en dedans des barrieres, pourvu toutefois qu'il n'excède pas le poids de quatre lettres fimples & fans enveloppes; & fera fait mention fur lefdites lettres de ladite taxe, qui ne pourra excéder lefdits deux fols.

ART. IX. Lorfque lefdits paquets ou lettres excéderont le poids de quatre lettres ordinaires, ils feront taxés par le bureau général au prorata de

leur peſanteur à raiſon de quatre ſols par once, &
mention ſera faite ſur leſdits paquets ou lettres de
ladite taxe ; défendons aux facteurs de percevoir
pour leſdites lettres & paquets autre & plus grande
ſomme que celle qui aura été taxée.

ART. X. Faiſons défenſes à toutes perſonnes qui
voudront ſe ſervir de la voie des bureaux de cette
nouvelle poſte, de mettre dans les lettres aucun or,
argent, pierreries, ni autres choſes précieuſes ; &
au cas où il y en auroit été mis, leſdits bureaux
particuliers & général n'en ſeront reſponſables.

ART. XI. Les bureaux particuliers ſeront reſponſables envers le bureau général du port des lettres, billets ou cartes dont ils ſe ſeront chargés
avec affranchiſſement.

ART. XII. La petite poſte ne ſera point tenue
de ſe charger des lettres adreſſées aux miniſtres,
magiſtrats & autres perſonnes qui ont le droit de
contre-ſeing & de port franc ; ces lettres devant
être miſes aux différentes boëtes de la grande poſte
qui eſt chargée de cette diſtribution.

ART. XIII. Les lettres adreſſées à des perſonnes
publiques qui auront refuſé de les recevoir, ſeront reportées par les facteurs au bureau général ;
mais elles ne ſeront rendues à ceux qui les récla-
meront qu'en en payant le port entier de deux
ſols, comme il a été dit ci-deſſus.

ART. XIV. Les lettres, billets ou cartes qui
n'auront pu être rendus, ſoit parce que l'adreſſe
en ſeroit mal miſe, ſoit parce que perſonne n'auroit voulu s'en charger en l'abſence de ceux à qui

ils feroient adreſſés, feront de même rapportés par les facteurs au bureau général pour être rendus à ceux qui les reclameront, en juſtifiant qu'ils ont été par eux portés ou envoyés, & payant feulement un fol pour les frais.

ART. XV. Lefdites lettres, billets ou cartes mentionnées aux articles précédens, reſteront dans le dépôt qui fera établi dans le bureau général où ils feront confervés pendant fix mois, après lequel tems ils feront brûlés; & pour la plus grande commodité du public, le bureau général enverra feulement une note de ces lettres dans les bureaux dont elles porteront le timbre.

ART. XVI. Il fera permis au bureau général, pour s'aſſurer de l'exactitude des facteurs, de leur faire payer toutes les lettres, billets ou cartes qu'on leur confiera, & ils ne pourront être rembourfés de ceux qu'ils n'auront pu remettre à leurs adreſſes qu'en les rapportant au bureau général.

ART. XVII. Les buraliſtes des petits bureaux, ainſi que les facteurs, n'auront point d'appointemens, mais fimplement un droit fixe par lettre rendue à fon adreſſe, enforte qu'il ne fera rien payé ni aux uns ni aux autres pour celles qui n'auront point été rendues.

ART. XVIII. Les lettres que l'on voudra envoyer à la grande poſte pourront être reçues dans les bureaux de la petite poſte, & feront portées moyennant un fol par chaque lettre, qui fera payé par ceux qui les apporteront aux boëtes de la petite poſte.

Art. XIX. Le bureau général pourra traiter du port des journaux, mercures, factums, billets d'invitation & autres de même nature, enforte que le port defdits envois foit entierement aux dépens de ceux qui les auront faits.

Art. XX. Et dans le cas où aucune perfonne voudroit ufer de la voie de la petite pofte pour faire tenir aucuns des écrits mentionnés en l'article précédent, ou autres de même nature fans avoir préalablement traité avec le bureau général, il fera permis audit bureau de les pourfuivre pardevant le Lieutenant général de Police, fauf l'appel en notre Cour de Parlement, pour les faire condamner en une amende de 300 liv., qui ne pourra être modérée en aucun cas, ladite amende applicable aux pauvres prifonniers de la conciergerie.

Art. XXI. N'entendons néanmoins empêcher en aucun cas les particuliers de faire porter leurs lettres, cartes ou billets dans la ville & fauxbourgs de Paris, & dans l'enceinte des barrieres d'icelle, par telles perfonnes qu'ils jugeront à propos. Si donnons en mandement à nos amés & féaux confeillers, les gens tenant notre cour de Parlement à Paris, & autres nos officiers qu'il appartiendra, que ces préfentes ils aient à faire regiftrer, & du contenu en icelles faire jouir & ufer l'expofant, fes hoirs, fuccefîeurs ou ayans caufes pleinement & paifiblement, ceffant & faifant ceffer tous troubles & empêchemens, & nonobftant toutes chofes à ce contraires; car tel eft notre plaifir: en témoin de quoi nous avons fait mettre notre fcel à cefdites préfentes. Donné à Verfailles le cinquieme jour de mars de l'an de grace mil fept cent cinquante-huit, & de notre regne le quarante-troifieme. *Signé* LOUIS. Par le Roi: *Signé* PHELYPEAUX.

MÉMOIRE

Relatif à l'enregiftrement des Lettres-patentes *du 5 Mars 1758.*

L'EXÉCUTION de la grace qu'il a plu au Roi de m'accorder, dépend de Juges trop éclairés, pour que je puiffe craindre les objections que quelques particuliers répandent dans le public, contre un établiffement défiré de la plus grande partie de la fociété.

Indépendamment de l'emploi qu'on fe propofe de faire des produits de la petite pofte, (emploi qui doit lui affurer le fuffrage de tous ceux qui ont encore le cœur fenfible aux malheurs de l'humanité) cet établiffement ne préfente rien dont on puiffe fe fervir pour l'attaquer.

Les oppofitions mêmes qu'on a vraifemblablement formées contre la grande pofte, lorfqu'on en propofa l'établiffement, ne peuvent avoir lieu contre celui de la petite. Le plan de la pofte générale préfentant un fyftême nouveau, on ne pouvoit répondre aux objections, en montrant une exécution heureufe, au lieu que toutes celles qu'on pourroit former aujourd'hui contre la petite pofte, fe détruifent par le fuccès de la pofte générale, dont elle n'eft qu'une extenfion. Le privilége que l'on demandoit pour la poſte générale étoit excluſif; ainſi il dépouilloit l'univerſité & les meſſagers qui étoient ſes fermiers; il concentroit dans un très-petit nombre de perſonnes qui formoient la compagnie des poſtes, un droit qui étoit exercé par tous les meſſagers du royaume. La crainte d'une ſur-taxe des lettres & paquets étoit fondée pour lors, puiſque les particuliers ne pouvoient ſuppléer les courriers des poſtes, qu'en envoyant un courrier exprès pour eux, ce qui devenoit preſqu'impoſſible par la dépenſe exceſſive, ſur-tout pour les villes éloignées. Malgré toutes ces conſidérations la poſte a été établie, & les avantages qu'en retirent le Roi & ſes ſujets, prouvent évidemment qu'on a eu raiſon de s'élever au-deſſus des préjugés pour nous procurer un établiſſement ſi utile.

La petite poſte à Paris n'eſt qu'une extenſion de la poſte des provinces, puiſque cette petite poſte ſe feroit établie tout naturellement, ſans lettres-patentes & ſans aucune contradiction, ſi MM. les fermiers des poſtes n'euſſent craint que ce nombre de lettres de Paris à Paris ne rendît leur opération pour les provinces trop difficile; la néceſſité où ils ſont de faire imprimer tous les ans dans les almanachs & dans toutes les pancartes des poſtes qu'ils ne recevront point de pareilles lettres, & qu'ils les mettront au rebut, prouve deux choſes.

La première, que la petite poſte en ſe chargeant de cette diſtribution ne fait aucun tort à MM. les fermiers des poſtes. La ſeconde, que le public déſire & a beſoin de cet établiſſement, puiſ-

que malgré ces avertiffemens il continue de mettre
des lettres pour Paris dans leurs boëtes, ce qui les
oblige à réitérer leurs avis tous les ans.

La multitude d'habitans de Paris qui ont une
grande relation, rend l'établiffement d'une petite
pofte néceffaire dans une ville auffi étendue; combien ne fe trouve-t-il pas de ces perfonnes chargées de différentes affaires, ou attachées à un commerce confidérable, qui ont fouvent huit ou dix
avis à donner tout à la fois! deux domeftiques qui
leur coûtent cher, leur font infuffifants pour ces
moments, & peut-être onéreux dans le refte de la
journée. La petite pofte avec une très-modique
dépenfe, remplit bien mieux tout ce qu'ils peuvent
défirer. Ils ne feront plus dans la néceffité de né-
gliger ce qui ne leur paroît pas très-important, quoique fouvent ils le regardent comme utile.

Le fyftême des deux poftes étant le même, l'une
ne peut être fufceptible de plus d'inconvéniens que
l'autre; ainfi le fuccès de la pofte pour les provinces, répond parfaitement à tous les raifonnemens qu'on pourroit faire contre la petite pofte.
Le privilége que le Roi accorde de cette derniere,
n'eft exclufif que pour des établiffemens femblables:
il laiffe à chacun la liberté de faire porter fes
lettres par qui bon lui femblera. Il n'y aura que
ceux qui reconnoîtront l'utilité de ce nouvel établiffement qui s'en ferviront: ceux même qui ne
voudroient point recevoir de lettres par cette voie,
feront les maîtres de refufer celles qui leur viendroient par la petite pofte: les bureaux inftruits par

ce refus, ne recevroient plus tout ce qui feroit adreſſé à ces perſonnes.

Il eſt démontré que les établiſſemens volontaires ne peuvent faire que du bien, puiſqu'il n'y a que ceux qui en reconnoiſſent les avantages qui en uſent. Celui-ci par ſa nature même ne peut devenir forcé; ſon ſuccès dépend trop eſſentiellement du goût du public; dès l'inſtant que la petite poſte ceſſeroit de lui plaire, elle tombe néceſſairement: ainſi on doit être bien aſſuré que tous ceux qui la régiront n'indiſpoſeront jamais le public par une ſur-taxe, qui quelque modique qu'elle fût, aliéneroit les eſ‑ prits & feroit rejetter un établiſſement facile à ſuppléer, & qui ne peut ſubſiſter qu'autant que chacun le trouvera avantageux par la diminution de la dépenſe, & par l'exactitude de ſon ſervice. Les précautions ſcrupuleuſes que l'on apporte pour parer même aux inconvéniens qu'une critique trop ſévere & injuſte peut faire également alléguer con‑ tre tous moyens de communication dans la ſociété, ſemblent devoir pleinement raſſurer ceux, qui uni‑ quement animés de l'amour du bien public, ſont toujours diſpoſés à approuver tout ce qui peut être utile à la ſociété.

Les timbres, la néceſſité d'entrer dans la bouti‑ que pour mettre ſa lettre dans la boëte, la con‑ noiſſance des écritures qu'on doit acquérir en peu de tems, celle de tout ce qui habite les maiſons des différens quartiers, ne laiſſent rien à craindre de l'établiſſement de la petite poſte, & la rendent au contraire, un moyen bien plus difficile & plus

critique de répandre dans le public, des écrits qu'il
eft de la fageffe d'arrêter, que tous ceux dont on
fe fert depuis long-tems.

Pour parer aux inconvéniens des mauvaifes plai-
fanteries que les particuliers pourroient fe faire,
en s'envoyant par la petite pofte des chofes inutiles, le Parlement pourroit ordonner que le port
des paquets, dont la taxe doit être de plus de deux
fols, feroit affranchi par ceux qui les apporteroient
aux différentes boëtes de la petite pofte. Il paroîtroit jufte (& fi la Cour le trouve tel, je le re-
quiers) qu'on affranchît de même toutes les lettres adreffées à des hommes publics, tels que magiftrats, curés & officiers de juftice ou de fanté.
Les lettres que de telles perfonnes reçoivent, ne
font prefque toujours utiles qu'à ceux qui les écri-
vent, & la plûpart en paient le port aujourd'hui,
avec cette précaution, & la liberté que chaque
particulier conferve, foit de refufer les lettres qui
lui feront adreffées par la petite pofte, foit d'envoyer celles qu'il voudroit écrire, par qui bon lui
femblera, il paroît qu'on ne peut plus oppofer
contre cette petite pofte, qu'une chofe infpirée par
une commifération trop étendue. Elle ôte, dit-
on, le pain à une multitude de petits malheureux.
Pour répondre à cette derniere objection, exami-
nons qui font ceux qui font ces commiffions dans
Paris, & il ne nous fera pas difficile de démontrer que l'établiffement de la petite pofte eft un
avantage politique. Les favoyards viennent vivre
dans cette ville des reftes des grandes maifons, ils

n'y conſomment rien, & emportent tous les ans un argent qui ne rentre jamais dans le royaume; ces ſommes, quoique petites, ſont tellement répétées, qu'elles font un objet. Les jeunes gens, qui viennent de nos provinces, y quittent des travaux utiles pour mener dans cette ville une vie oiſive, toujours infructueuſe pour l'Etat; & ſouvent criminelle. Si ces enfans ne peuvent trouver à s'occuper chez eux, qu'ils aillent ſur nos ports dès l'âge de ſept à huit ans, ils peuvent faire des mouſſes, & quelques années après des matelots, qu'on eſt obligé de ſuppléer aujourd'hui par des mariniers de riviere, quelque néceſſaires qu'ils ſoient au commerce intérieur du royaume. Si enfin les commiſſionnaires ſont des enfans d'ouvriers ou de domeſtiques, il eſt dangereux de leur donner un prétexte de ſe ſouſtraire à l'inſpection de leurs parens, & à l'éducation qu'ils leur doivent. Livrés à eux-mêmes, & à toute la corruption qu'une pareille vie d'indépendance doit produire, il n'eſt pas étonnant qu'ils deviennent vicieux: c'eſt au coin des rues que s'eſt formée la bande de Raffiat. M. d'Argenſon, premier reſtaurateur de la police, ſentant les inconvéniens d'une pareille licence, faiſoit faire des viſites par ſes officiers, pour obliger les parens de garder les enfans auprès d'eux; privés de cette foible reſſource, qui ne ſert qu'à les empêcher d'apprendre des métiers, & qui les rend parlà inutiles à la ſociété pour toute leur vie, ils feront forcés de ſe choiſir un état: ces commiſſions qui les occupent, feront faites autant qu'il ſera poſſible, par des hommes que la perte de quelques membres ou autres infirmités empêchent de rendre d'autres ſervices. D'ailleurs cet etabliſſement rendra aux ſervantes une multitude de places, que la néceſſité des commiſſions fait remplir aujourd'hui par des hommes néceſſaires, ſoit à l'agriculture, ſoit à la défenſe de la patrie. Au ſurplus, il n'eſt point d'établiſſement utile à la ſociété qui ne ſe faſſe aux dépens de quelques particuliers. La meſure de l'utilité publique eſt celle de la protection que leur accordera toujours un tribunal qui ne cherche qu'à procurer le bien le plus grand & le plus étendu.

L'approbation que le Roi a bien voulu donner à mon zèle dans ſes lettres-patentes; le vœu de tous les citoyens pour le ſuccès de mes projets; la juſtice de la compagnie, dont j'attends avec confiance la protection; les bontés qu'elle a eu pour mon pere & pour mon frere : tous ces motifs m'aſſurent que je trouverai des juges favorables pour un établiſſement qui ne m'eſt précieux qu'autant que je le crois utile au public, & en lui-même, & par l'emploi que je compte faire de ſes produits.

PLAN D'ADMINISTRATION

Pour la Poste de Paris.

L'AVIS (1) que j'ai préfenté au public fur l'exécution de la pofte de Paris, a donné une idée générale de cet établiffement. Les réflexions que nombre de perfonnes ont bien voulu me communiquer, prouvent qu'il a été reçu favorablement, &
m'engagent à préfenter de nouveau un détail de
cette opération, dans lequel j'ai tâché de profiter
de ces différentes lumieres; d'ailleurs, il eft néceffaire que chacun de ceux qui voudront faire
ufage de ce moyen de communication, puiffe fça-
voir exactement les avantages qu'il en peut attendre, & la maniere dont il doit s'en fervir.

Les gens riches, qui ont beaucoup de domeftiques & peu d'affaires, pourront trouver ce moyen
bien lent pour fatisfaire l'impatience qu'excitent les
chofes de pur agrément ; mais s'il eft fuffifant pour
remplir prefque toujours ce que la néceffité des
affaires & des befoins exigent, j'aurai rempli la partie de mon objet la plus effentielle.

Un commiffionnaire peut porter une lettre auffi-

---

(1) L'avis dont il s'agit eft à-peu-près le même que ce plan d'adminiftration pour la Pofte de Paris ; ainfi on a cru qu'il étoit inutile de le réimprimer, & l'on s'en eft tenu à la derniere piece.

tôt qu'elle eft écrite ; mais fi celui à qui elle s'a-
dreffe n'eft pas chez lui , & qu'il ne foit pas en
état d'avoir des domeftiques , il faut ou la confier
à quelqu'un, ou faire un fecond voyage qui peut
encore être infruétueux. Dans le premier cas , on
a également à craindre l'infidélité de quelques commiffionnaires pris au hazard ; l'ineptie du plus grand
nombre ; la légéreté d'un domeftique même , qui
fouvent ne connoît perfonne dans le quartier où
on l'envoie , & qui ne cherche qu'à fe débarraffer
de fa commiffion ; enfin l'inexaétitude des voifins
qui n'ayant point de port à fe faire rembourfer,
n'ont aucun intérêt à examiner le moment où rentre celui à qui s'adreffe l'envoi qu'on leur a confié.

La pofte de Paris ne faifant porter les lettres
que par des faéteurs attachés à chaque quartier,
& comptables de leur conduite, les lettres qui ne
pourront être remifes direétement aux perfonnes
mêmes, ne feront confiées par ces faéteurs qu'à
des gens qu'ils connoiffent.

Dans le fecond cas où l'on feroit obligé d'envoyer de nouveau, la voie de cette pofte eft plus
prompte que celle d'un commiffionnaire.

Les lettres qui n'auront pu être rendues à leurs
adreffes, foit par les faéteurs dans leurs différentes
tournées , foit par ceux à qui ils les auront confiées, feront rapportées par ces faéteurs au bureau
de diftribution de leur diftriét, & feront reportées
à ceux qui les auront contrefignées , & qui paieront la moitié de la taxe : celles qui ne feront pas
contrefignées , & dont on ne pourra reconnoître

les cachets ni l'écriture, feront dépofées pendant fix mois aux bureaux de diftribution d'où elles viennent; après lequel tems, elles feront brûlées, fi elles ne font pas reclamées par des perfonnes munies du cachet, & dont l'écriture fera conforme à celle de l'adreffe.

Ceux qui en affranchiffant, voudroient que les lettres fuffent reportées chez eux au cas qu'elles ne fuffent pas rendues, mettront fur l'adreffe même *(port payé)* & au dos de leurs cartes, lettres ou billets, leurs noms & leurs demeures; & en ce cas, on leur rendra la moitié du port en leur reportant ces lettres.

A l'égard de ceux qui indiqueroient pour reporter leurs lettres, un autre nom que le leur ou une autre demeure, on les leur reportera de même dans l'endroit défigné, mais fans rien rembourfer.

Comme il y a plufieurs rues dans Paris qui portent le même nom, il fera effentiel d'ajouter dans les adreffes les quartiers de ces rues, fans quoi on feroit obligé de faire paffer les envois par les différens bureaux qui ont des rues de même nom, ce qui ralentiroit confidérablement leurs remifes: il feroit même à fouhaiter, fur-tout dans les commencemens, que pour les grandes rues l'on voulût bien diftinguer la partie de ces rues où s'adreffent les lettres, en ajoutant fur la fufcription le lieu le plus diftingué du voifinage.

Cette pofte fe chargera dans tous les différens quartiers, des lettres pour la grande pofte dans l'intérieur de Paris, moyennant *fix deniers*, & *un fol* seulement pour toutes celles qui viendront des villages où cette poste s'étend. Ces lettres, à l'inf-tant qu'elles seront arrivées, seront envoyées par un exprès à la grande poste.

Un desir trop vif de procurer dès les commence-mens par cet établissement, toute la commodité possible, m'avoit fait annoncer quatre distributions par jour; mais les mêmes réflexions dont j'ai parlé ci-dessus, m'ont fait sentir qu'il étoit plus prudent pour la sureté du service, de commencer par trois, en m'occupant toujours néanmoins des moyens de porter le nombre de ces distributions jusqu'à quatre, lorsque le goût & l'intérêt du public paroîtront l'exiger.

La premiere distribution sera celle des lettres qui auront été reçues dans la derniere tournée de la veille, & de toutes celles qui auront été portées dans les boëtes avant *cinq heures* du matin, elle se fera vers les *huit heures* du matin; les mêmes facteurs repasseront une heure après, c'est-à-dire, vers les *neuf heures*, pour prendre les réponses de ces lettres à la porte des maisons mêmes, & les porter au bureau de leur district, d'où elles se-ront rendues à leurs adresses dans la distribution qui se fera vers *midi* : entre midi & une heure les facteurs repasseront pour reprendre les réponses; à *quatre heures*, troisieme & derniere distribution, & à *cinq*, troisieme & derniere levée des répon-fes, après laquelle heure il ne restera plus que la voie des boëtes.

Il a été dit ci-dessus, que cette poste avoit un

avantage

avantage sur tout autre moyen de faire parvenir
ses envois, en ce que les facteurs connoissant parfaitement leur quartier, ne mettroient qu'en main
sûre les envois qu'ils ne pourroient remettre aux
personnes mêmes à qui ils sont adressés. J'ajouterai à cette observation, que les heures de distribution étant fixes, il est à présumer que ceux qui
auront des lettres à recevoir par cette poste, ou se
tiendront chez eux aux momens de distribution, ou
y laisseront quelqu'un à leur place.

Partage de Paris.

J'AI cru devoir partager Paris en *neuf* quartiers,
dans chacun desquels il y aura un bureau de distribution. Un de ces bureaux placé au milieu de
la ville, servira de point d'union entre tous les
bureaux.

Chaque bureau aura dans son district les rues
comprises dans le circuit que l'on va tracer, & toutes
ces rues seront partagées entre les facteurs attachés
à chaque bureau relativement à leur étendue, au
nombre d'habitans, & à l'éloignement où elles sont
du bureau de distribution.

Toutes les grandes rues seront données en entier
aux bureaux dont le service en embrasse la plus
grande partie, quoiqu'elles traversent le circuit
d'autres bureaux ; sans cette précaution le service
pourroit être ralenti ; parce que comme il ne seroit pas possible d'exiger du public qu'il marquât la
portion de rue où demeurent ceux à qui on écrit,

Tome II.   L

la même lettre pourroit paſſer, avant que d'être
rendue, tous les différens bureaux entre leſquels
cette rue ſeroit partagée.

BUREAUX.

Premier Bureau,

Qui en même-tems ſera le Bureau d'Entrepôt, *Place
de l'Ecole, près le Pont-Neuf, timbré* A.

Comprendra dans ſon diſtrict les quais de la
Mégiſſerie, les ponts au Change & de S. Michel,
le pont Notre-Dame, toute l'île du Palais, juſqu'au petit Châtelet; remontera par la rue de la
Huchette, pont S. Michel, quai des Auguſtins; paſſera par les rues S. André-des-Arts & Dauphine,
le pont-Neuf; le quai de l'Ecole, juſqu'à la rue
des Poulies; entrera par cette rue, juſqu'à la rue
S. Honoré, viendra regagner la rue des Prouvaires;
longeant S. Euſtache par la rue Traînée, paſſera par
la pointe dans la rue de la Truanderie, viendra
retomber dans les Halles, & toutes les rues qui
aboutiſſent de ſon côté dans la rue S. Denis, depuis la rue de la Truanderie juſqu'au pont au
Change, de même que dans toutes celles qui aboutiſſent dans la rue S. Honoré, du côté du pont-
Neuf, juſqu'à la rue des Poulies; & de l'autre côté
juſqu'à la rue des Prouvaires, & généralement ainſi

que les autres bureaux, toutes les rues & quais compris dans le circuit tracé.

II. BUREAU.

Cloître Couture-Sainte-Catherine , timbré B.

FERA le ſervice du fauxbourg S. Antoine en ſuivant la riviere juſqu'à la Grève; remontera enſuite par la rue de la Mortellerie ; ira gagner la rue des Barres, le long de la vieille rue du Temple, juſqu'aux Boulevards , & en retour le pont-aux-Choux , & toute cette partie du fauxbourg Saint-Antoine.

III. BUREAU.

Rue S. Martin près la rue aux Ours , timbré C.

S'ETENDRA depuis la Grève , la place Baudoyer ; fera toutes les rues qui tombent dans la vieille rue du Temple, juſqu'aux Boulevards ; fera le fauxbourg S. Martin ; reviendra le long de la rue S. Martin, juſqu'au pont Notre-Dame, le quai Pelletier, & toutes les rues qui aboutiſſent dans la rue S. Martin, & dans la rue S. Denis de ſon côté.

IV. BUREAU.

Rue neuve des Petits-Champs, vis-à-vis les Écuries de Monseigneur le Duc d'Orléans, timbré D.

COMMENCERA son service quai de l'Ecole, au coin de la rue des Poulies, le long de la riviere, jusqu'au Guichet de la rue S. Nicaise; entrera dans la rue S. Nicaise; traversera la rue S. Honoré pour gagner la rue de Richelieu : fera en entier la rue neuve des Petits-Champs jusqu'aux Capucines, la rue neuve S. Augustin jusqu'à la rue de Louis-le-Grand ; ensuite continuera la rue de Richelieu; passera par la rue neuve Grange-Bateliere , viendra ensuite gagner le fauxbourg Ste. Anne; prendra la premiere barriere des Porcherons & S. Denis; de toute la rue S. Denis jusqu'aux quais , & toutes celles qui aboutissent de son côté dans la rue S. Denis, jusqu'à la rue de la Truanderie; reviendra ensuite par la rue Comtesse-d'Artois gagner par la pointe S. Eustache, la rue Montmartre, la rue du Jour, & le tour de l'église S. Eustache, jusqu'à la rue des Prouvaires, & toutes les rues qui de ce côté aboutissent à la rue S. Honoré, depuis celle des Prouvaires jusqu'à la rue de Richelieu, comme celles qui aboutissent à la même rue S. Honoré, depuis la rue des Poulies jusqu'à la rue S. Nicaise.

V. BUREAU.

Porte S. Honoré, timbré E.

COMPREND dans son district toute la rue Saint-Honoré jusqu'à la rue de la Féronnerie, & toutes les rues qui aboutissent dans la rue S. Honoré, dans la rue neuve des Petits-Champs, & dans la rue neuve S. Augustin jusqu'à la rue de Richelieu & S. Nicaise; remonte ensuite par la rue de Louis-le-Grand; gagne les Porcherons & Montmartre; le château du Coq; fait la totalité du fauxbourg S. Honoré, le Roulle, Chaillot, (deux fois par jour) & revient au Guichet de la rue S. Nicaise; embrasse par conséquent la rue des Orties, le Carousel, le château des Tuileries, & toutes les rues du Carousel jusqu'à la rue S. Honoré.

VI. BUREAU.

Rue du Bac, entre la rue de Verneuil & de l'Université, timbré F.

S'ÉTENDRA en longeant la riviere depuis le coin de la rue des SS. Peres jusqu'au Gros-Caillou; remontera par l'Ecole Militaire; rentrera par la barriere du petit-Vaugirard, rue des vieilles-Tuileries & du Cherche-midi, la Croix Rouge, & descendra la rue des Saints-Peres jusqu'au bord de l'eau.

L 3

VII. Bureau.

Rue du Petit-Lyon & des quatre Vents , vers la Foire Saint Germain , timbré G.

Comprendra toutes les rues qui de son côté viennent aboutir à la rue des Saints-Peres, à la Croix-Rouge & à la rue du Cherche-midi ; remontera par la barriere des Carmes le long des Boulevards du fauxbourg S. Germain jusqu'à la barriere d'Enfer ; redescendra ensuite le long de la rue d'Enfer , la place S. Michel, la rue de la Harpe jusqu'au pont S. Michel ; entrera par la rue S. André-des-Arts , dans toutes les rues qui sont à la gauche de cette rue , & ensuite par la rue d'Anjou & de Nevers, regagnera le bord de l'eau jusqu'à la rue des Saints-Peres.

VIII. Bureau.

A l'Eſtrapade , à l'entrée de la rue des Poſtes ; timbré H.

Viendra prendre l'Observatoire , l'Institution, toutes les rues qui de son côté aboutissent à la rue d'Enfer , la place S. Michel & la rue de la Harpe jusqu'à la rue de la Huchette , toute la rue S. Jacques jusques & compris la rue du Petit-Pont ; remontera par la place Cambray , au Puits-Certain, rue des Amandiers, rue Bordet , & toute la rue

Mouffetard jusqu'à la barriere des Gobelins, les Gobelins, & toute cette partie du fauxbourg S. Marceau.

I X & *dernier* B U R E A U.

Rue Galande, vis-à-vis la rue des Anglois, près la place Maubert, timbré J.

Vient prendre toutes les rues qui aboutiſſent à la rue S. Jacques juſqu'à la rue des Noyers; la rue des Noyers; la rue S. Victor juſqu'à la barriere de la Croix de Clamart, & tout le contour & les rues qui aboutiſſent à la montagne Ste. Géneviève, Bordet & Mouffetard juſque dans les champs; va chercher l'hôpital général; reprend enſuite le bord de l'eau, & toutes les rues qui y aboutiſſent, l'île S. Louis, & la partie de la Cité depuis S. Denis de la Chartre juſqu'au Petit-Pont, & toute cette partie de la Cité juſqu'à Notre-Dame.

P L A N D E T R A V A I L.

Service des Bureaux.

Chacun de ces bureaux ouvrira à *cinq heures* du matin.

La premiere opération ſera de recevoir ſur une

table diviſée en autant de cafes qu'il y aura de bureaux de diſtribution, toutes les lettres qui auront été collectées par les facteurs dans leurs tournées, ou apportées par eux des boëtes de leur quartier, pour en faire la répartition aux bureaux repréſentés par les cafes : ainſi chacun de ces bureaux gardant le paquet de ſon quartier, enverra les paquets des autres bureaux au bureau du centre, *(qui en même-tems qu'il eſt bureau de diſtribution, ſera auſſi bureau d'entrepôt)* & qui en conſéquence, indépendamment de la table de diſtribution qu'il aura comme les autres bureaux, en aura une partagée en cafes, intitulée chacune de la lettre qui fait le timbre du bureau dont elles doivent recevoir les envois. Ce ſera dans ces différentes cafes que le commiſſionnaire de chaque bureau mettra le paquet qu'il y apporte; & pour ne ſe pas méprendre, il n'aura qu'à regarder la lettre que chaque chef du bureau de diſtribution aura ſoin de mettre ſur chaque paquet. Cette lettre indiquera le bureau où le paquet doit être envoyé; ainſi le commiſſionnaire le mettra dans la cafe qui porte la même lettre que le paquet.

Comme ces envois ſe feront à même heure, le même commiſſionnaire rapportera à ſon bureau les paquets qui lui feront envoyés par les autres bureaux.

Avant que de faire les paquets des différens bureaux, le commis-diſtributeur comptera d'abord les lettres contenues dans les cafes des autres bureaux, ainſi que dans la ſienne, & il portera le nombre des lettres contenues dans chaqune de ſes cafes fur deux bordereaux imprimés femblables au modèle ci-après qu'il joindra à chaque paquet en l'envoyant au bureau de dépôt. Un de ces bordereaux accompagnera le paquet au bureau pour lequel il eft deftiné, l'autre reftera au bureau d'entrepôt. A l'égard des Lettres contenues dans la cafe de fon propre bureau, il n'en enverra qu'un bordereau au bureau de dépôt.

Ce bordereau avec les doubles des autres bordereaux qui accompagneront chaque paquet, feront enregiftrés au bureau de dépôt, & envoyés au bureau de régie, où les comptes feront dreffés. Ces bordereaux créeront le *débet* de chaque commis-diftributeur, qui fera encore tenu de porter fur fon regiftre à chaque ordinaire, la quantité de lettres qu'il envoie pour chaque quartier.

Le commis qui fera chargé au bureau de dépôt de veiller fur l'opération des commiffionnaires, & d'empêcher qu'ils ne jettent dans quelques cafes des paquets qui ne feroient point pour le quartier qu'elles repréfentent, s'occupera pendant que ces commiffionnaires arriveront fucceffivement, à vérifier quelques-uns de ces paquets avec les bordereaux, & aura foin d'examiner tantôt ceux d'un bureau, tantôt ceux d'un autre, & fera une note particuliere des paquets qu'il aura vérifiés, du bureau d'où ils viennent, & de celui où ils doivent être diftribués.

A l'arrivée des paquets du bureau de dépôt, le commis-diftributeur vérifiera fi le bordereau qui doit accompagner chaque paquet eft jufte, & enfuite

il fera faire avec diligence le triage des lettres contenues en chaque paquet.

Il y aura dans les bureaux de diſtribution des cartes imprimées qui préſenteront d'un coup d'œil,
par ordre alphabétique, toutes les rues de Paris;
celles dans leſquelles elles aboutiſſent; & au bout
de chacune, la lettre du bureau auquel elles correſpondent. Ce tableau donnera une grande facilité
pour le premier triage.

D'autres cartes, dans le même ordre alphabétique, ne préſenteront dans la premiere colomne,
que les rues contenues dans le diſtrict de chaque
bureau ; dans une feconde, elles indiqueront par le
timbre des facteurs ceux qui feront chargés de la
diſtribution de ces rues; enfin, dans une troiſieme
colomne, on donnera la marque des boëtes qui
feront placées dans ces rues, afin de connoître d'où
viennent les lettres, & de faciliter par-là la remi-
fe de celles qui n'auroient pas été rendues à leurs
adreſſes. On donnera à la fin de cet avis une idée
de ces cartes.

Tous les facteurs auront un petit livret, fur lequel ils porteront le nombre des lettres qui leur
feront remiſes à chaque diſtribution, & le nombre
de celles qu'ils apporteront.

Ils paieront comptant celles qui feront affranchies. A l'égard de celles qui feront contreſignées,
(c'eſt-à-dire fur leſquelles les perſonnes qui les écri-
vent auront mis leur nom,) comme elles ne font
point affranchies, elles doivent être payées par ceux
qui les reçoivent; ainſi le facteur qui s'en chargera

en avancera le port; & au cas. qu'il en vienne en
rebut, le diſtributeur les lui rembourſera. Ces lettres contreſignées qu'on n'aura pu rendre à leur
adreſſe, ſeront envoyées au bureau de dépôt, pour
qu'il en ſoit fait note ſur le regiſtre; de là portées
au bureau où ſe forment les comptes, pour qu'il
en ſoit de même fait note ſur le regiſtre de ce bureau; & enfin renvoyées aux bureaux d'où elles viennent, pour être reportées le lendemain à ceux qui
les auront écrites, par les facteurs qui les auront
reçues, & qui les rendront aux premiers, à la charge par eux de payer un demi-droit pour le rembour-
ſement des frais. Ces lettres qui auront été affranchies, & qu'on ne pourra remettre à leur adreſſe,
(dans les trois envois qu'on en fera,) reſteront dé-
poſées pendant ſix mois au bureau du quartier d'où
elles ſeront venues, & enſuite elles ſeront brûlées,
ſi elles ne ſont pas réclamées dans la forme ci-deſſus
expliquée.

Chaque bureau aura, comme on vient de le voir,
une lettre pour timbre; & chaque boëte, ſoit per-
manente, ſoit des facteurs, aura un timbre qui
répétera cette lettre du bureau auquel elles correſpondent, & un chiffre pour les diſtinguer entr'elles.
Tous les envois ſeront empreints de ces différens
timbres, devant néceſſairement paſſer par le bureau
dans l'étendue duquel ils auront été collectés.

Ceux qui ſeront portés directement par le public aux bureaux de diſtribution, ne ſeront timbrés que de la lettre qui fait le timbre du bureau.

. Ceux qui ſeront apportés par les facteurs, ſeront timbrés du timbre de chaque facteur, qui eſt la lettre du bureau auquel il eſt attaché, & un chiffre qui diſtinguera ces facteurs entr'eux.

Ceux enfin qui viendront des boëtes, porteront la marque qui aura été miſe à la boëte même, & de plus le timbre du bureau dans le diſtrict duquel feront placées ces boëtes.

Comme ces précautions ſervent à aſſurer le ſervice du public, on prie tous ceux qui remarqueroient qu'on en auroit négligé quelques-unes dans leurs envois, d'en donner avis au bureau de la régie, *rue & cloître Couture-Sainte-Catherine.*

Boëtes particulieres.

Les boëtes de cette poſte feront en auſſi grand nombre que l'utilité & même la commodité du public paroîtront l'exiger. Celles qui feront placées dans chacun des bureaux de diſtribution, recevront des lettres une demi-heure après les autres, parce que pour donner plus de tems au public, le triage de ces boëtes ne fera fait dans chaque bureau, qu'après qu'on aura fait le triage général de l'envoi des autres boëtes.

On en mettra dans la plupart des bureaux de la Loterie de l'Ecole Royale Militaire, & dans les endroits les plus convenables.

Ces buraliſtes recevront les lettres qui leur feront apportées ; ils les feront payer, & ils les marqueront d'une marque qui indiquera en même tems leur boëte & le bureau auquel ils correſpondent.

Le public est averti que ceux qui n'ont point
de demeure fixe, ou qui sont rarement chez eux,
& qui voudront faire adresser leurs lettres à ces petits
bureaux, seront toujours certains de les y trouver,
pourvu qu'elles soient affranchies, ou que le bu-
raliste les connoisse assez pour payer celles qui seroient contresignées.

Si on porte à ces boëtes permanentes des lettres
contresignées pour être portées par la petite poste,
le préposé ne recevra que celles dont il connoîtra
le cachet ou l'écriture. Il sera tenu encore de les
contresigner lui-même, & de se rendre par-là res-
ponsable du port d'icelles.

Un facteur ira, à chaque levée, prendre les lettres
qui seront dans ces boëtes, & les apportera avec
leur bordereau, signé de celui qui tient cette boëte.

La boëte sera dans l'intérieur de la boutique du
receveur, à cause de la nécessité de l'affranchissement ou des contreseings.

La différence entre les boëtes de cette poste &
celles de la grande est trop marquée, pour qu'on
puisse craindre aucune méprise de la part même
des moins intelligens. D'ailleurs il y aura un écri-
teau sur chacun des endroits où ces boëtes seront
placées, pour en instruire le public.

Indépendamment de ces boëtes, les facteurs repasseront dans leur quartier une heure après chaque
distribution, pour prendre les réponses des lettres
qu'il auront rendues ; & le public sera averti du
passage des facteurs par une espece d'instrument
dont se servent les Hollandois pour donner à ceux

qui gardent leurs villes le moyen de s'avertir & de se réunir promptement.

Facteurs.

LES facteurs ne feront reçus qu'après un examen scrupuleux, afin que parfaitement connus, leur service soit plus affuré. Ils feront punis à la moindre faute; & dans l'inftant même.

Ils demeureront dans le quartier auquel ils feront attachés. Ils auront chacun un fac de cuir impénétrable à la pluie, pour recevoir les envois dont on les chargera. Ces facs & la bandouliere qui les foutiendra feront marqués de la lettre & du numéro de leur timbre, pour que l'on puiffe connoître plus aifément ceux qui feroient la moindre faute. On en établira dans chaque quartier autant qu'il fera néceffaire.

L'ouverture des facs de ces facteurs fera faite de maniere que les lettres, cartes, billets & paquets pourront y entrer fans en pouvoir fortir, qu'en les ouvrant avec une clef qui reftera dans chaque bureau de diftribution : d'où il réfulte qu'avec quelqu'attention que l'on choififfe & que l'on furveille les facteurs, il fera toujours plus prudent de mettre ou faire mettre fes lettres dans le fac même du facteur, & de les contrefigner autant que l'on pourra. Ce contrefeing procure un avantage que l'on ne peut fe promettre d'un commiffionnaire ordinaire, ni même de fon domeftique, c'eft d'obliger le voifin qui fe charge d'une lettre en l'abfence

de celui à qui elle eſt adreſſée, de la lui remettre
à l'inſtant qu'il arrive pour ſe faire rendre le port
qu'il a payé au facteur. On ſent par-là combien
il eſt utile de contre-ſigner, & que les perſonnes
les plus riches doivent en uſer ainſi, vis-à vis même
des ouvriers les plus pauvres, à qui ils tiendront
compte dans leurs mémoires des ports qui auront
ſervi à leur faire parvenir plus promptement leurs
ordres. Le facteur recevra ſans affranchiſſement toutes ces lettres contre-ſignées, pourvu que ce ſoit
dans ſon diſtrict, de perſonnes domiciliées à lui
connues, & non autrement.

A ſon arrivée au bureau du diſtrict, on ouvrira
ſon ſac & on comptera ſes lettres; il paiera le
montant de celles qui lui auront été acquittées; elles
ſeront toutes timbrées, afin qu'en cas de rebut on
ſçache à qui s'adreſſer, pour avoir tous les renſeignemens poſſibles ſur ceux qui les auront écrites.

Le public eſt averti que le ſervice de cette poſte
commencera le lundi *neuf* Juin de la préſente année 1760.

On paiera *deux ſols* pour le port de toutes lettres, cartes, billets & paquets qui n'excéderont pas
le poids de *deux* onces, pour quelque quartier que
ce ſoit; & *un ſol* de plus pour les paquets qui ſeroient de *trois* à *quatre* onces. Les paquets d'un
poids plus conſidérable ne ſeront reçus ni par les
facteurs dans leur tournées, ni dans les boëtes de
cette poſte; mais doivent être portés dans un des
bureaux de diſtribution établis dans les différens
quartiers, avec les receveurs deſquels le public

pourra faire des abonnemens, tant pour le port
defdits paquets, que pour l'envoi de tous papiers
publics autorifés, tels qu'*écrits périodiques*, *billets
de cérémonies*, *factums*, *mémoires*, &c. Cet abon-
nement diminuera le prix du port relativement au
nombre.

La taxe des envois pour les maifons hors de l'enceinte des barrieres & de l'étendue des paroiffes de
la ville & fauxbourgs de Paris fera d'*un fol* plus
forte.

La pofte de Paris ne fera porter que dans les
villages où il n'y a point de bureaux de la grande
pofte, deux fois par jour depuis Pâques jufqu'à la
Saint-Martin, & une fois feulement depuis la Saint-
Martin jufqu'à Pâques. Le facteur de ces villages
fera un habitant du lieu, qui fur les témoignages
avantageux des curés & habitans notables, obtien-
dra la permiffion d'établir chez lui une boëte pour
y recevoir les lettres de ce village, à condition
qu'il fe chargera d'apporter au bureau de ladite pofte
d'où il reffort, toutes les lettres que les habitans
de ces villages voudroient écrire dans les Provinces.
Toutes ces lettres feront envoyées par le bureau de
diftribution à la grande pofte. Il fera expreffément
défendu à tous les facteurs de fe charger de lettres
pour les lieux où la grande pofte a des bureaux,
& d'y en aller chercher.

On fera dans ces mêmes bureaux des abonnemens avec ceux qui ayant un nombre de connoiffances, voudroient fe faire écrire à leurs portes dans
toutes les occafions: le prix de ces abonnemens

fera

fera très-modique, & toujours proportionné au nombre des personnes chez lesquelles on veut être écrit dans le courant de l'année, & dont on remettra une liste à un des bureaux de cette poste.

Si la poste de Paris ne peut dans tous les cas satisfaire à l'empressement de quelques particuliers, elle est un moyen plus sûr que ceux dont on se sert aujourd'hui, de remplir les objets importans d'une communication mutuelle, qui est l'ame de la société. Des facteurs choisis & veillés avec soin, & qui n'ont d'autre ressource que ce travail, méritent plus la confiance que des commissionnaires beaucoup plus chers & pris au hasard. Cette poste reportant jusqu'à trois fois les envois qui n'ont pu être remis à la premiere tournée, aura la préférence sur les domestiques mêmes : elle diminuera donc le nombre de ces hommes plus utiles ailleurs, en faisant rentrer une multitude de servantes dans des conditions d'où elles sont sorties, parce que la nécessité des commissions les a fait remplacer par des hommes.

Cet établissement n'ayant pour objet que l'utilité publique, on fera sur les heures & sur l'augmentation du nombre des distributions, tous les changemens que le public paroîtra désirer & qui seront possibles.

POSTE DE PARIS.

IDÉE DU TABLEAU ALPHABÉTIQUE

Des Rues, Carrefours, Culs de Sacs, &c. de la Ville & Fauxbourgs de Paris, par Tenans & Aboutiſſans, avec le Timbre des Bureaux qui indique leur Département.

RUES.	TENANS ET ABOUTISSANS.	TIMBRE DES BUREAUX.	RUES.	TENANS ET ABOUTISSANS.	TIMBRE DES BUREAUX.
Sainte-Anne. . .	R. S. Louis. . . . . / Cour du Palais. . .	A	De la Chaiſe. .	R. de Grenelle. . / R. de Seve. . . .	F
Saint-Antoine. , .	Porte S. Antoine. . . / Place Baudoyer. . .	B	Du Paon. . . .	R. des Cordeliers. / R. du Jardinet. .	G
Bar-du-Bec. . . .	R. S. Avoye. . . . . / R. de la Verrerie. .	C	De Reims. . . .	R. des Sept-Voyes. / R. des Chiens. . .	H
Du Bout-du-Monde.	R. Montmartre. . . . / R. Montorgueil. . .	D	Q. de la Tournelle	Porte S. Bernard. / Abreuvoir Maubert.	J
De Chaillot. . . .	R. du Roule. . . . . / Avenues des Tuileries.	E	De Tournon. . .	R. de Vaugirard. / R. du Brave. . . .	G

POSTE DE PARIS.

IDÉE DU TABLEAU ALPHABÉTIQUE

Des Rues, &c. comprises dans le Département du Bureau Timbré A.

RUES.	MARQUES DES BOÎTES.	TIMBRES DES FACTEURS	RUES.	MARQUES DES BOÎTES.	TIMBRES DES FACTEURS	RUES.	MARQUES DES BOÎTES.	TIMBRES DES FACTEURS
S. André des Arcs	A. 21.	A. 10.	Bailleul.	. . . .	A. 3.	Dauphine.	A. 27.	A. 10.
Ste Anne.	. . . .	A. 2.	Des Bourbonnois.	A. 20.	A. 6.	Des Déchargeurs	A. 30.	A. 6.
De l'Arbre-Sec.	A. 24.	A. 3.	De la Calandre.	. . . .	A. 4.	Du Demi-Saint.	. . .	A. 3.
Aux Fêves.	. . . .	A. 4.	Contrefcarpe.	. . . .	A. 10.	Des deux Boules	. . .	A. 11.
Des Auguftins.	A. 22.	A. 10.	De la Cordonnerie	A. 25.	A. 8.	Des deux Ecus.	A. 35.	A. 3.
Bailler.	. . . .	A. 5.	De la Coffonnerie.	A. 26.	A. 8.	De la Draperie.	. . .	A. 4.

MODELE DE BORDEREAU POUR LES BUREAUX.

POSTE DE PARIS.

NOMBRES DES

BUREAUX.

BORDEREAU du Bureau   pour le Bureau

Levée du   1760.

	LETTRES, CARTES, BILLETS ET PAQUETS.		PAQUETS au-dessus de 4 onces, à raison d'un sol par once.	NOTE des Envois rapportés.	ENVOIS à la grande Poste.
	de 2 onces & au-dessous.	de 2 à 4 onces.			
DES BOÎTES. { pour l'intérieur de Paris. { Affranchis.	.	.	.	de 2 onces & au-dessous.	.
Contre-signés.	.	.	.		.
pour la Banlieue. . . { Affranchis.	.	.	.		.
Contre-signés.	.	.	.		.
DES FACTEURS. { pour l'intérieur de Paris. { Affranchis.	.	.	.	de 2 à 4 onc.	.
Contre-signés.	.	.	.		.
pour la Banlieue. . . { Affranchis.	.	.	.		.
Contre-signés.	.	.	.	de 4 onces & au-dessus.	.
ABONNEMENS payés.	.	.	.		.
ABONNEMENS à l'année pour Mémoire.	.	.	.		.

Du prix desquels Envois, je soussigné Commis-Distributeur au Bureau susdit, compterai.

MODELE DE BORDEREAU POUR LES BOITES.

Boîtes. *POSTE DE PARIS.* BOREDEAU De la Boîte pour le Bureau Levée du 176	NOMBRE DES						
	LETTRES, CARTES, BILLETS & PAQUETS.		ENVOIS à la grande Poste à *six* deniers.	Liv.	fols.	den.	DROIT de Boîte.
	de 2 onces & au-deſſous.	de 2 à 4 onces.					
Pour l'intérieur de Paris. { Affranchis. .	.	.	.			.	
{ Contre-fignés.	.	.	.			.	
Pour la Banlieue. . . . { Affranchis. .	.	.	.			.	
{ Contre-fignés.	.	.	.			.	

*Laquelle fomme de
j'envoie cedit jour , avec le préfent Bordereau que je certifie véritable.*

LETTRE *sur la petite Poste* (1).

VOUS ferez étonné, Monfieur, que dans un fiecle auffi éclairé que celui où nous vivons, un établif. fement agréable à tout le monde, utile au commerce, néceffaire pour diminuer le nombre des gens oififs qui viennent inonder cette ville, éprouve des difficultés qui ne peuvent naître que des préjugés. Nous voulons juger de tout par les feules lumieres de notre raifon. Nous étendons fon empire fur les chofes les plus éloignées de nous, les plus incompréhenfibles & les plus dangereufes à difcuter & à approfondir ; & quand il s'agit de nous délivrer d'une fervitude qui répand de l'amertume fur notre vie, que la raifon feule fuffiroit pour détruire, nous femblons avoir oublié toute l'autorité que nous lui avons donnée, & femblables à ces hommes qui, incapables de penfer par eux-mêmes, fe laiffent entraîner au torrent de l'opinion, nous fuivons aveuglément un chemin qui n'a été tracé que par les fectateurs des préjugés.

La petite pofte eft utile : tout le monde en convient ; mais elle facilite les lettres anonymes, difent tous ceux qui n'ont point réfléchi fur ce projet, & de-là on conclut qu'il faut l'abandonner. Je laiffe à l'auteur du projet de dire que les précautions

_____

(1) Cette lettre n'eft peut-être pas de M. de Chamouffet, mais elle contient des réflexions fi vraies, fi folides fur les lettres anonymes, qu'il m'a femblé qu'on la liroit avec plaifir.

prifes dans des Lettres-patentes qu'il a plu au Roi
de lui accorder, répondent à cette difficulté, puifque
le Souverain ne les a munies du fceau de fon autorité qu'après avoir fait confulter les magiftrats qui
compofent le bureau de grande police. Ces hommes
faits pour fixer l'opinion des particuliers, accoutumés à balancer les avantages ou les défavantages
des différentes propofitions qui font faites au Gouvernement, n'auroient point donné leur approbation
à un établiffement dont les avantages ne l'emporte-
roient pas de beaucoup fur des inconvéniens qui
feront toujours inhérens à tous les établiffemens
humains. Ces armes, quelque triomphantes qu'elles
foient, ne font peut-être pas les feules dont puiffe
fe fervir l'auteur de ce projet. Je ne cherche pas
à lui en fournir ; je me borne à faire voir que les
lettres anonymes ne peuvent faire une objection
contre cet établiffement, quand bien même l'auteur n'auroit pas démontré, comme il l'a fait, que
la petite pofte, loin de les faciliter, eft peut-être
le feul moyen d'en découvrir les auteurs. Un inftant
de réflexion fuffira pour faire fentir que les lettres
anonymes ne font rien en elles-mêmes, & qu'elles
s'anéantiroient à l'inftant qu'elles n'exciteroient plus
de fentimens en nous. En effet, l'objet de l'auteur
d'une lettre anonyme, eft de faire peur & d'inquiéter. Si celui qui la reçoit n'a point peur, &
ne s'inquiéte pas, on ne lui en écrira plus. La contrebande ceffe, dès l'inftant qu'elle devient infruc-
tueufe. Les punitions les plus rigoureufes n'arrê-
tent point les hommes, parce que beaucoup de

coupables échapent à la punition. Rendons le crime infructueux, & les hommes ne feront plus criminels. L'expérience prouve que le mépris fait bien plus tomber les chofes contraires à la fociété que les châtimens. Les punitions excitent la pitié, & les recherches intéreffent en faveur de ceux qui font pourfuivis; Qu'un infolent reçoive, dans la rue, la jufte punition de fon infolence, tout le peuple fera pour le battu : dès qu'il eft puni, fon crime devient moins grand aux yeux de ce peuple, & il cherche à l'excufer. On cafferoit encore les lanternes dans les rues, fi l'on avoit continué de mettre en prifon ceux qui les caffoient.

Appliquons maintenant ces principes aux lettres anonymes, & nous fentirons que le feul moyen de les détruire eft de les méprifer. L'expérience vient à l'appui de mes raifonnemens. Toutes les portes font ouvertes pour cette licence, & cependant elle diminue, parce qu'elle fait moins d'impreffion : d'ici à quelques années, on fera auffi honteux d'avoir peur d'une lettre anonyme qu'on l'eft aujourd'hui d'avoir peur des revenans, & de mille autres extravagances auxquelles la fotife & l'ignorance donnoient autrefois tant de crédit : en effet, les lettres anonymes font ou menaçantes, ou calomnieufes, ou injurieufes. Si elles font menaçantes, loin d'inquiéter celui qui les reçoit, elles doivent lui procurer la plus grande fécurité. Un homme affez lâche pour concevoir le projet d'attenter à la vie de fon femblable, ne peut avoir affez de générofité pour l'avertir de fe mettre fur ſes gardes : ces deux ſentimens ſi différens, ne peuvent ſe trouver dans le même cœur. Mais, dira-t-on, celui qui avertit n'eſt pas celui qui doit commettre le crime : je répondrai d'abord qu'il eſt rare qu'un homme capable d'un auſſi noir projet, ſoit aſſez imprudent pour le communiquer ; mais, en le ſuppoſant, une telle lettre n'eſt certainement pas du nombre de celles qu'on cherche à ſupprimer.

A l'égard des lettres injurieuſes, elles renferment des vérités ou des fauſſetés. Si une lettre anonyme n'eſt remplie que de fauſſetés, elle ne doit point affecter celui qui la reçoit. Dans la plus grande rigueur, elle n'exprime que la façon de penſer d'un ſeul homme, & d'un homme tellement odieux, qu'on ſeroit fâché de lui plaire. Si elle ne dit que des vérités, elle eſt déſagréable, il eſt vrai ; mais à qui déplaît-elle ? A celui qui la reçoit, à un homme coupable, qui eſt fâché qu'on le connoiſſe pour tel, & qu'on le lui diſe, mais qui cependant ne peut ſe corriger que par cette voie.

Quant aux lettres calomnieuſes, c'eſt-à-dire, celles dans leſquelles on médiroit d'une tierce-perſonne, ſi celui qui la reçoit y ajoute foi & ſe décide par une auſſi foible raiſon, on doit peu s'embarraſſer de la façon de penſer d'un tel homme. L'*incognito* que garde l'accuſateur, donnera à tout eſprit raiſonnable la preuve, pour ainſi dire, de la fauſſeté de l'accuſation. Un petit mot malin lâché dans la converſation, eſt bien plus à redouter qu'une lettre anonyme qui porte avec elle un caractere de réprobation.

Je ne prétens pas dire que la févérité des loix contre les auteurs de pareils écrits ne foit jufte & néceſſaire. Il faudra toujours punir les coupables quand on les découvrira ; mais les recherches doivent être faites avec art, & l'on doit prendre garde d'exciter la licence en voulant la réprimer. Il y a une efpece de bravoure mal entendue à affronter les périls ; mais perfonne ne fe déterminera à fuivre un métier honteux, méprifé & qui ne produit aucun effet. La multitude d'auteurs d'écrits anonymes qui échappent à la punition, raſſure bien davantage que le petit nombre de ceux qui font punis n'effraie. Tous redouteroient l'inutilité des peines qu'ils prendroient & pour écrire & pour faire parvenir leurs lettres, fi nous étions affez fages pour les méprifer.

Perfonne n'a d'idée nette fur les lettres anonymes. On croit en général qu'elles font contraires à la fociété, plus fouvent parce qu'on l'a oui dire, que parce qu'on y a réfléchi. Semblables à ces objets qui effraient les voyageurs pendant la nuit, & qui ceſſent de leur infpirer de la terreur, dès l'inſtant qu'un rayon de foleil vient diſſiper les ténebres, & leur laiſſe voir l'objet tel qu'il eſt en lui-même, les lettres anonymes ceſſeront de troubler la fociété dès le moment que les préjugés détruits par la lumiere de la raifon nous en laiſſeront juger fainement.

J'ai l'honneur d'être , &c.

MÉMOIRE

*Sur l'Établissemat d'une Poste particuliere de Paris
à Verfailes & de Verfailles à Paris.*

COMME j'ai apris que plufieurs perfonnes fe
propofoient de emander, & même fe flattoient
d'obtenir la permiſſion d'établir une communication
pour le port des lettres de Paris à Verfailles, &
de Verfailles à Pris, je crois devoir repréfenter
que, pour l'utilitédu public & l'intérêt du Roi,
on doit donner la préférence d'une pareille entreprife à la pofte au: lettres de la ville de Paris. Son
établiffement formé avec tout le fuccès poffible,
& goûté du public, la rend plus que qui que ce
foit en état de luj affurer toute la fatisfaction qu'il
a droit d'attendre de cet établiffement.

MM. les Adminiftrateurs des poftes ne peuvent
s'y oppofer, puifqu'il n'eft queftion que d'une
fimple tolérance, & femblable à celle dont jouiffent effectivement les cochers des voitures de la
Cour. Il eft certain que la plupart de ceux qui ont
des relations dans ces deux villes, ne peuvent s'ac-
commoder de la longueur de la pofte, qui ne part
que tous les vingt-quatre heures, & qui, par conféquent, ne rapporte la réponfe que le troifieme
jour : ainfi le plus grand nombre eft obligé de fe
fervir des cochers des voitures de la Cour; mais,
indépendamment de ce que le port de ces lettres

eſt coûteux, on eſt encore obligé de les envoyer de tous les quartiers de Paris ou à Verſailles au bureau des voitures, ce qui augmente la dépenſe, donne des ſoins & de l'incommodité, & rend la remiſe de ces lettres incertaine, puiſqu'elles paſ-ſent par différentes mains; au lieu que les facteurs, boëtes & bureaux de la poſte de Paris ſe charge-roient de ces lettres, qui, par là, ne coûteroient que la ſimple taxe.

Pour la facilité & la célérité de la remiſe des lettres de Paris à Verſailles, on y établiroit une poſte ſemblable à celle de Paris, proportionnée à la grandeur de la ville : elle y eſt déſirée depuis long-tems, & demandée ſouvent.

On n'entend pas, par cet établiſſement, gêner en aucune maniere la liberté qu'a aujurd'hui le public de faire porter les lettres par qui bon lui ſemble; le bon marché, la célérité, l'exactitude & la com-modité, ſont les ſeuls moyens que l'on veut em-ployer pour attirer la confiance.

On ne prendra que quatre ſols par lettres ou pa-quets qui n'excéderont point le poids de deux onces. Ceux qui ſeroient au-deſſus, ſeront taxés avec une modération qui empêchera toute plainte. On ne ſe chargeroit point de ceux qui pourroient être revendiqués par la meſſagerie.

On ſuivra le même ſyſtême que l'on ſuit actuel-lement à la poſte de Paris, de faire payer le port d'avance, à moins que la lettre ou paquet ne ſoit contre-ſigné de quelqu'un véritablement connu, & qui ſe ſoumettroit, au cas qu'on refuſât ſon envoi, de payer la moitié de la taxe en lui reportant la lettre ou paquet.

Ce ſervice ſe fera quatre fois par jour de Paris à Verſailles, & de Verſailles à Paris ; ſavoir, à ſept heures du matin, à dix heures, à trois heures après midi, & à ſix heures du ſoir. On aura pour ce ſervice deux hommes à cheval à Paris, deux à Verſailles, & deux chevaux à Seve, où les facteurs des deux villes ſe rencontreront & relaieront. On fera arriver ces facteurs, tant à Verſailles qu'à Paris, au moment où ſe feront les diſtributions, afin que les lettres ſoient rendues en trois heures.

MÉMOIRE

Sur la Poſte aux chevaux & les Meſſageries.

L E S dépenſes que l'État a toujours faites pour ſoutenir l'établiſſement utile de la Poſte aux chevaux & des Meſſageries, n'ont pu juſqu'à préſent (1) lui aſſurer toute la ſolidité qu'on pourroit deſirer. J'ai donc cru ne pas déplaire en préſentant des moyens ſimples & faciles, non-ſeulement de décharger l'État de la plus grande partie de ce que lui coûte cet établiſſement, mais encore de lui en faire tirer des avantages de différentes eſpeces. On verra dans ce Mémoire le plan d'un ſervice bien ſupérieur à celui qui a été

_____

(1) On étoit alors en 1762 ou 1763.

fait jufqu'ici ; des commodités infinies pour les voyageurs ; des facilités, de la célérité & de l'économie
pour les tranfports qui influent fi avantageufement
fur le fuccès du commerce ; des chemins toujours
beaux , parce qu'ils ne feront plus *écrafés* par des
voitures d'un poids énorme, & qu'ils feront entre-
tenus avec foin ; un foulagement confidérable pour
les habitans des campagnes , tant fur les corvées pour
les chemins, que fur celles du tranfport des effets
des troupes, & fur les exemptions dont jouiffent les
maîtres de pofte actuels ; des fujets utiles rendus à
l'agriculture, & qui débarraffés des entraves & des
charges qui les accablent, la feront fleurir à l'ombre
de la paix & de la liberté ;des moyens fimples, faciles & peu coûteux de faire faire les approvifionnemens de l'Etat de la meilleure qualité & au meilleur marché ; une maniere sûre & fans embarras de
prévoir la difette dans les différentes parties du
royaume, & d'y faire arriver le fecours avant que
le befoin fe faffe fentir : tels doivent être les heureux effets du plan d'adminiftration que nous pré-
fentons. Nous reprendrons chacun de ces points de
vue , & nous prouverons leur vérité en détail, après
que nous aurons expofé le plan dont il s'agit.

Il eft queftion de réunir la pofte aux chevaux &
les meffageries, & de les donner à ferme à différentes compagnies. Il feroit facile de prouver, s'il
étoit néceffaire, que dans cette circonftance les
compagnies doivent être préférées aux particuliers.
Ces compagnies plus ou moins riches partageant les
profits & les pertes du fervice d'une route quel-

conque, feront bien plus en état de ſoutenir ce que
des circonſtances particulieres & ſouvent paſſageres
pourront rendre onéreux, que des particuliers iſolés
qui, n'étant pas à leur aiſe, s'y ruinent quelquefois
entierement. Un maître de poſte qui jouit d'un relais
avantageux, n'aide pas celui qui en a un qui l'eſt
moins, ou qui même eſt onéreux ; on ne peut l'y
obliger, ni même le lui propoſer. Le ſyſtême des
compagnies opérera ce partage utile au public &
aux particuliers, & procurera des profits dans des
relais qui ſont maintenant à charge. Pour ne point
nuire aux entrepreneurs actuels des meſſageries &
des poſtes, les compagnies dont il s'agit, diſtinctes
& ſéparées ſur chaque route, feront compoſées par
préférence de ces entrepreneurs actuels auxquels on
n'aura point de reproches à faire. Ceux qui ne
voudroient pas y entrer, feront payés de leurs effets
ſur eſtimation convenue, ou en argent comptant,
ou en actions, qui leur donneront droit aux profits
proportionnellement à leur miſe. Quant à ceux qui
n'auroient contr'eux que des facultés trop bornées,
ils pourront être employés par les nouvelles compagnies en qualité de commis, & ils y trouveront plus
d'avantage qu'à continuer une entrepriſe qui ne
leur réuſſit point, ou qui ne leur réuſſit que mé-
diocrement.

Ces différentes compagnies montées ſucceſſive-
ment ſur chaque route, ſe chargeront d'y établir
& d'y entretenir de quatre lieues en quatre lieues,
autant que la poſition des villes le permettra, des
relais qui, quoique plus nombreux chacun que les

relais actuels, composeront cependant un moindre nombre de chevaux sur chaque route. Cette diminution dans le nombre des chevaux d'une route, est le premier avantage que les entrepreneurs tireront de ce nouveau plan, & cet avantage ne peut être indifférent pour l'État, puisqu'il lui rend pour les autres besoins de la société, des chevaux qu'on est obligé de tirer aujourd'hui en grande partie du pays étranger. Cette diminution ne pourroit être contestée que par les personnes qui n'auroient pas voulu prendre la peine de réfléchir sur l'état des choses: un moment de réflexion & un calcul simple, feront convenir que dans le nouveau système on emploieroit moins de chevaux sur chaque route qu'on n'en emploie aujourd'hui. Prenons, pour exemple, un espace de douze lieues; dans cet espace il y a ordinairement six maîtres de poste. Supposons que trois ayent chacun quinze chevaux, & trois chacun dix-huit; voilà quatre-vingt-dix-neuf chevaux nourris dans ces douze lieues, qui ne peuvent cependant faire le service de trois couriers à six chevaux, puisque le dernier de ces trois couriers seroit obligé d'attendre dans chacun des trois relais, où il n'y auroit que quinze chevaux. En mettant vingt-quatre chevaux dans chaque relais, de quatre lieues en quatre lieues, ce qui ne fait que soixante-douze pour les douze lieues, au lieu de quatre-vingt-dix-neuf qu'on a supposés dans le système actuel, les trois couriers passeroient à l'instant, & laisseroient encore six chevaux dans chaque relais. Si l'on suppose une diligence établie sur cette route, quatre des six che

vaux

vaux reſtans ſeroient employés le matin à mener la diligence montante, & le ſoir la diligence deſcendante rameneroit dans les relais le même nombre de chevaux que celle du matin en a enlevés, & les vingt chevaux deſtinés à la diligence de Lyon, par exemple, deviendroient inutiles. On voit que dans le nouvel arrangement, les ſoixante-douze chevaux de la compagnie gagneroient plus que les quatre-vingt-dix-neuf des maîtres de poſte actuels & les vingt chevaux de la diligence de Lyon réunis. On voit que tous les jours on pourroit épargner la nourriture de quarante-ſept chevaux, & que d'ailleurs ces chevaux ſeroient moins fatigués de faire huit lieues dans la journée attelés à une voiture légere, que cinq à une voiture d'un poids énorme. On peut encore faire valoir ici l'économie que les compagnies ſeroient à portée de faire ſur le tirage des voitures publiques, en proportionnant dans chaque relais le nombre de chevaux au chargement de ces voitures, & à l'état des chemins.

Dans les tems ou dans les cas extraordinaires qui augmenteroient le nombre des couriers ſur une route, on verra par le tableau qui accompagnera ce Mémoire, avec quelle facilité, quelle célérité & quelle économie cette route ſeroit renforcée du nombre de chevaux néceſſaires, ſans interrompre le ſervice du public ſur les routes d'où on les auroit tirés.

En ajoutant dans les relais, où cela ſeroit néceſſaire, quelques chevaux pour les voitures publiques & les meſſageries, tous les ſervices ſe trouveront

parfaitement faits , & les gains feront très-confidérables fur le nombre des chevaux : mais ce qui fera
fur-tout un bénéfice prefque immenfe, c’eſt qu’il ne
fortira de chevaux de l’écurie que pour faire quatre
lieues , & que la plupart gagneront prefque autant
en revenant qu’en allant.

Aujourd’hui les chevaux de poſte font payés
chacun 25 f. pour mener un courier deux lieues.
Ils dépériffent fouvent davantage dans le retour *haut
le pied* que dans les courfes, parce que le poſtillon
les preffe pour cacher le tems qu’il a paffé dans un
cabaret qu’il trouve fur fon chemin en revenant,
& à la porte duquel il les fait morfondre , pendant
qu’il y boit une partie *des guides* qu’il vient de
recevoir.

Dans le nouvel arrangement, aucun cheval ne
fortira de l’écurie que pour gagner les 50 f. de deux
poſtes, & il ne fera pas plus fatigué que celui qui
n’en a fait qu’une ; puifque comme lui il ne par-
courra que quatre lieues. Ajoûtez qu’il fera plus
menagé que les poſtillons ne font communément
aujourd’hui. Il fera foigné au moment où il en a le
plus befoin. En arrivant au relais, le palefrenier
le mettra à l’écurie , le fera rafraîchir peu-à-peu,
lui ôtera l’écume qui aujourd’hui feche fur fon
corps, & par-là le préfervera d’un grand nombre
de maladies.

Ce cheval, après quelque tems de repos, attelé à
une petite voiture qui tranfportera des marchandifes
ou des denrées , reviendra au pas, & gagnera plus
pour ce retour , qui ne peut le fatiguer , qu’il ne

gagne aujourd'hui pour faire une poſte : c'eſt ce que nous ferons voir un peu plus bas.

On voit donc que les relais mieux diſtribués abré-geront néceſſairement le tems que les voyageurs met-tent à aller d'un endroit à l'autre, puiſque d'un côté ils gagneront celui qu'emportent des relais trop fréquens, & que de l'autre ils feront très-rarement dans le cas de trouver des relais ſans che-vaux. Ces compagnies pourroient même, en cas de beſoin, trouver des ſecours dans les laboureurs, que la diminution du nombre des exempts multiplieroit dans les villages; ces laboureurs viendront avec plaiſir au ſecours des gens qui ne leur feront aucun tort, & qui même feront ſouvent dans le cas de leur rendre des ſervices.

Ce ne feroit pas aſſez d'établir des relais de quatre lieues en quatre lieues ; il faut encore établir des dili-gences & autres voitures, & c'eſt ce qu'on propoſe.

Il n'eſt point de ville un peu conſidérable où il n'y ait un certain nombre de citoyens que mille raiſons différentes engageroient chaque année à ſe tranſporter dans des lieux plus ou moins éloignés de leur domicile ordinaire. La difficulté des voi-tures, leur déſagrément ou leur cherté, font ſup-primer la plus grande partie des voyages qui ne font qu'agréables ou même utiles, & on ſe borne le plus ſouvent à ceux qui ſont abſolument néceſ-ſaires.

Pour faire ces voyages néceſſaires, le plus grand nombre des particuliers, même aiſés, n'ont de reſ-ſources que dans les voitures publiques, dont la lenteur les impatiente , & ſouvent même leur cauſe un dommage réel. L'emprunt ou la location d'une voiture pour courir la poſte les inquiéteroit, ou leur coûteroit trop cher ; ſur-tout ſi leur ſéjour dans les lieux où ils vont étoit de quelque durée.

Pour remédier à cet inconvénient, qui ralentit la circulation, principe vivifiant du corps politique comme du corps humain, j'ai imaginé de propoſer d'établir ſur toutes les grandes routes des diligences, des eſpeces de *cambiatures*, des caroſſes publics qui tous beaucoup plus légers que les voitures dont on ſe ſert maintenant , ſeroient facilement tirés par des chevaux de poſte qu'on changeroit dans chaque relais. Les diligences ne ſeroient qu'à quatre ou à ſix places au plus ; mais elles partiroient & arrive-roient tous les jours : on y feroit vingt-cinq à trente lieues par jour ; on y paieroit vingt ſols par lieue pour être voituré & nourri.

Les *cambiatures* ſeroient des eſpeces de cabriolets à fleche & à deux places, fermant par devant avec une glace, ſur la portiere deſquels il y auroit un petit ſiege pour le conducteur des deux chevaux qui conduiroient ces cabriolets avec la plus grande vîteſſe. Sur le derriere de ces cabriolets, feroit un ſiege poſé ſur des reſſorts ; deux perſonnes pour-roient s'y aſſeoir commodément, leurs pieds ſeroient appuyés ſur une planche qui feroit ſuſpendue aux ſoupentes de la voiture par des courroies. Ce ſiege pourroit ſe couvrir dans les mauvais tems par un cuir léger qui ſe replieroit à volonté ſur l'im-périale de la voiture. On ne feroit point nourri

dans ces especes de cabriolets , parce que leur
marche étant à la volonté des voyageurs qui pourroient les faire aller jour & nuit, s'il leur plaisoit,
on ne pourroit faire de traité dans les auberges pour
cette nourriture. On y paieroit 20 f. par lieue &
par personne lorsqu'on seroit deux, & 30 f. lorsqu'on seroit seul. Les places de derriere se paieroient
5 f. par lieue pour les domestiques de ceux qui seroient dans la voiture , & 6 f. par les étrangers. Les
voyageurs par *les cambiatures* pourront se faire attendre dans les villes de la route qu'ils parcourront
où il y aura poste, à raison d'un jour par vingt lieues.
S'il n'y a point de poste dans l'endroit où l'on veut
s'arrêter, on paiera en sus des 20 f. par lieue de la
route que l'on doit faire , 20 f. pour chaque lieue
que les chevaux sont obligés de faire , soit en me-
nant le courier où il veut aller , soit en l'allant
chercher, & 40 f. par lieue, si l'endroit où il veut
aller n'est pas sur la route.

On trouvera aussi sur les routes des estafets, par
lesquels les entrepreneurs s'engageront de rendre en
tant d'heures, & à 25 f. par lieue, un paquet qu'on
envoie aujourd'hui par un exprès qui coûte beaucoup plus cher, qui ne peut faire une aussi grande
diligence, qui peut être retardé par mille accidens,
tandis qu'un estafet ne peut être arrêté , puisqu'il
seroit suppléé par un autre, s'il étoit nécessaire.

Ces différentes voitures établies , les *carosses de
messagerie* ne seroient plus que des especes de *carabas*
à-peu-près semblables à ceux de Versailles & de
Saint-Germain , dans lesquels on pourroit tenir au

moins douze perfonnes qui paieroient chacune 4 f. par lieue.

Quelques bidets & des chevaux de brancard feroient les deux feules efpeces de chevaux que les compagnies auroient dans leurs relais ; ainfi elles feroient en état de fournir aifément le tirage des voitures dont on vient de parler. Les diligences étant légeres, n'employeroient dans les chemins ordinaires que quatre chevaux ; d'ailleurs à chaque relais, on pourroit proportionner le nombre des chevaux aux chargemens & à l'état des chemins, avantage immenfe pour une entreprife de voitures publiques, qui aujourd'hui eft obligée d'avoir toute l'année un même nombre de chevaux toujours attelés fur une voiture à vuide comme fur celle qui eft la plus chargée, fur la plus belle route comme dans le plus mauvais pas. On conçoit aifément que fi huit chevaux font fuffifans pour tirer d'un mauvais pas une voiture bien chargée, il y en a fix de trop fur le pavé lorfqu'elle ne l'eft pas. Or, la nourriture de fix chevaux inutiles eft fort chere dans les beaux chemins, qui ordinairement fe trouvent dans les environs des villes, & qui d'ailleurs favorifant le tranfport des denrées, en augmentent le prix.

On voit que dans le nouveau plan on pourra fe procurer la force du tirage à proportion du befoin, & le faire ceffer au moment où elle ne fera plus néceffaire. La dépenfe de quelques chevaux d'augmentation dans un relais entouré de mauvais chemins, fera compenfée par le bon marché auquel la difficulté de ces routes met les denrées néceffaires aux chevaux.

Ce nouvel arrangement , dira-t-on peut-être, &
l'eſpece de chevaux qu'on y employera , ralentiront
le ſervice des poſtes.

Pour répondre à cette objection , on obſervera
qu'un trot vif & continué avance davantage que le
galop corrompu des *bricolliers* , qui n'ont jamais été
introduits dans les poſtes que parce qu'ils coûtent
moins cher que les brancardiers , & que les poſtillons ſe trouvent montés plus commodément. Le
cheval de brancard dans une chaiſe ne galope jamais ;
ainſi quelque train qu'aillent les chevaux de côté ,
ils ne peuvent aller plus vîte que lui. Tout homme
qui connoît les chevaux conviendra même qu'une
chaiſe de poſte , tirée par deux bons troteurs, fera
plus de diligence que celle où le brancardier n'eſt
aidé que par les élans d'un bricollier , qui ne fait
que lever la jambe.

Nous n'avons encore expoſé qu'une partie de
l'adminiſtration projettée. Outre les voitures dont
on a parlé , les compagnies en feroient conſtruire
pour le tranſport des denrées & des marchandiſes ;
elles feroient à-peu-près ſemblables à celles qui viennent de la Suiſſe & de la Franche-Comté , qui ,
avec quatre roues & un ſeul cheval, portent un
poids d'environ quinze cent livres. Trois chevaux
de poſte de renvoi d'un relais à l'autre , tireroient
donc facilement ſur une voiture à peu-près ſemblable, un poids de deux milliers ; & comme il
feroit ordonné à leurs conducteurs de n'aller qu'au
pas, & qu'ils feroient porteurs d'une lettre de voiture ſur laquelle à chaque relais on mettroit l'heure

de l'arrivée, celle du départ & le nom du postillon conducteur, les chevaux arriveroient aussi frais que s'ils étoient venus *haut le pied*, & rien ne se perdroit, parce que la voiture seroit visitée à chaque relais, & vérifiée avec la lettre de voiture par celui qui seroit à la tête de ce relais, avant qu'il donnât un reçu au postillon qui l'y auroit amenée.

Ces petits chariots à quatre roues, ne doivent être regardés que comme de nouveaux rouliers qu'il s'agit de mettre en concurrence avec les anciens. S'ils font mieux & à meilleur marché, ils auront la préférence des négocians & la protection du Gouvernement, qui n'a en vue que l'opération, & non les particuliers qui la font. Le prix fixe d'un sol par cent pesant & par lieue sur toutes les routes faites, & qui est un prix plus doux que celui qu'on donne maintenant aux rouliers, la célérité du transport, la certitude de l'arrivée, qui doit être plus grande qu'avec aucuns rouliers, puisque ces voitures trouveront des chevaux frais de quatre lieues en quatre lieues : tels font les motifs qui détermineront probablement à préférer ce nouveau roulage; mais comme les gens sages ne se décident qu'après l'examen, l'opération ne pourra se monter qu'insensiblement, & par conséquent elle donnera le tems aux rouliers de prendre d'autres occupations & de retourner pour la plupart à la culture des terres, à laquelle l'appas d'un gain souvent imaginaire les avoit arrachés. Le renvoi des chevaux de poste d'un relais à l'autre, fera la plus grande partie du tirage de ces chariots, & même la nuit lorsque le paſſage des couriers aura été fréquent dans le jour. Ils ne porteront jamais plus de deux milliers; ils partiront à toute heure & à l'inſtant que leur chargement ſera complet.

Lorſque les voitures publiques ne ſeront pas ſuf-fiſamment remplies de voyageurs, on pourra s'en ſervir pour faire paſſer des étoffes ou autres mar-chandiſes précieuſes & d'un petit volume.

On ſent de quelle reſſource ſeroit ce roulage par relais pour les opérations du commerce, pour l'ap-proviſionnement des villes, pour la vente des den-rées; il eſt certain que ſi l'on doit juger du ſuccès d'une entrepriſe par ſon utilité, celle-ci doit aug-menter avec rapidité. On voit d'ailleurs que les frais n'en ſeront pas conſidérables, puiſqu'il ne ſera queſtion que d'augmenter les relais, par l'achat de quelques chevaux, ſi le tranſport eſt durable, ou en les louant, s'il ne doit pas l'être.

On pourroit même, en augmentant le prix de la voiture, faire arriver beaucoup plus vîte quelques denrées propres à certaines provinces qui fourniſ-ſent abondamment aux tables dans certains tems de l'année. Ces denrées arriveroient beaucoup plus parfaites, ſi elles étoient amenées jour & nuit par ces petites voitures. Quand on paieroit trois ſols du cent par lieue, & un droit d'enregiſtrement de 12 ſ. pour les articles qui n'excéderoient pas cinquante livres peſant, & de moitié pour les autres, il en coûteroit moins cher par cette voie que par les voi-tures publiques ordinaires, & l'on auroit ſon article beaucoup plutôt qu'on ne l'a aujourd'hui. Par exemple, un panier peſant vingt livres, & venant de cinquante lieues, ne paieroit que quarante ſols environ, & arriveroit en deux fois vingt-quatre heures. Sur ce pied le cent paieroit, ſans y comprendre le droit d'enregiſtrement des différens articles, 7 liv. 10 ſ., & par conſéquent les deux milliers que porteroient ces petites voitures 150 l. qui, partagées aux douze relais & demi de trois chevaux chacun, donneroient 12 liv. de profit pour faire quatre lieues au pas ſur une voiture très-lé-gère. Encore la plupart de ces chevaux ne feroient-ils que retourner dans leurs relais ordinaires, & par conſéquent leur voyage auroit déja été payé par le courier qui les auroit amenés dans celui où ils prendroient cette voiture.

Le projet eſt ſuffiſamment expoſé : arrêtons-nous un inſtant à conſidérer le mouvement des chevaux dans les relais des routes pour en renforcer une. Nous montrerons enſuite un apperçu du produit de deux diligences, en prenant pour exemple celles de Rouen & d'Orléans ; nous terminerons ce Mémoire par l'expoſition des différens avantages généraux & particuliers qui réſulteroient du nouveau plan d'adminiſtration dans les poſtes & les meſſageries.

Mouvement des chevaux dans les relais des routes , ſuivant le nouveau ſyſtême , pour en renforcer une.

Toute partie de route à renforcer, doit l'être dans le ſyſtême que je propoſe, par une diminution peu ſenſible dans les relais qui l'entourent, également en avant comme en arriere, & par les côtés.

Pour exécuter promptement & avec peu de dépenfe ce projet, on doit vuider totalement les relais les plus prochains de ceux que l'on veut renforcer, & le mouvement que préfente le tableau ci-après, regarnit les relais avant qu'ils foient vuides.

En fuppofant qu'on veuille tirer pour ce renfort foixante & douze chevaux d'une route où tous les relais feroient de vingt-quatre, le mouvement s'étendra dans douze relais, & les réduira tous à dix-huit chevaux. Si on n'a befoin que de quarante-huit chevaux de cette route, le mouvement ne fe fera que dans huit relais, ou bien fi on veut le continuer dans les douze, on n'entirera que quatre de chacun, fuivant le befoin de la route à renforcer, & les befoins de celle d'où l'on tire ce renfort ; on augmentera ou on diminuera le nombre de relais dans lefquels s'étendra le mouvement, & celui des chevaux qu'on enlevera de chacun.

Toute l'opération confiftera à envoyer un courier au dernier relais où fe fera le mouvement, relativement à la quantité de chevaux qu'on voudra tirer, au douzieme. Par exemple, fuivant le tableau ci-après, auffitôt que ce courier y fera arrivé, il en fera partir fix chevaux pour venir au onzieme ; à leur arrivée, il en partira douze du onzieme relais pour le dixieme, par la même raifon dix-huit du dixieme relais pour le neuvieme, & ainfi proportionnellement des autres, fuivant le tableau.

SÇAVOIR;

Numéros des Relais.	Nombre ordinaire des chevaux.	Nombre des chevaux reçus.	Total.	Nombre des chevaux envoyés.	Nombre des chevaux dans chaque relais pendant la tournée.	Nombre des lieues faites par les chevaux.			
						Rien fait	4 lieues.	8 lieues.	12 lieues.
12ᵉ Rel.	..24...	....	..24.	...6...	....18.....	du Rel.12ᵉ.18	....	....	....
11ᵉ R...	..24...	...6...	..30.	..12...	....18.....	du R..11.12	du Rel.12ᵉ..6	....	....
10ᵉ R...	..24...	..12...	..36.	..18...	....18.....	du R..10..6	du R..11.12	....	....
9ᵉ R...	. 24...	..18...	..42.	..24...	....18.....	....	du R..10.18	....	....
8 R...	..24...	..24...	..48.	..30...	....18.....	....	du R...9.18	....	....
7 R...	..24...	..30...	..54.	..36...	....18.....	....	du R...8.12	du Rel.9ᵉ..6	....
6 R ..	..24...	..36...	..60.	..42...	....18.....	....	du R...7..6	du R..8.12	....
5 R...	..24...	..42...	..66.	..48...	....18.....	....	....	du R. 7.18	....
4 R...	..24...	..48...	..72.	..54...	....18.....	....	....	du R..6.18	....
3 R...	. 24...	..54...	..78.	..60...	....18.....	....	....	du R..5.12	du Rel.6ᵉ..6
2 R...	..24...	. 60...	..84.	..66...	....18.....	....	....	du R..4..6	du R..5.12
1 R...	..24...	..66...	..90.	..72...	....18.....	du Rel..1ʳ.24	du Rel..2ᵉ.24	du Rel.3ᵉ.24	du Rel.4.18
	288				216	60	96	96	36

Chevaux de renfort 72. Savoir, du Relais 1ᵉʳ...... 24. Du R.2ᵉ.. 24. Du R. 3ᵉ. 24. Total..... 72.

Dans cette répartition faite sur deux cent-quatre vingt-huit chevaux, soixante n'ont fait aucun mouvement : quatre-vingt seize n'ont fait que quatre lieues, quatre-vingt-seize en ont fait huit, & trente-six en ont fait douze ; mais le même nombre de chevaux sur les routes collatérales , fera moitié moins de chemin, parce que ce sera les relais du milieu qu'on remplira, & ils le feront par un mouvement égal, fait dans les premiers & derniers relais ; le premier enverra au deuxieme ; le second au troisieme ; le douzieme au onzieme ; le onzieme au dixieme, &c. Il faut observer que ces mouvemens de chevaux sont bien peu dispendieux , parce que ces chevaux seront toujours reçus dans des écuries qui appartiennent à leurs maîtres, où ils ne consommeront que des denrées qu'ils ont achetées en approvisionnement dans des momens favorables. Dailleurs, comme chaque compagnie de route aura un nombre de chevaux sur une route étrangère, pendant les tournées pour les voyages du Roi, elle aura la précaution de mettre à la tête de ces relais un homme de confiance pour les veiller, ce que ne peut faire un maître de poste actuel qui n'a que cinq ou six chevaux sur la route. Par ce systême la dépense du Roi, pour ces chevaux de tournées, diminueroit considérablement. Lorsqu'il ne feroit question que d'un seul passage, les relais étant trois fois plus garnis qu'ils ne sont aujourd'hui, il suffiroit de défendre pour ce jour-là, de donner des chevaux à aucuns couriers, ce qui

ne coûteroit alors qu'une petite indemnité aux en‑
trepreneurs de cette route, & éviteroit les chemins
confidérables que l'on fait faire aujourd'hui à une
quantité de chevaux pour un feul paffage.

Apperçu du produit de deux Diligences , en prenant pour exemple celles que l'on établiroit fur les routes de Rouen & d'Orléans.

Ces deux diligences feroient leurs routes en un
jour avec fix relais à quatre chevaux chacun, &
celui qui les fortiroit de Paris; ce qui feroit en total
vingt-huit chevaux. Ces mêmes chevaux en faifant
huit lieues par jour, méneront deux diligences; le
matin celle qui va de Paris à Rouen , & le foir
celle qui vient de Rouen à Paris. En fuppofant ces
diligences à fix places & à moitié remplies , la diligence de Paris à Rouen donnera aux entrepreneurs
90 liv. pour les trois perfonnes, à raifon de 30 liv.
par perfonne, pour être nourri en route, & mené
à Rouen en un jour. Celle de Rouen à Paris, donneroit de même 90 liv. pour les trois voyageurs,
ce qui feroit pour les deux diligences 180 liv. par
jour. La dépenfe de l'entretien des voitures fe trouvera aifément dans le port des petits paquets que
porteront ces diligences. En fuppofant trente chevaux au lieu de vingt-huit, à 40 fols par jour pour
leur nourriture & entretien, la dépenfe de cet article feroit de 60 liv. Le déjeuné & dîné des voyageurs ne peut être de 3 livres, mais en le fuppo-

fant, les ſix coûteroient 18 liv.; la dépenſe totale ne ſeroit donc que de 78 livres; ſuppoſons-la de 80 liv., il reſteroit toujours 100 liv. par jour de profit, qui font 36000 liv. pour l'année; & la dépenſe pour monter ces diligences, ne peut excéder 18000 liv. Trente chevaux à 400 liv. chacun tout harnachés, coûteront 12000 liv.; les 6000 liv. qui reſteroient, ſerviroient pour les voitures & dépenſes imprévues. On ne parle point des frais de régie, parce que ces diligences n'augmenteroient point la dépenſe des bureaux montés pour la poſte & la meſſagerie en général.

Les relais de la diligence d'Orléans ſeroient à Long-jumeau, Arpajon, Etampes, Angerville, Toury & Artenay; elle feroit par conſéquent la même dépenſe, & donneroit les mêmes profits que celle ci-deſſus, puiſque l'on y paieroit le même prix. Ainſi avec 36000 liv. de fonds pour ces deux diligences, on s'aſſureroit 72000 liv. de profit par an, en ne ſuppoſant même ces diligences qu'à moitié pleines. L'on juge par-là des produits immenſes que l'affaire des poſtes & meſſageries pourroit rendre, ſi on la montoit ſuivant le plan que je propoſe, & que l'on établît des diligences ſemblables pour toutes les grandes villes.

Un moment de réflexion ſur les avantages de la combinaiſon de tous ces chevaux appartenant à la même compagnie par les couriers, les diligences, les cabriolets, les carroſſes publics, les petits chariots, les eſtafets & les couriers ſans guide, fera ſentir combien l'entrepriſe de ces différens objets réunis feroit lucrative, & par conséquent combien il feroit important d'en faire l'essai sur une route ou deux; mais cette tentative ne peut réussir qu'autant que celui qui fera chargé de la faire exécuter aura l'autorité, & fera persuadé de la bonté du projet. Il n'est personne qui ne trouvât un avantage marqué à son exécution. Les entrepreneurs y feroient sûrement des profits très-confidérables; & si le Roi vouloit s'en réserver la régie, il pourroit employer les fonds qui en réfulteroient au foulagement des hôpitaux, à l'abolition des corvées.

Peut-être n'y auroit-il que les fermiers des postes qui s'y opposeroient. Cette ferme a deux objets, celui du tranfport des lettres & celui de la poste aux chevaux, des messageries & carrosses publics. Il paroît que jusqu'ici MM. les fermiers des postes se sont principalement occupés du premier objet, & que pour le second ils n'ont fait que suivre ce qu'ils ont trouvé établi, en tâchant seulement d'augmenter à chaque renouvellement de baux le prix de celui de chaque fermier de messageries, & en continuant de donner les relais des postes à des protégés.

Mais quoique ces places foient données gratuitement, les différentes positions de ces maîtres de postes font que les uns s'enrichissent, tandis que d'autres languissent, & que quelques-uns se ruinent. C'est ce qui occasionne une inégalité de service dont le public se plaint tous les jours. Quel tort feroit-on aux fermiers des postes en leur ôtant les messageries & la poste aux chevaux à certaines conditions approuvées

approuvées par la juſtice? Quel dédommagement leur doit-on pour la poſte aux chevaux, puiſqu'ils font ſupporter des exemptions à l'État, ſans leſquelles ils aſſurent qu'ils ne pourroient trouver des maîtres de poſtes? On ne nuiroit donc point à leurs profits en propoſant de leur retirer la poſte aux chevaux, avec la condition de faire porter leurs lettres au même prix qu'elles le font actuellement, & de faire jouir leurs prépoſés des avantages dont ils jouiſſent maintenant ſur les routes. Les entrepreneurs du nouveau plan pour l'adminiſtration des meſſageries, offriroient même de faire porter par leurs diligences une malle de lettres les jours où il n'y a point d'ordinaire; enſorte que chaque jour il y auroit communication de Paris avec toutes les grandes villes du royaume; ce qui ne pourroit manquer de plaire au public, & d'augmenter beaucoup les produits de la poſte aux lettres. Une autre manière de l'augmenter encore, feroit de multiplier les commiſſionnaires appellés vulgairement *ſavattes*, qui portent toutes les lettres adreſſées aux endroits où la poſte ne paſſe pas, & qui y prennent celles qu'on veut faire mettre à la poſte. Un très-foible droit ſur chaque lettre donnée & reçue, ſuffiroit pour former cet établiſſement par-tout; & le ſervice de ces commiſſionnaires étant exact & ſurveillé, augmenteroit infailliblement le nombre des lettres.

A l'égard des meſſageries, il me ſemble qu'il n'y auroit aucune injuſtice à additionner le montant des différens baux que les fermiers des Poſtes en ont faits,

& de leur en tenir compte. Il eſt certain qu'il ne peut
y avoir que du déſavantage pour le Roi à confondre
dans le bail des poſtes le produit des meſſageries. Rien
n'eſt ſi facile que de les affermer au nom du Roi
comme MM. des poſtes les afferment, & alors le
bénéfice en reviendroit au Roi. D'ailleurs cette
partie eſt très-obſcure : un grand nombre de perſonnes prétendent avoir des droits ſur certaines parties de route, & ces droits ne ſervent qu'à embarraſſer lorſqu'il s'agit de renouveller les baux. Ou
ces droits ſont juſtes, ou ils ne le ſont pas : s'ils ſont
juſtes, il faut les confirmer ; s'ils ne le ſont pas,
il faut les ſupprimer : dans l'un & l'autre cas, le
Roi devenu le maître de toutes les meſſageries du
royaume, preſcrira aux entrepreneurs les loix qui
lui paroîtront les plus juſtes.

La première doit être qu'ils entretiendront les
chemins de leurs routes. Ils y ont le plus grand intérêt, puiſque ce ſont leurs voitures qui y paſſent
le plus ſouvent : cet intérêt deviendra encore plus
ſenſible & plus preſſant quand ils auront l'entrepriſe des chevaux de poſte de ces mêmes routes.

L'entretien de ces chemins qui écraſent les provinces, ſera bien moins conſidérable quand il ſera
confié à des gens qui auront un double intérêt à
réparer le mal à l'inſtant même qu'il ſe fait ; il ne
s'agira que de remplir les ornieres à meſure qu'elles
ſe formeront ; ce qui coûtera peu d'abord, & é argnera dans la ſuite les frais exceſſifs d'une chauſſée
à refaire. Combien de jours de corvées n'auroit-on
pas ménagé, s'il y eût toujours eu en France des

hommes auffi intéreffés à la confervation des chemins, que le feront les compagnies qu'on propofe !
Par cette exactitude à faire recharger les chauffées
à mefure qu'il s'y formera des cavités, non-feulement on diminuera confidérablement la dépenfe de
l'entretien des chemins, mais encore on ménagera
les voitures & les chevaux qui pafferont perpétuellement par ces routes. L'intérêt général fe trouve
ici étroitement lié avec l'intérêt particulier, & ce
fyftéme eft peut-être le feul qui puiffe nous affurer
pour toujours de beaux chemins en France.

Il n'eft pas queftion ici ni des chauffées pavées
ni des ponts. La perfection avec laquelle s'admi-
niftre cette partie intéreffante, doit faire rejetter
tout projet qui tendroit à y introduire quelqué
changement. Les compagnies dont nous parlons ne
feroient pas chargées de la formation de nouveaux
chemins, mais feulement de l'entretien des chauffées pierrées, & toujours fous la même infpection.

Si l'on pouvoit trouver par-tout des pierres en
abondance, & le tuf à deux ou trois pieds de pro-
fondeur, les chemins coûteroient peu, & fe détruiroient difficilement. En faifant une tranchée jufqu'au tuf, & rempliffant cet encaiffement de groffes
pierres dans le fond ; en diminuant le volume de
ces pierres à mefure qu'on feroit de nouveaux lits,
& finiffant par du petit gravier qui garniroit les in-
terftices, on feroit de ces chemins une efpece de
mur qui réfifteroit aux plus grandes charges ; mais
comme il arrive fouvent qu'il faut aller chercher

le tuf très-avant dans la terre, & qu'il y a un grand
nombre de pays où les pierres font très-rares, on
fe contente de faire des chauffées *à pierres perdues*,
c'eft-à-dire, qu'on creufe très-peu, qu'on remplit
cette petite cavité de groffes pierres fur les deux
bords, de plus petites dans le milieu, & qu'on re-
couvre le tout par du fable : il arrive que les premieres voitures lourdes qui paffent fur cette chauffée
y font des ornieres profondes, parce que les pierres
n'y font retenues ni par un fond ni par des côtés
folides. Dès le moment qu'il s'eft fait une orniere,
la chauffée fe détruit de plus en plus, parce que
l'eau contenue dans cette orniere filtrant à la longue
au travers des pierres va délayer le fond de la
chauffée. Dès-lors le plus léger fardeau qui paffe fur
cette chauffée fait orniere : en peu de tems la
chauffée fe trouve totalement détruite & l'on
eft obligé d'en refaire une nouvelle qui ruine
les paroiffes qui en font chargées, & qui fe détruit
encore en très-peu de tems. Si, à mefure qu'il fe
fait des ornieres, il y avoit des hommes chargés de
les remplir de pierres & de gravier dont on feroit
des amas des deux côtés du chemin, ces chauffées
deviendroient très-folides, parce que les pierres
trouveroient enfin un appui qui feroit plus fort que
le poids extérieur qui les preffe. Il y auroit peut-
être quelques endroits où l'on feroit obligé d'enfoncer des pieux des deux côtés de la chauffée
pour arrêter les bordages ; mais cette dépenfe n'auroit aucune efpece de comparaifon avec ce que
coûte la reconftruction d'une chauffée. Par la fuite

des tems , les chemins deviendroient très-ſolides ;
ce qu'on ne peut eſpérer du ſyſtême actuel. Les
chauſſées nouvelles ſont à la fois très-difficiles pour
le charoi , & très-ſujettes aux ornieres. Il ſeroit
donc bien à ſouhaiter, pour les voyageurs & pour
le roulage, que les chauſſées fuſſent entretenues
plutôt que reconſtruites : l'expérience le prouve
encore mieux que tous les raiſonnemens. Si l'on
fait attention à ce qui ſe paſſe ſur les nouvelles
chauſſées, on verra qu'elles ſont ſi difficiles pour
les voitures, que ceux qui les conduiſent aiment
mieux prendre les chemins des côtés, quelques
mauvais qu'ils ſoient, que de les ſuivre ; & pour
forcer à y paſſer, on eſt obligé pendant quelque
tems de faire de diſtance en diſtance des foſſes des
deux côtés de la chauſſée.

L'entretien de ces chauſſées ſera le premier avantage qu'on retirera du nouveau plan ſur la poſte
aux chevaux. Les compagnïes auront le plus grand
intérêt à cet entretien , & la plus grande facilité
pour le faire. Dans le tems qu'une partie de leurs
chevaux ne ſera pas fort occupée , elles les em-
ploieront à charier des pierres & du ſable des deux
côtés de la chauſſée : un petit nombre d'hommes
payés pour placer ces pierres & ce ſable dans les
ornieres à meſure qu'elles ſe feront, coûtera peu ,
& dans un certain nombre d'années rendra les chemins très-agréables & très-ſolides. Ainſi s'aboliroient
ces funeſtes corvées : ainſi les chemins qui ſont
néceſſaires dans un État ne ſe feroient plus aux

dépens de ceux qui y ont le moins d'intérêt : ainsi
le malheureux journalier des campagnes ne seroit
plus celui qui contribueroit le plus aux chemins,
quoiqu'il s'en serve le moins : ainsi cesseroient ces
journées qu'on fait faire aux voitures & aux chevaux des laboureurs, sur-tout dans le tems où ils
en ont le plus de besoin pour les travaux de la
campagne.

L'humanité & la justice ne gémiroient plus de
voir des infortunés aller quelquefois chercher leur
attelier à quatre ou cinq lieues de leur triste réduit, emporter avec eux pour se soutenir dans
leurs pénibles travaux, le peu de pain qui leur reste,
& ne laisser pour toute ressource à leurs femmes
& à leurs enfans que l'espérance de la commisé-
ration de leurs voisins : enfin la saine politique verroit cesser un mal qui souvent est sans remede,
l'impossibilité où les corvées mettent ces malheureux de payer les impositions publiques. Cette impossibilité n'est que trop réelle ; c'est avec la plus
grande peine qu'un travail assidu de tous les jours
leur donne le moyen de soutenir leur existence,
& de payer les impôts : si on les oblige de travailler
gratuitement quelques jours de l'année, on leur
enleve la seule richesse qu'ils doivent à la nature ;
il faut ou qu'ils périssent, ou qu'ils ne paient pas,
& souvent l'un & l'autre arrive à la fois.

A cette abolition des corvées à laquelle sourit
l'humanité, le nouveau plan joint un autre avantage qui doit favoriser les progrès de l'agriculture. Les

ɲouvelles compagnies renonceront à toutes exemptions de taille pour les terres qu'elles jugeront à
propos de faire valoir ; elles ſe reſtreindront aux
ſeules exemptions des meſſageries, qui ne ſont que
perſonnelles pour leurs commis & employés. C'eſt
un encouragement réel pour l'agriculture, un véritable ſoulagement pour les paroiſſes ſi l'on fait
tourner à leur profit les impoſitions de ces nouveaux taillables.

Enfin l'État même & le commerce des beſtiaux
pourroient trouver un avantage réel dans l'adminiſtration propoſée ; c'eſt ce qui reſte à prouver.

On ne peut douter que l'État n'ait le plus grand
intérêt à connoître ſes reſſources. Point de moyen
plus ſûr, pour en venir à bout, que l'établiſſement
des compagnies dont il s'agit. Elles ſeront intéreſſées elles-mêmes à connoître pour leurs approviſionnemens les produits & la conſommation de
leurs routes. Il leur ſera facile de s'inſtruire aſſez
exactement par leurs prépoſés de la récolte & conſommation des deux lieues autour de chaque relais ;
il n'eſt point d'homme capable de le conduire, &
de faire valoir les terres qui en dépendent, qui ne
ſoit en état de ſavoir aiſément ce qu'on récolte &
ce que l'on peut conſommer dans un auſſi petit
éloignement de ſon habitation, & de mander tous
les mois comment ſe comportent les grains qui
ſont en terre. D'un autre côté, les dîmeurs étant
obligés de faire leurs déclarations tous les ans après
les récoltes, ſoit à ce prépoſé, ſoit à un juge du

canton, ſoit même à tous les deux, de la quan‑
tité de gerbes qu'ils ont levée ſur une telle quantité
d'arpens, ſachant d'ailleurs combien il faut de
gerbes au boiſſeau dans chaque canton ; le réſumé
de ces déclarations feroit connoître, 1°. les reſ‑
ſources du royaume ; 2°. les endroits où le miniſtere
doit faire ſes approviſionnemens pour les troupes
ou autres deſtinations ; 3°. enfin les parties où la
mauvaiſe tournure des récoltes feroit craindre la
diſette. En y faiſant arriver le ſecours avant le
beſoin des pays qui auroient beaucoup récolté, &
par des mouvemens inſenſibles qui ſeroient dans
la main d'une commiſſion qui inſpecteroit tout le
roulage du royaume, on éviteroit les frayeurs &
les cris qui, en pareilles matieres, font ſouvent
plus de mal que le mal même, & ce feroit le moyen
le plus ſûr d'empêcher les non-valeurs & les trop
haut prix qui font également à redouter dans une
denrée ſi néceſſaire. C'eſt à un ſyſtême à-peu-près
ſemblable que MM. Paris ont dû la ſupériorité de
leur ſervice des vivres ; mais ſi des particuliers pour
leur intérêt ont pu y parvenir, une commiſſion créée
& protégée par le Gouvernement pour cet objet,
doit en remplir le plan avec encore plus de facilité
& de perfection. Il ſemble naturel de la compoſer
de l'intendant des poſtes, qui auroit le département
des chevaux, meſſageries, couriers & roulages ; de
l'intendant du commerce, qui eſt chargé du détail
des grains, & de quatre autres perſonnes choiſies
par le Gouvernement. Elle inſtruiroit le miniſtre

des finances de l'état du royaume, & lui fourniroit des pieces de comparaifon pour juger de l'exactitude des états que lui envoient les Intendans ; alors le commerce des grains infpecté & encouragé par cette commiffion, ne pourroit faire que le plus grand bien du royaume ; on n'auroit plus à redouter le monopole des compagnies qui, pendant qu'il exifte, fait périr, par le trop haut prix du grain, un grand nombre de malheureux, & amene, peu d'années après, une non-valeur, parce qu'il eft malheureufement néceffaire & connu par l'expérience que les extrêmes fe touchent.

Cette commiffion, loin de coûter au Roi, augmenteroit d'une maniere fenfible fon revenu, fi l'on vouloit mettre encore fous fon infpection une caiffe générale de prêts dans tout le royaume pour le commerce des beftiaux. Leurs fumiers & leurs travaux font fi néceffaires à l'agriculture, qu'elle ne peut aller fans cette reffource, & que toutes fpéculations fur cette partie importante, quelques belles qu'elles puiffent être, tombent néceffairement, fi cette bafe manque. Le moyen le plus sûr de remonter dans le royaume le commerce des beftiaux, dont la cherté démontre la difette, eft de faire des prêts à tous ceux qui, ayant de quoi les faire vivre, n'ont pas de quoi les acheter. Combien de petits laboureurs ont de quoi faire pâturer un troupeau qu'ils n'ont pas faute de fonds! Combien de journaliers procureroient des facilités de fubfiftance à leurs ménages, s'ils avoient une

ou deux vaches qu'ils feroient mener à la corde
par un de leurs enfans le long des chemins & des
endroits abandonnés ! Les veaux qui en provien-
droient feroient tirer à l'État un grand parti des
terreins totalement perdus aujourd'hui , parce que
ces malheureux n'ont pas de quoi acheter ces vaches.

Qui empêcheroit encore , ſi on le vouloit, de profiter de ces compagnies pour former dans les lieux les
plus favorables des eſpeces de *haras* où l'on éléveroit
des chevaux , & où l'on rétabliroit par la pâture
ceux qui feroient les plus fatigués ?

Qui empêcheroit d'accorder à ces mêmes compagnies un certain nombre de déſerteurs , ou *galé-
riens de terre* pour travailler aux chemins ? Elles ſe
chargeroient de leur nourriture & de leur entretien. Qui les empêcheroit encore de ſe charger du
tranſport des effets des troupes ?

Je laiſſe à mes lecteurs une foule de réflexions
à faire ſur pluſieurs autres avantages qu'on pourroit tirer du nouveau plan. Je recévrai avec plaiſir
& avec reconnoiſſance , toutes les lumieres qu'on
voudra bien me communiquer. Je crois être en
état de répondre à toutes les objections de la raiſon;
je ne crains que celles du crédit.

Dira-t-on, par exemple, que les nouvelles compagnies ne pourroient ſuffire aux paſſages extraordinaires qui exigent une augmentation de chevaux
dans chaque poſte de la route de ces paſſages ?

On a déja répondu à cette objection par le tableau du mouvement des chevaux qu'on a pré-

ſenté. Il en réſulte que ces compagnies auroient beaucoup plus de facilité que les maîtres de poſte actuels, de faire arriver à l'inſtant néceſſaire les chevaux dont on auroit beſoin pour ces paſſages extraordinaires. On ne répétera point ce qu'on a déja dit, & l'on ſe contentera d'obſerver en général que ce mouvement ſeroit à la fois plus facile & moins coûteux, puiſqu'il ſe feroit de poſte en poſte, qu'il reſteroit toujours dix-huit chevaux dans chaque relais, qui mettroient dans le cas de faire face au ſervice ordinaire, & que ces compagnies n'auroient point de frais d'auberge, mais ſeulement à faire paſſer ces relais d'écuries en écuries qui leur appartiendroient.

Ajoutez à cette premiere réponſe que ces compagnies renonçant aux exemptions de taille & autres dont jouiſſent aujourd'hui les maîtres de poſte, le nombre des chevaux augmenteroit dans les villages en proportion de celui des cultivateurs taillables. Ces cultivateurs ne voyant pas d'un œil jaloux ces compagnies qui ne leur feroient aucun tort, comme ils voient les maîtres de poſte actuels qui, par leurs exemptions, augmentent néceſſairement leurs charges, ils ſe porteroient à aider dans le beſoin les entrepreneurs dont il s'agit.

Tout conſpire donc à prouver qu'il feroit utile au Roi, à l'État, à l'agriculture, au commerce, aux voyageurs, de diſtraire du bail des poſtes, les chevaux & les meſſageries, pour en confier l'exécution à des compagnies, ſuivant le plan d'adminiſtration qui a fait l'objet de ce Mémoire.

MÉMOIRE

Contenant le moyen de faciliter le Roulage & le transport des Marchandises.

LE commerce n'étant que l'échange des marchandises les unes avec les autres, ou avec l'argent qui les repréfente & en fixe la valeur, on fent combien les moyens qui tendent à faciliter le tranfport, & par conféquent l'échange de ces marchandifes font importans pour le commerce, & que tout ce qui peut ralentir cette circulation doit lui être nuifible. J'ai fur cet objet un plan vafte & étendu ; mais avant que de le propofer, j'ai cru devoir, pour ainfi dire, l'effayer par l'exécution d'une idée fimple, facile, & qui remédie à un abus confidérable. Je me borne donc dans ce moment à propofer de tenir au bureau général de la pofte de Paris, qui eft dans le centre de cette ville, deux regiftres, dans l'un defquels feront infcrits tous les envois que les habitans de Paris veulent faire, foit dans les provinces, foit dans les pays étrangers; dahs l'autre regiftre, on infcrira les noms des rouliers qui ont coutume de venir à Paris, les jours où ils doivent y arriver, & toutes les notes avantageufes ou défavantageufes que les commerçans feront fur leur exactitude, leur attention & leur fidélité; enfin les prix propofés, foit par les marchands, foit par les rouliers pour les différens pays.

Par l'exécution de cette seule idée, on procure au commerce de grands avantages. On rend les rouliers beaucoup plus attentifs, par la crainte d'une note désavantageuse, s'ils n'avoient pas tout le soin possible des marchandises qui leur sont confiées.

On évite un monopole trop fréquent aujourd'hui dans le prix des voitures, soit par la cupidité des commissionnaires, soit parce qu'il n'existe pas de moyen de connoître dans un instant, & d'un coup d'œil, la masse totale de ce qui est à voiturer, & le nombre des rouliers qui cherchent de la charge.

Les registres du bureau général de la poste de Paris, ne dérangent rien à tout ce qu'on a cru devoir établir pour la facilité du commerce ; ils empêchent seulement qu'on n'en abuse.

Le commerçant s'adressera également à son commissionnaire s'il le veut ; mais quand il saura le nombre de rouliers qui est à Paris, il ne pourra plus être rançonné. Les registres du bureau général lui apprendront où logent les rouliers ; on se chargera même à ce bureau de les faire avertir, & de les envoyer chez les commerçans qui, traitant directement avec eux, feront des marchés plus avantageux que ceux qu'ils font maintenant.

Les rouliers, de leur côté, en arrivant à Paris, viendront consulter le registre de chargement ; & voyant dans un instant s'ils peuvent raisonnablement espérer de la charge, ils ne seront plus dans le cas de dépenser inutilement à Paris, avec un nombre de chevaux dont la nourriture est chere.

la plus grande partie de ce qu'ils ont gagné dans le voyage qu'ils viennent de faire.

On fera charger le regiftre, ou en venant foi-même, ou en écrivant une lettre fignée & affranchie. On paiera un fol par article infcrit fur le regiftre, à moins que le balot ne fût d'un millier & plus, auquel cas on paiera deux fols par millier en fus du droit ci-deffus ; on paiera deux fols chaque fois que l'on s'adreffera au bureau pour le droit d'ouverture des regiftres.

Chaque roulier qui viendra au bureau pour favoir s'il y a de la charge, paiera de même deux fols pour le droit de recherche fur les regiftres, & un fol par balot, ou deux fols par millier pefant, fi fa charge ne confifte qu'en un feul article, pour l'extrait des regiftres qui lui fera délivré au bureau, & en vertu duquel il ira s'en charger chez celui qui veut envoyer (1).

---

(1) Le Mémoire ci-deffus qui a été préfenté à MM. des Six-Corps, n'a pour objet que de leur donner l'idée d'un moyen fimple & facile, d'éviter un monopole qui leur eft très-défavantageux, ainfi qu'aux Rouliers. On n'a prétendu en aucune maniere fixer le petit droit que l'on demande pour trouver les frais de cet établiffement ; on s'en rapportera à ce qu'ils eftimeront eux-mêmes devoir donner pour ce droit. On les prie d'obferver que les notes fur les regiftres feront bien plus redoutées par les Rouliers, & par conféquent les rendront bien plus exacts, que la petite indemnité à laquelle on parvient quelquefois à les faire condamner après un procès pour la détérioration d'un des ballots dont ils auroient été chargés ; cette indemnité eft toujours fixée à une fomme très-modique, & n'empêche pas le Roulier négligent qui l'a payée, de trouver le len-

MÉMOIRE

Sur le Roulage.

U NE police exacte sur le roulage qui en diminue
le prix, & qui assure l'exactitude du service, est
un objet important pour le commerce. Il n'est pas
possible d'établir un prix fixe pour le port des marchandises ; les travaux des campagnes, ou l'état des
chemins, doivent nécessairement faire admettre des
variations dans le coût du transport. Mais il est
une autre variation dans ces prix bien plus onéreuse au commerce, qui n'est que la suite de la
cupidité des commissionnaires, qu'il faut faire cesser

demain de la charge ; au lieu que la note défavantageuse sur le compte
de ce Roulier que trouveroient dans les registres proposés tous ceux
qui les consulteroient, empêcheroit ce Roulier de trouver de la
charge quand il y en auroit d'autres à Paris. Ces régistres seroient si
utiles aux négocians de Paris, que je crois que MM. des Six-Corps
devroient demander eux-mêmes à M. le Lieutenant de Police, d'o-
bliger les Rouliers de s'y faire inscrire ; & pour leur ôter tout prétexte de se soustraire à une ordonnance si juste & si utile, on ne leur
demanderoit aucun droit au bureau : si cet enregistrement ne leur
procure pas de la charge, le bureau lors de leur enregistrement, leur
demanderoit quels sont les différens négocians de Paris pour qui
ils ont déja voituré, & enverroit un commis chez ces différens
négocians pour savoir ce qu'ils pensent de l'exactitude de ces Rouliers ; & ce seroit sur leur dire que se formeroient les notes avanta-
geuses ou défavantageuses qui se trouveroient toujours sur ces régistres
à côté du nom de chacun de ces Rouliers.

par l'établiſſement que je propoſe. Il ne s'agit que
d'établir dans chaque ville commerçante un bureau
où feront inſcrits tous les rouliers qui ont coutume d'y venir, & les numéros auxquels on les aſſu-
jettira pour faciliter la police qu'il eſt néceſſaire de
leur faire obſerver. Sur les regiſtres de ces bureaux
feront portées, par ordre de date, les arrivées des
rouliers, même les lettres par leſquelles ils annon-
cent le jour qu'ils doivent arriver ; afin que réuniſſant
ainſi ſous un même coup-d'œil, tout ce qu'il y a de
rouliers pour les différentes routes, le commerçant
puiſſe choiſir ceux qui mériteront le plus ſa confiance, & dont les demandes feront les plus moderées.
Le droit de roulage fera d'un ſol par cent pour dix
lieues ou d'un ſol par millier par lieue ; enſorte
qu'une voiture chargée à Paris pour Caen, & qui
porte 3 mille 4 à 5 cent peſant de marchandiſes,
ne paiera pour tous droits que 8 livres 10 ſols. On
eſt bien aſſuré qu'il en coûte aujourd'hui plus du
double aux rouliers pour le droit de commiſſionnaire, facteur, chargement ; & le commerçant qui
aujourd'hui dans le tems où il paie le moins, paie
4 livres du cent, parce qu'il eſt obligé de s'adreſſer
à un commiſſionnaire, traitant directement avec le
roulier fera porter à 3 livres du cent, & 5 ſols
pour le droit. Le roulier n'attendra plus à Paris
inutilement, & tirera autant de ſa voiture qu'il en
tire maintenant. Le bureau faiſant mettre avec exactitude ſur les regiſtres, à côté du nom de chaque
roulier, les notes avantageuſes ou déſavantageuſes
des commerçants pour leſquels ils auront voituré,

on fent que l'on aura bien plus de certitude, pour l'exactitude du fervice que par le cautionnement des commiſſionnaires que la chicane fait ſi bien anéantir. Ce foible droit fera donc avantageux à tout le monde; mais fa deſtination le rendra précieux. Un dixiéme fera donné aux différens bureaux néceſſaires dans toutes les villes commerçantes, un dixiéme aux fpectacles pour conferver aux hôpitaux le quart des pauvres qui leur appartient dans les mêmes fpectacles, un vingtiéme aux maréchauſſées qui ont befoin de fecours, & pour les engager, en faifant leurs fonctions fur les grandes routes, à infpecter les Rouliers fuivant l'inſtruction qui leur fera donnée ; enfin du reſtant, les deux tiers feront affectés à l'entretien des chemins pour payer les corvoyeurs qui fouvent font obligés de demander leur pain en travaillant; l'autre tiers appartiendra au Roi ou à telle deſtination qu'il lui plaira ordonner. On verra par le tableau ci-deſſous à combien peut monter ce produit.

Eſtimation du produit d'un droit de roulage à raiſon d'un fol par cent pefant pour chaque dix lieues, ou d'un fol par millier pour chaque lieue : à l'égard des vins & liqueurs, comme on ne peut les pefer, on fera payer à raiſon d'un fol par muid par lieue.

En ne fuppofant dans le royaume que 6 mille 250 rouliers qui ne feroient chacun par mois que 200 lieues ou 6 à 7 lieues par jour l'un dans l'autre; ils porteront dans le courant de l'année à raiſon de 3375 livres par voiture, 1 milliard pefant, dont les

droits de roulage ſuivant le taux ci-deſſus, donneront 2 millions 500 mille livres par an, ainſi que
l'on va le voir par le détail ci-deſſous.

Nombre des voitures.	*Poids de leur chargement.*	*Droits de Roulage.*
30.	100000.	250.
300.	1000000.	2500.
3000.	10000000.	25000.
30000.	100000000.	250000.
300000.	1000000000.	2500000.

Les 300 mille voitures qui tranſportent 1 milliard
peſant, & qui donnent 2 millions 500 mille livres
de droits ne ſuppoſent, ſuivant la ſupputation ci-
deſſus que 6 mille 250 rouliers : s'il y en a 12 mille
500, comme cela eſt probable, le droit de roulage
ira à 5 millions.

On n'a prétendu dans ce mémoire que donner
une idée ſommaire de cette opération qui n'a beſoin
pour exiſter que d'un Arrêt du Conſeil, dans lequel
on employeroit trois motifs très-agréables au Public;
le premier, de favoriſer le commerce; le ſecond,
d'établir une police ſur les rouliers néceſſaire pour
la ſûreté du commerce; le troiſiéme de trouver des
fonds pour l'entretien des chemins ſans écraſer les
pauvres journaliers des campagnes à qui ces chemins ſont fort peu utiles. La perception de ce droit
ſe feroit avec la plus grande facilité en ordonnant
aux maréchauſſées, & à tous les commis des barrieres de viſer les lettres de voitures ſur leſquelles l'ac-
quit de roulage doit être porté, & faiſant ſaiſir &

condamnèr à une amende ceux qui feroient en fraude, ou fur les voitures defquels on ne trouveroit pas les numéros qu'ils doivent porter.

Exécution du Plan fur le Roulage.

Il faut établir dans chaque ville commerçante un bureau de roulage dans lequel tous les rouliers, non-feulement de la ville, mais même des environs, feront obligés de fe faire infcrire & de prendre un numéro, qu'ils feront tenus de faire mettre fur leurs voitures & aux colliers de leurs chevaux. Les chefs de ces bureaux délivreront à chacun de ceux qui fe feront fait infcrire un certificat imprimé qu'ils feront tenus de repréfenter dans tous les bureaux des villes où ils vont charger; fans ce certificat ils ne feront pas enregiftrés, & fans enregiftrement ils ne trouveront point de charge : tout roulier en arrivant dans la ville où il décharge, ira avertir au bureau de roulage, de fon arrivée, & il portera la quittance du droit de roulage, qu'on doit lui avoir donnée dans le bureau d'où il eft parti. Sa lettre de voiture & le poids de fon chargement doivent être relatés dans cette quittance ; & c'eft fur cette pièce que les maréchauffées fur les grands chemins, & les commis des poftes des villes par où paffe le roulier doivent mettre leurs vûs.

Le bureau après s'être informé fi la marchandife eft arrivée en bon état, indiquera au roulier qui

aura rempli ces formalités, les différens endroits où
il trouvera de la charge, lui donnera ensuite sa quittance du droit de roulage pour la marchandise
qu'il vient de charger, & portera sur son regiftre
cette quittance, ainfi que celle que lui a préfentée
le roulier en arrivant, qu'il doit envoyer à Paris au
bureau général.

On fent que par ce mécanifme, il eft impoffible
qu'il fe faffe de fraude dans la perception de ce
droit. Les rouliers feront tenus de faire vifer leurs
quittances de chargement, par les commis du bureau
de la pofte par laquelle ils fortent. Si le roulier
fe charge de quelques paquets dans fon chemin
fans en avertir, il en paiera le droit au bureau le
plus voifin, en continuant fa route : s'il ne le fait
pas, il faut déclarer le paquet confifcable, & condamner le roulier à l'amende. Les quittances du
droit de roulage envoyées au bureau général, mettront en état de faire compter tous les bureaux dans
les différentes routes.

<hr>

PROJET

*Pour rendre à Paris les Voitures de Places plus
utiles, plus sûres, plus agréables pour ceux qui s'en
fervent, & en même-tems plus avantageufes aux
Propriétaires.*

Les voitures qu'on trouve fur les places à Paris
fervent mal le public, & n'enrichiffent pas leurs
propriétaires, parce qu'elles font fi mauvaifes

qu'on ne s'en fert que dans la plus urgente néceffité.

Il eft fingulier que dans une ville où il arrive plus d'étrangers que dans aucune autre, les voitures publiques foient plus mauvaifes que par-tout ailleurs.

On propofe de remédier à cet abus par un moyen qui fera également utile au public & aux propriétaires des fiacres. Ce moyen eft fimple: il ne s'agit que d'établir fur chaque place un commis & un aide pour veiller à la conduite des cochers, empêcher qu'ils ne menent lorfque l'ivreffe les rend auffi dangereux pour les paffans que pour ceux qui font dans leurs voitures. Ces commis auront foin que les cochers faffent boire & manger leurs chevaux aux heures convenables ; ils empêcheront leurs infolences, & feront fervir le public; ils rempliront les feuilles dont les cochers feront porteurs, & qui, en conféquence, feront délivrées le dernier jour de chaque mois, aux propriétaires des caroffes de places à raifon d'une par jour pour le mois fuivant & pour chaque caroffe. Au haut de ces feuilles, feront marqués le mois & le quantieme, & à la premiere ligne le numéro & la lettre du caroffe ; à la feconde ligne, le nom du propriétaire & fa demeure ; à la troifiéme, le nom du cocher & fa demeure ; à la quatriéme, l'heure à laquelle le caroffe eft forti de chez le maître; à la cinquiéme, celle où il eft arrivé fur la place. Le timbre que l'on trouvera au bout de cette ligne défignera la place fur laquelle il eft arrivé. Toutes les places étant diftinguées les unes des autres par ces différens timbres, les lignes fuivantes indiquent le mouvement de ces caroffes à chaque heure du jour, depuis cinq heures du matin jufqu'à minuit. Auffitôt qu'un particulier prendra un caroffe fur la place, le cocher ira au bureau faire mettre le timbre de la place d'où il part fur la ligne *parti*, vis-à-vis de l'heure à laquelle il part.

Il y aura auffi dans chaque bureau des timbres d'un quart, un demi & trois quarts pour mettre après l'heure, lorfque les voitures partent d'une place ou y arrivent à ces fractions d'heures. Tout cocher qui reftera fur la place, l'heure étant fonnée, portera fon billet au bureau pour faire mettre le timbre fur la ligne *refté*.

Les particuliers qui défireront fe fervir des caroffes de places pour aller en campagne, s'adrefferont au bureau de la place, où ils paieront fuivant l'endroit où ils veulent aller, conformément à un tarif qui fera arrêté par M. le Lieutenant général de police ; & le lieu où va le caroffe fera porté fur la ligne de l'heure où il part, & la fomme que l'on aura payée y fera exprimée.

Le commis & fon aide s'arrangeront enfemble pour le foir & le matin, afin qu'il y en ait toujours un au bureau depuis huit heures du foir jufqu'à minuit, & depuis cinq heures du matin jufqu'à huit heures. Dans le refte de la journée, ils feront tenus d'y être tous les deux. On fe flatte de trouver tous les frais d'une manutention & d'une police fi utile dans un petit droit de 4 f. par jour fur chaque caroffe, que paieront les propriétaires de ces voitures, & ils le paieront bien volontiers, puifqu'ils gagneront chacun plus d'un écu par jour à cet arrangement. Beaucoup de particuliers voyant alors un gain affuré à placer leurs fonds en voitures publiques, en mettront fur différentes places de beaucoup meilleures, & beaucoup mieux attelées que celles que l'on a aujourd'hui ; & la concurrence obligera les anciens propriétaires de ces voitures à remettre les leurs fur le même pied, d'où il réfultera en peu de tems un fervice beaucoup meilleur pour le public.

MÉMOIRE

Sur le tirage des Bateaux par les Bœufs.

La force qu'exige le tirage des bateaux, & la lenteur avec laquelle il fe fait, m'avoient fait naître il y a long-tems l'idée de propofer de fubftituer les bœufs aux chevaux. Avec ces premiers on peut beaucoup gagner du côté de la force, fans rien perdre du côté de la célérité, parce que le pas entier d'un bœuf, quoique lent, avance davantage le bateau que le demi-pas que fait un cheval qui tire au-delà de fa force.

Quand le fuccès de la tentative que je viens de faire, ne procureroit au public qu'un tirage des bateaux par les bœufs, fur toutes les rivieres, je croirois lui avoir rendu un fervice effentiel, puifqu'il

en réfulteroit une économie fur les frais de tranfport, & une épargne de chevaux fi néceffaires à
d'autres travaux qu'eux feuls peuvent faire. Mais
j'ai encore eu un autre motif de faire cette tentative ; j'ai vu pendant le tems que j'ai paffé en Allemagne, combien il feroit avantageux & économique pour le fervice du Roi & de fes armées, de
faire faire les tirages des derrieres de l'armée par les
bœufs deftinés à la boucherie des foldats. Cette idée
qui a été propofée dans les écrits de M. le Maréchal de Saxe, ne peut être combattue que par l'incertitude du fuccès. Il étoit donc néceffaire de mettre
fous les yeux du Miniftre une expérience journaliere de ce tirage, & par conféquent de la poffibilité de fon exécution à la fuite des armées.

Les bœufs qui font diftribués aux foldats, font
prefque tous achetés à la charue ; ainfi ils font dans
l'exercice du tirage, ils arriveroient en meilleur
état à l'armée, leur chair feroit meilleure & plus
faine, fi étant attelés à un chariot, avec la ration
d'un cheval pour deux, ils ne faifoient que les journées ordinaires des autres voitures, qu'en faifant
comme aujourd'hui de très grandes journées, toujours pouffés par des chiens, & avec fort peu
de nourriture. Les accidens qu'éprouverent plufieurs
de ceux qui tuerent des bœufs de l'Hôtel-Dieu dans
le carême, où une maladie épidémique, que l'on
nomma *la grippe*, obligea l'adminiftration de cet
hôpital, d'augmenter confidérablement fes approvifionnemens, & de hâter vivement l'arrivée de ces
animaux, prouvent que l'inquiétude fur la falu-

brité de la viande d'animaux furmenés, n'eſt pas
ſans fondement.

La compagnie qui ſe forme pour le tirage des
bateaux par les bœufs, auroit de grandes facilités
pour faire ce ſervice des armées plus parfaitement
que d'autres, & avec plus d'économie, par les relations qu'elle aura néceſſairement dans les différentes provinces où l'on éleve des bœufs, & par les
hommes au fait de cette manutention du tirage de
bœufs, qu'elle pourroit faire paſſer à la ſuite des
armées dans le tems où la guerre diminuant le
commerce, diminuera auſſi le nombre de ſes bœufs
de tirage ſur les rivieres : ainſi en faiſant avec le
Miniſtre des marchés avantageux pour le Roi, elle
y trouveroit des profits qu'il ſeroit aiſé de démontrer
par des détails qui ne doivent point avoir place
dans ce mémoire.

Pendant la paix, la compagnie s'occupera du tirage des bateaux, & de la culture des fermes qu'elle
eſt obligée de prendre de diſtance en diſtance, tant
pour aſſurer le ſervice par des relais ainſi placés à
quelques lieues les uns des autres, que pour occuper ſes bœufs dans les momens où la navigation
eſt ralentie, & pour aſſurer à ces animaux à peu
de frais une bonne ſubſiſtance. Ces points de vue
généraux préſentant une grande utilité pour l'Etat,
ont été ſaiſis avec empreſſement par des perſonnes
dont le cœur & les ſentimens répondent au nom
qu'elles portent. Elles m'ont engagé à ſuivre ces
idées : & pour m'encourager à les exécuter, elles
ſe font aſſociées elles-mêmes en prenant des intérêts

dans une affaire qui alors étoit incertaine. Aujour. d'hui que le fuccès en eſt aſſuré, toujours conduites par les motifs généreux qui les ont déterminées, elles m'autoriſent à rendre compte au public des détails de cette opération , & de tous les profits dont elle eſt fufceptible, en lui offrant d'y prendre part par des actions de 1000 liv. chacune, dont le nom. bre ne pourra excéder trois cent, tant que le tirage ne ſe fera que fur les rivieres de Seine, d'Oiſe & d'Aiſne; à moins , que par l'avis du comité qui ſe tiendra toutes les femaines, & qui fera compoſé de tous les propriétaires, ou porteurs de dix actions, on n'entreprît quelques nouvelles branches d'un commerce lucratif qui exigeroit de nouveaux fonds. On va voir par l'hiſtorique de cette entrepriſe, qu'à meſure qu'elle s'établit, on y découvre de nouvelles utilités à entreprendre & à ſuivre.

Lorſque j'eus pris le parti de faire l'eſſai de ce tirage, je crus qu'en propoſant d'aider gratuitement par des bœufs ces bateaux qui ont ſouvent tant de peine à remonter, je trouverois beaucoup de gens qui accepteroient mon offre avec reconnoiſſance; je me trompai fort. Soit par la réſiſtance des cha- retiers des chevaux, ſoit par le préjugé de l'habi- tude des mariniers, je ne pus trouver aucun bateau à faire tirer, & je me vis forcé d'en acheter trois, deux pour porter de la pierre, & un troiſieme pour porter les bœufs à la ſuite du bateau. Dès le pre- mier voyage je fus convaincu que les bœufs étoient au moins auſſi bons que les chevaux pour le tirage des bateaux. J'avois pris la précaution de faire venir quatre bœufs de Grenoble, accoutumés à ce tirage sur l'Isere, & un conducteur au fait de cette manœuvre : j'avois d'ailleurs quatre bœufs du Limousin & quatre de Normandie, que j'avois fait venir de ces différentes provinces, pour pouvoir décider de quel côté je devois faire mes achats. Le succès du premier voyage dans lequel j'amenai de Saint-Leu des pierres pour la nouvelle place du Roi, me fit voir que cette opération devoit être fort bonne, & engagea messieurs les entrepreneurs de la nouvelle halle, de me proposer de me charger de leur fournir toutes les pierres de cet édifice public. Nous convînmes de nos faits, & en conséquence je louai la ferme de Saint-Maximin, près de Saint-Leu, de laquelle dépendent plusieurs carrieres de la meilleure espèce de pierres; j'achetai des bateaux & des bœufs, & enfin tout ce qui m'étoit nécessaire pour notre entreprise, pour laquelle nos bateaux & nos bœufs ont travaillé, tant que la crainte de la gélée n'en a pas empêché. Notre navigation a été heureuse, à l'exception d'un bateau de suite chargé de pierres, que nous avons perdu dans la riviere neuve, par un accident qui n'avoit nul raport à ce nouveau tirage, ainsi qu'on va le voir par le récit que je vais en faire.

La riviere neuve s'étend depuis le pont du Pec, jusques vers celui de Chatou; elle a été creusée pour le passage des bateaux, lorsque l'on prit l'ancien lit de la riviere pour la machine de Marly; & comme il étoit juste de garantir des dégradations ordinaires de la riviere l'île que formoit la nouvelle avec l'ancienne, on bâtit des pieux tout du long de la berge de l'île; mais cette fage & jufte prévoyance n'a pas empêché que la riviere ne fe foit creufée une partie de fon paffage derriere les pieux, & que même le courant n'y foit plus rapide que par-tout ailleurs, ce qui oblige de faire tirer les bateaux en defcendant, pour les empêcher d'être entraînés fur les pieux, & de mettre une *courbe* (1) de chevaux ou de bœufs fur les feconds bateaux en montant. Sans cette précaution le bateau de fuite qui n'eft tiré que par la corde qui l'unit au premier bateau, feroit emporté par le courant fur ces pieux que les dégradations de la riviere ont placé maintenant affez avant dans fon lit, & dont le laps de tems a détruit en partie les reftes. Ce qui fait que fuivant la crue dans bien des endroits, tantôt ils font vifibles, tantôt ils ne le font pas. Le bateau que nous avons perdu étoit tout neuf, & un des plus grands de ceux du fecond ordre; la corde à laquelle les deux bœufs étoient attelés, pour le foutenir du côté du tirage, & l'empêcher de donner fur les pieux, étoit toute neuve & plus forte que celle dont on fe fert ordinairement pour cet ufage. Néanmoins dans l'endroit le plus rapide & le plus rempli de pieux, elle fe caffa, & le bateau alla s'enfoncer fur deux pieux qui y firent deux trous. Les bateliers du grand bateau coururent avec des bottes de foin dans leur nacelle, pour tâcher de les boucher; mais les plaies étoient

---

(1) *Courbe* eft un attelage de deux chevaux ou de deux bœufs à un bâton courbe, auquel on attache la corde d'un bateau.

ſi grandes, que tous leurs efforts furent inutiles. Le bateau s'emplit d'eau en moins de ſix minutes, & coula à fond. Les bateliers ne l'abandonnerent que quand ils ne virent plus aucun moyen de le ſauver. Les différens procès-verbaux que j'ai été obligé de faire de cet accident, conſtatent que deux des trois gros cordons qui compoſoient cette corde, avoient été coupés par un inſtrument tranchant, à une diſtance d'environ un demi-pied l'un de l'autre, que le troi-ſiéme cordon étoit le ſeul qui ayant rompu par l'effort du tirage, avoit fait chevelure, & j'ai fait dépoſer les deux bouts de corde au bureau de la ville, pour ſervir en cas de beſoin à intimider ceux qui ſeroient aſſez pervers pour penſer à nous faire éprouver un ſecond accident. Je n'entrerai point dans le détail des moyens d'économie qu'on a em-ployés pour retirer de la riviere tout ce que ce nau-frage auroit pu y laiſſer de nuiſible à la navigation; je me contenterai de dire qu'avec moins du cinquié-me de ce que demandoient les gens les plus rai-ſonnables, j'ai mis le paſſage, même ſur ce qui reſte de notre bateau, avec trois pieds d'eau de plus qu'il n'y en a dans différens endroits où les bateaux qui montent, ſont obligés de paſſer: mais comme j'eſpere (ſi nous avons des eaux baſſes cet été, qui pourront ſuſpendre pour quelques jours notre navigation) faire retirer les pierres qui étoient dans ce bateau, en y employant nos mariniers, qui ſans ce travail ſeroient oiſifs & à notre charge, je me ſuis occupé des différens moyens de faire cette opération avec facilité & économie, par des ma-

chines dont je fais faire l'expérience ; j'ai même
trouvé par ces recherches des moyens de faire charger & décharger nos bateaux de pierres par toute
forte de tems, & avec beaucoup moins de peine
& de dépenfe que jufqu'à préfent : avantage d'une
conféquence infinie , & que ceux qui ont fait le
commerce de pierres, auroient bien défiré de fe procurer ; mais tous ces détails ne font qu'accefloires
à notre tirage ; & ceux qui font tirer les bateaux par
les chevaux, pourront en profiter comme la compagnie. Nous ne cacherons le méchanifme d'aucune
des machines dont nous nous fervirons. L'habit de
plongeur néceffaire à l'homme qui ira accrocher nos
pierres au fond de l'eau, qui eft maintenant impénétrable, & dans lequel on voit & on refpire à peu-
près comme en plein air, fera, ainfi que la machine, faite pour tirer nos pierres, au fervice de
ceux qui auroient le malheur d'en avoir befoin ; &
nous nous eftimons heureux de pouvoir venir dans
une aufli trifte circonftance , au fecours de perfonnes, qui par leur infortune même, méritent nos
égards particuliers.

La force des bœufs pour le tirage eft connue,
ainfi que l'économie qu'ils y a à nourrir de ces animaux au lieu de chevaux. La lenteur de leur pas
étoit la feule objection plaufible que l'on pouvoir
faire contre mon projet, mais l'expérience a prouvé
qu'au tirage des bateaux , les bœufs vont plus vîte
que les chevaux, puifque nous avons toujours été
retardés quand nous avons eu des bateaux devant
nous, & que nous avons même plufieurs fois été obli-

gés d'envoyer à la ville demander la permission de les
dépasser. De plus, en posant des relais de distance
en distance, comme ils sont presque tous arrangés
dans les fermes que nous avons maintenant, on épar-
gnera encore le tems que les chevaux passent à
l'écurie pour manger ; ensorte que le service se fera
sans aucune interruption. D'ailleurs des animaux
toujours frais seront bien plus vigoureux, & bien
plus en état de faire le service que des chevaux
fatigués d'une longue route ; il a donc été nécessaire pour établir ces relais, de prendre des fermes
de distance en distance, & d'y trouver par le labour ou autres travaux des campagnes, de quoi
occuper les bœufs, que le défaut de passage des
bateaux rendroit oisifs sans cette ressource. Par ce
moyen même les denrées que consomment ces
bœufs, sont meilleures & moins dispendieuses. On
leur assure des pâturages, & l'on tire un parti avantageux de leur fumier ; on peut encore dans la suite
en faire un commerce, en envoyant au marché de
Poissy dont tous ces relais sont très-proches, ceux
qui ne réussiroient pas parfaitement au tirage ; &
choisissant pour cet envoi les jours où il y en auroit le moins à ce marché, ce qui feroit un double avantage, & pour la compagnie qui les ven-
droit plus cher que les autres jours, & pour les
bouchers qui dans ces momens de disette, seroient
fort aises d'avoir cette ressource, quelque foible
qu'elle soit. Vainement objecteroit-on que des bœufs
de tirage sont peu propres aux boucheries ; il est
nécessaire, pour qu'ils soient bien en état de faire

leur fervice, qu'ils foient bien nourris, & que leur travail foit réglé; ainfi cette objection eft fans fondement. D'ailleurs qui empêche qu'on ne mette à l'engrais les bœufs moins propres au tirage, & qu'on n'en tire un parti avantageux.

Les moutons feront dans ces mêmes fermes, un fecond objet de commerce comme ci-deffus, & d'un produit affuré pendant trois mois, on les achete dans les foires avec leur laine, & on les revend tondus; & quand on n'auroit que ce profit, il feroit confidérable, parce que l'on peut vendre une fois par mois, dans le tems que ce commerce eft plus en vigueur, les 1200 moutons qui feront fur les trois fermes d'Andrefy, la Borde & Neuville. Chacun de ces moutons donnant 1 liv. 10 fols de bénéfice, les 1200 donneroient pendant trois mois 5400 liv. en fuppofant trois autres ventes dans le refte de l'année à 20 fols de profit par moutons, cet article donneroit encore 3600 liv. qui joint aux 5400, feroient la fomme de 9000 liv. fur quoi défalquant la moitié pour les frais, les avaries & la nourriture d'hiver, il refteroit 4500 liv. pour l'intérêt de 24000 liv. néceffaires à ce commerce; & la compagnie bénéficieroit encore de l'engrais & parcage des moutons dans fes fermes.

L'engrais des fumiers que fourniront les bœufs dans ces mêmes fermes, eft auffi un objet confidérable; mais voyons leur emploi.

Pendant tout le tems du tirage des bateaux, il y en aura dans chaque relais un nombre fuffifant pour faire face à ce fervice, depuis Andrefy jufqu'à Paris.

Paris. Ces relais feront plus éloignés dans la riviere d'Oife ; mais il y aura à la fuite des bateaux, des petits bateaux d'écurie pour contenir le double du nombre des bœufs nécessaires au remontage. En suppofant qu'il faille quatre bœufs pour remonter un train de bateaux, le bateau fera fait pour en contenir huit & trois conducteurs, pour qu'ils puiffent faire un tirage perpétuel, en relayant les hommes & les bœufs : & dans les ponts ou autres endroits difficiles où l'on eft obligé de payer des renforts, il ne s'agira que de mettre les huit bœufs & les trois conducteurs en ouvrage. Quand le paffage difficile fera fait, les bœufs & les hommes qui doivent fe repofer rentreront dans le bateau.

Les hommes feront nourris par la cuifine qu'on eft obligé de faire dans chaque bateau pour les mariniers ; & l'on tiendra fous des bancs qui les mettront à l'abri de la pluie, les pailles & foins néceffaires pour les bœufs. Les approvifionnemens, tant pour les hommes que pour les bœufs, fe prendront dans les différens dépôts que la compagnie entretiendra fur la route. Ce que l'on dit ici pour la riviere d'Oife s'exécutera fur la Seine, de Rouen à Andrefy, où l'on commencera à trouver les relais. Les bateaux d'écurie feront plus grands fur cette riviere, parce que le tirage eft plus fort; mais on fuivra toujours le même fyftême. Il faudra tout au plus une ou deux fermes dans la diftance d'Andrefy à Rouen; & il ne fera pas difficile d'en trouver, lorfque les propriétaires verront combien leurs fonds s'améliorent par un engrais aussi considérable que celui de nos relais de bœufs.

La compagnie aura plus de bateaux d'écurie que de grands bateaux, parce qu'elle se propose d'offrir ses bœufs à ceux de MM. les Entrepreneurs de voitures par eau, qui voudront s'en servir. Elle fournira des chevaux pour tirer les bateaux en descendant, & des bœufs pour les remonter. Ceux qui voudront se servir des bœufs, prendront à Conflans en descendant les bateaux d'écurie, & les bœufs ne se rendront à Rouen que lorsque le bateau sera chargé, & le jour qui leur sera prescrit pour le départ. La compagnie paiera au contre-maître du bateau étranger, que ses bœufs tireront, 20 sols par jour pour la nourriture de chacun de ses charretiers, afin qu'ils soient nourris dans leurs bateaux d'écurie, de la cuisine de la *travure* (1), & qu'ils n'entrent jamais dans les auberges. Par la même raison on donnera un coin dans le grand bateau, pour le surplus du foin & de la paille des bœufs, qui n'auroit pu tenir dans le bateau d'écurie.

D'après toutes ces mesures prises, il ne restoit plus d'embarras que pour les momens où la navigation est interrompue, soit par la gelée, soit par des eaux trop basses. Pour remédier à cet inconvenient qui seroit très-considérable, parce que l'inaction d'un grand nombre de bœufs & de ceux qui les conduisent, nous consommeroit en peu

---

(1) *Travure*, logement des mariniers où il y a une cuisine.

de jours les profits d'un mois; j'ai pris le parti d'a-
cheter une maifon à Compiegne, que j'ai trouvée
parfaitement propre à remplir mon projet. Dans
cette maifon où il y a beaucoup d'écuries, j'établirai
un nombre de bœufs occupés toute l'année à tirer
les bois des ventes, & à les amener fur les ports,
l'hiver dans la forêt de Compiegne, & l'été dans celle
de Villers-Cotterets. Par ce fyftême, nous donnons
encore de l'ouvrage à nos bateaux, parce qu'il y a
lieu de préfumer que nous aurons la préférence
pour le tranfport de ces bois par eau. De plus, nous
affurons de l'emploi à nos bœufs, quand le tirage
des bateaux eft fufpendu, en les envoyant à Compiegne, & un renfort à notre tirage dans les momens de preffe, en fufpendant pour quelques in-
tervalles le voiturage des bois aux ports; il en
fera de même pour les tems des récoltes & des la-
bourages preffés, & on diftribuera ces bœufs dans
les fermes où ils feront le plus néceffaires. On fent
bien que les travaux ordinaires des fermes feront
faits par ceux de relais, dans les momens où il ne
paffe pas de bateaux. Je n'entrerai point ici dans
tous les détails d'économie & de profits que l'on
pourra faire dans les différentes pofitions que la
compagnie aura; je ne parlerai pas même de la
brafferie qu'on établira dans la maifon de Compiegne, que la confommation des voyages du Roi, &
celle de plufieurs villes placées fur la riviere, rendra très-importante, & qui d'ailleurs fournira par
fes marcs une grande partie de la nourriture de
nos bœufs pour l'hiver. Tous ces profits qui réunis

peuvent cependant faire un objet très-confidérable, n'entreront point dans la fpéculation que je dois mettre fous les yeux du public. Pour que ceux qui auroient envie de s'affocier, fachent de quoi il s'agit, je ne dois préfenter ici que des profits fur lefquels on ne puiffe élever aucune efpece de conteftation.

Tout le monde conviendra que l'intérêt de l'argent que l'on met à l'achat d'un cheval, eft le produit de fon travail, toutes dépenfes prélevées. C'eft d'après ce principe que je fuppute.

Un bœuf qui coûte 150 livres, eft plus fort qu'un cheval qui coûte 300 livres, & fufceptible par conféquent de plus de travail dans un ouvrage de force, comme celui du tirage des bateaux. Au labour même deux bœufs de cette force avec une charrue fans roues, feront prefqu'autant d'ouvrage que trois chevaux à une charrue ordinaire; ainfi on ne peut contefter que le produit du travail d'un bœuf de 150 livres, ne foit égal au produit de celui d'un cheval de 300 livres. Les gains que font ceux qui fourniffent des chevaux au tirage des bateaux, quoiqu'ils n'aient pas comme nous, par nos fermes, fous la main & conftamment de quoi occuper leurs chevaux, lorfque le tirage des bateaux eft ralenti, prouvent que le produit de chaque animal travaillant fur les rivieres eft confidérable; mais je ne veux faire ici que les fuppofitions les moins avantageufes. Si un particulier qui a dépenfé 9000 livres pour l'achat de trente chevaux, à 300 livres piece, & au moins 1000 liv. pour leurs harnois, n'en tire

que 1000 livres de profit net; la compagnie avec
30 bœufs de 150 liv. chacun, aura fait plus d'ouvrage, puifqu'elle a un total de force plus confidérable : & en fuppofant qu'elle ne foit payée qu'au même
prix, elle tirera 1000 liv. d'intérêts de 4500 liv. de
fonds, au lieu que l'autre ne les tire que de 10000
liv. Mais la dépenfe de celui qui fournit des chevaux
eft bien différente de celle de la compagnie. Les denrées que confomment ces chevaux font achetées dans
les auberges, celles des bœufs de la compagnie font
pour la plûpart récoltées dans fes fermes, & rendues à la terre qui les a produites, par les fumiers
des animaux qui les y confomment, ou tranfportés
avec eux à la fuite des bateaux qu'ils tirent; ce qui
fait un objet confidérable. Mais en les fuppofant
du même prix, chaque cheval de bateaux mange
en tout tems autant de foin qu'un bœuf dans l'hiver & de plus deux boiffeaux d'avoine. Veut-on
ne compter que fur le pied d'un boiffeau & demi?
Voilà 18 fols de dépenfe à raifon de 12 fols le
boiffeau d'avoine, & il n'eft point d'auberge qui
la donne à meilleur marché dans les années les plus
abondantes. Perfonne ne trouvera que j'eftime
trop cher la dépenfe du bourelier & du maréchal,
quand je la mettrai à deux fols par jour par cheval. Voilà donc 20 fols par jour de diminution de
dépenfe par chaque bœuf, & par conféquent
10800 livres par an, & par trente bœufs que la compagnie aura de bénéfice de plus que celui qui emploie le même nombre de chevaux au tirage des
bateaux. Ainfi la compagnie fe procure, lorfque fon

opération fera en vigueur, 11800 liv. de produit avec 4500 liv. de fond, tandis que les Entrepreneurs du tirage par les chevaux n'auroient que 1000 liv. de produit de 10000 liv. de fond. D'ailleurs les fonds de la compagnie ne pourront être fufceptibles de la même diminution dont font néceffairement grévés ceux des entrepreneurs du tirage pour les chevaux. Un cheval de 300 livres, au bout de peu de tems, ne vaut fouvent pas 50 livres : il meurt, il s'eftropie, & il eft totalement perdu. Le bœuf au bout de quelques années de travail, n'en eft que m [i]lleur pour engraiffer, & avec de l'intelligence, on retrouve avec grand profit la dépenfe que l'on a faite pour fon engrais ; s'il lui arrive des accidens, on le tue, & on en tire parti. S'il meurt, il a coûté moitié moins cher que le cheval, & on vend fon cuir fix fois plus que celui du cheval. Je ne parlerai pas des tems où les patures ouvertes diminuent confidérablement la dépenfe de la nourriture des bœufs.

A l'égard des profits de la compagnie fur les voitures faites par fes bateaux, ils feront plus confidérables que ceux qu'ont fait plufieurs particuliers, qui ont cependant beaucoup augmenté leur fortune dans ce genre de commerce, parce que ce tirage fera à meilleur marché. On ne fera point dans le cas d'attendre des relais, & d'être rançonné par les charretiers ; l'infpection continuelle des agens de la compagnie, tiendra tout dans l'ordre. Il ne s'agira que de les bien choifir, & de remercier fur le champ tous ceux fur le compte defquels on verra qu'on s'eft trompé. Il eft conftant que la compagnie peut employer dès les commencemens de la campagne prochaine environ 200 bœufs, & qu'avec quelques bateaux de plus, ces voitures peuvent faire des profits confidérables.

Je ne ferai point entrer dans ceux que je préfente dans ce mémoire, tout ce qu'on peut tirer des fermes & des commerces, pour lefquels fes pofitions lui donnent de grandes facilités. Je les réferve pour les fupplémens qui feront diftribués aux affociés à la fin de chaque année, s'il n'arrive point d'accident qui les dérange. Je crois que ceux dont j'ai démontré la certitude, font affez confidérables pour faire naître l'envie de s'affocier dans cette entreprife. Comme je crois même qu'il ne fera pas poffible de fatisfaire le defir de tous ceux qui voudront s'intéreffer, on fera forcé de fuivre l'ordre des dates, & d'accorder la préférence à ceux qui fe feront préfentés les premiers. Je dois encore avertir en finiffant, qu'il y a à peu-près la moitié des actions remplies; & que fans aucune augmentation, ce tirage fe fera avec beaucoup plus détendue l'année 1764, qu'il n'a été fait pendant le peu de mois qu'il a été exécuté en 1763. Il ne me refte plus qu'à préfenter les articles principaux qui s'obferveront, après néanmoins qu'ils auront été approuvés par le comité, lorfqu'il fera formé.

Article Premier.

Le fond de la société sera, comme il est dit ci-devant, de 300 actions de 1000 livres chacune; ce qui formera un fond de trois cent mille livres ci. . . . . 300,000 livres.

Art. II. Toutes les actions seront imprimées, numérotées & délivrées au porteur sans nom. Elles seront enregistrées sur les regiftres du directeur & du caiffier, & le nom du propriétaire mis à côté de chacune: ce qui rendra ces regiftres, un titre de plus pour les actionnaires. En conféquence il en fera dépofé un duplicata chez le notaire de la compagnie.

Art. III. L'action fera héréditaire & commerçable, après néanmoins que la préférence en aura été offerte à la compagnie.

Art. IV. Tout acquéreur de ces actions fera tenu dans le mois de fon acquifition, de fe faire reconnoître de la compagnie, en préfentant aux directeur & caiffier, fon action & le fous feing-privé, ou acte par lequel il en fera devenu propriétaire, pour que fon nom foit fubftitué à celui de fon vendeur. On fent qu'avec cette précaution, on ne peut courir le rifque de perdre fon intérêt, ni d'en être volé.

Art. V. Pour avoir voix délibérative, il faudra être propriétaire de dix actions, ou repréfentant les intéreffés de dix actions. Par conféquent celui qui ne fera pas propriétaire de ce nombre, ne pourra

exiger que la reprélentation des comptes qui feront
arrêtés tous les ans par les actionnaires, ayant voix
délibérative.

Art. VI. Ceux qui voudront s'intéreffer, porteront la fomme qu'ils veulent y mettre, chez M^e
Baron le jeune, **Notaire**, rue de Condé, ou chez
M. Rouffel, caiffier de cette entreprife, & de la
pofte de Paris, **place du Chevalier du Guet**. Ils
tireront une reconnoiffance en portant leur argent;
& lorfque le nombre des actions fera rempli, l'acte
de fociété fera paffé pardevant notaire, & le caiffier délivrera les actions en lui rapportant les reconnoiffances. L'intérêt dans l'affaire commencera pour
chacun du jour du dépôt de l'argent.

Art. VII. Il fera tenu tous les mois une affemblée générale, & deux comités par femaine, pour
délibérer fur les affaires inftantes. Les intéreffés deftinés au travail de ces deux comités, feront choifis
& nommés dans les affemblées générales.

Art. VIII. Toutes les affaires confidérables feront
décidées par des délibérations de l'affemblée générale
à la pluralité des voix: il ne fera pas même expé-
dié d'ordres importans qui ne foient fignés du plus
grand nombre de ceux qui compoferont le comité.

Art. IX. Les comptes fe rendront annuelle-
ment dans une affemblée générale; & la répartition
des profits fera faite au *prorata* de la mife.

Art. X. Auffitôt que le nombre des actions
fera rempli, & l'acte de fociété dreffé, on formera une affemblée générale, à laquelle on préfentera le plan de régie qu'on a formé, les diffé-

rentes mesures qu'on a prises pour mettre l'ordre dans une opération d'un aussi grand détail, & enfin les sujets qui ont contribué jusqu'ici à son exécution.

MÉMOIRE

*Sur un Magazin général ou **Dépôt Public**.*

LES Monts-de-Piété & les Lombards procurent également des secours momentanés par des prêts sur des effets déposés; ils ne different entr'eux que par le taux de l'intérêt de l'argent prêté. Celui qu'exigent les Monts-de-Piété est très-peu considérable; aussi doivent-ils leur origine à une charité éclairée. Les Lombards, qu'une sage administration a formés, tirent des intérêts plus considérables, mais toujours fort au-dessous de ceux qu'exigent les usuriers, qu'ils ont conséquemment détruits par-tout où ils existent.

Les services essentiels que rendent ces établissemens en empêchant la ruine des uns, en conservant la fortune des autres, en augmentant l'aisance & le commerce de tous, ont fait naître à beaucoup de gens l'idée d'en former de semblables à Paris; mais les Monts-de-Piété ont un ton d'aumône qui restreindroit trop leurs secours dans un pays où le crédit est, pour ainsi dire, aussi nécessaire que la fortune, & les Lombards exigent un intérêt que les loix du royaume profcrivent. Il n'eſt donc pas étonnant que ces propoſitions aient été conſtamment rejettées juſqu'aujourd'hui ; mais j'ai lieu de penſer qu'on adoptera un établiſſement qui prête fans intérêt avec la feule repriſe de ſes dépenſes, qui, animant une maſſe immenſe d'effets morts, les fera rentrer dans la circulation du commerce, & leur donnera une valeur numéraire, fans leur rien faire perdre de leur valeur intrinféque , qui donnera des facilités de commerce à ceux qui ont plus de talent que de crédit, qui foutiendra les manufactures, & par conféquent les falaires des ouvriers & le débit des denrées des cultivateurs, qui enfin procurant tous ces fecours avec une décence qui ne peut allarmer la délicateſſe la plus fcrupuleuſe, & des précautions qui préviendront tout abus, remplira tous les avantages que procurent les Monts-de-Piété & les Lombards, fans en avoir les inconvéniens.

J'eſpère démontrer par la fuite de ce Mémoire, que l'établiſſement que je vais propoſer eſt d'une toute autre nature que ces Monts-de-Piété & Lombards , & que tous ceux qui y porteront leurs effets feront autant le bien de l'État dont ils augmentent le numéraire , que le leur propre. Alors les dépôts faits, même par les plus néceſſiteux , pourront être regardés comme un fervice rendu à la patrie ; d'où il réſulte que, loin de fe cacher en portant des effets à ces établiſſemens, on doit s'en glorifier ; ainſi ceux qui les conduiront pourront, fans leur nuire, exiger de connoître tous ceux qui s'y adreſſeront.

Il n'y aura donc rien à craindre pour les vols ni
pour ce que l'on appelle *affaires* , aussi ruineufes
pour les jeunes gens que pour les marchands.

L'établiffement dont il eft queftion , que l'on ap-
pellera *Dépôt public* ou *Magafin général* , ne prêtera
point d'argent , mais fimplement fon nom & fon
crédit, c'eft-à-dire , qu'il donnera fon papier payable
dans des tems convenus avec l'emprunteur & pour
la fomme dont il croira pouvoir répondre , qui
fera par conféquent toujours inférieure à la valeur
de l'effet qui reftera dépofé dans fes magafins jufqu'à ce que le montant du billet du dépôt public
foit rentré , foit par la reftitution volontaire de
l'emprunteur , foit par une vente judiciaire. Dans
le premier cas , on ne paiera qu'un foible droit
de 6 d. pour livre pour tout article de 1000 liv.
& au-deffous , & pour ceux qui feront d'une plus
grande valeur , à quelque fomme qu'ils puiffent
monter au-delà des 1000 liv. , on ne paiera plus
que 3 deniers pour livre pour le loyer des emplacemens , les appointemens des bureaux , & généralement toutes les dépenfes qu'exige une fi grande
entreprife. Dans le fecond cas, au lieu de 3 d. ou
6 d. , on prélevera fur le produit de la vente judiciaire le fol pour livre de ladite fomme prêtée
pour les frais d'office, de juftice, &c ; le furplus du
produit de la vente fera rendu au propriétaire. La critique la plus amère ne peut trouver dans ce droit
aucune ufure, puifqu'il n'eft que la reftitution d'une
dépenfe néceffaire ; & fi je parviens, comme je l'ef-
père , à démontrer que tous ceux qui s'adrefferont

à cet établiſſement feront le bien de l'État, perſonne ne pourra plus ſe faire de peine d'y avoir recours ; il y aura même une décence qui le rendra précieux à toutes les claſſes de la ſociété, & qui lui aſſurera certainement la protection du Gouvernement & celle de ces Tribunaux qui veillent par état au maintien des loix & à l'utilité publique.

Un ſol fertile & étendu n'enrichit le peuple qui l'habite que par une vente de ſes produits à l'étranger, qui augmente ſon numéraire ; ainſi le numéraire & la valeur des effets ſont la meſure des richeſſes d'un pays ; mais ces richeſſes périſſent inſenſiblement ſi le mouvement de la circulation ne les ranime & ne les renouvelle, pour ainſi dire : une nation qui a deux cent millions qui circulent dans un commerce avantageux, ſera en peu de tems plus riche que celle qui en a quatre cent dépoſés dans les coffres d'un nombre de particuliers ; il eſt donc d'un extrême intérêt pour un État de faire rentrer dans cette circulation tout ce qui en eſt ſuſceptible.

Le projet que je préſente n'a d'autre objet que d'étendre ce mouvement de circulation à des choſes qui n'ont produit juſqu'ici qu'une richeſſe ſtérile à ceux qui les poſſedent, ou de faire durer ce mouvement pendant le tems où il ceſſe maintenant, en donnant, par exemple, une valeur qui circule dans le commerce à des étoffes dont la ſaiſon ſuſpend la vente.

Les valeurs ne ſont que de convention : tous les papiers n'ont point de valeur intrinſéque. La fortune & les reſſources de ceux dont ils portent le nom, décident de la confiance qu'on leur accorde. Les banqueroutes, les défauts de formalités aux échéances, peuvent les anéantir ; les décès peuvent en retarder les paiemens. Malgré de tels inconvéniens, ces papiers ſubſiſtent, & même le commerce, ne peut ſe faire ſans eux; ce ſeroit donc rendre au commerce un ſervice eſſentiel que d'en introduire un qui ne fût ſujet à aucun de ces inconvéniens, & qui, pendant tout le tems qu'il circule fût la repréſentation, ou pour mieux dire, la délégation réelle d'une valeur exiſtante que rien ne peut anéantir.

Le papier que délivreroit le magaſin général, remplit même au-delà cet objet, puiſque n'étant que de la moitié de la valeur des effets dépoſés, il repréſente une valeur double de lui-même, laquelle valeur ſert de nantiſſement au porteur de ce papier & à la compagnie qui l'a fait. On ne peut rien déſirer de plus quant à la ſolidité; à l'égard du terme du paiement, celui que s'eſt preſcrit l'emprunteur lui-même pour retirer ſon effet, le rend fixe & certain; puiſqu'il ne peut le retirer ſans rapporter la ſomme prêtée, & qu'en cas d'inexactitude, il a conſenti, lors de ſon emprunt, à la vente d'un effet ſur lequel il n'a reçu que la moitié de l'eſtimation.

Les moyens les plus certains ſont imaginés pour qu'on ne puiſſe contrefaire ce papier; mais, comme ces moyens ne peuvent être également connus de tout le monde, il ſeroit juſte d'exiger que chacun de ceux qui paſſeroïent de ces billets à d'autres, miſſent leur endoſſement, qui n'eſt dans ce cas qu'une aſſertion de la part du ceſſionnaire, de la vérité du billet, & ne peut donner contre lui aucuns recours pour le paiement, que dans le cas où le billet feroit faux; car s'il eſt véritable, ce recours n'aura jamais lieu, puiſque le double de la valeur de ce billet eſt dans les magaſins de l'établiſſement qui doit le payer, & qu'il ne peut en fortir que par la reſtitution de la ſomme prêtée, qui eſt exactement le montant du billet à payer. Ces billets feront toujours faits à l'échéance d'un mois au-delà du terme que l'emprunteur s'eſt preſcrit pour retirer ſon effet, afin de donner le tems de le vendre plus avantageuſement, s'il n'eſt pas exact à le retirer en rendant la ſomme prêtée.

Cette vente ne ſe fera que judiciairement, après avoir averti l'emprunteur, s'il eſt poſſible, & après des affiches qui lui donneront un délai ſuffiſant pour mettre ſes reſſources en uſage : cette vente doit produire beaucoup au-delà de la ſomme prêtée, puiſque le billet n'a été que de la moitié de l'eſtimation de l'effet dépoſé. Ainſi, après que l'on aura prélevé ſur le produit de la vente la ſomme prêtée, (& alors 1 ſ. par livre parce que les frais d'affiches & de vente judiciaire doivent être rembourſés), on gardera en dépôt le ſurplus pour le rendre à l'emprunteur ou à celui qui de ſa part rapportera la reconnoiſſance du bureau. On croit que cette reconnoiſſance ne doit être qu'un numéro entouré de timbres avec des points ſecrets : les mêmes timbres & numéros feront fur les regiftres, à l'article qui détaillera les effets dépofés. Au bas de cet article fera exprimé le montant de la fomme que le dépôt s'engage de payer & le tems où l'effet doit être re-tiré. Les regiftres & la reconnoiffance feront fignés de celui qui dépofe, d'un des chefs des differens bureaux où le dépôt a été enregiftré, & de deux directeurs. Le détail des effets contenus dans ce dépôt, doit être libellé fur le regiftre du bureau des eftimations, fur celui du bureau du dépôt, & en-fin fur celui du bureau de la caiffe, & figné des mêmes perfonnes ; il doit même y avoir une feuille volante délivrée au bureau du dépôt, contenant les mêmes détails, & fignée de même pour être préfentée en juftice, fi le cas le requéroit, fans dé-placer les regiftres : au moyen de ce que la recon-noiffance délivrée à l'emprunteur, ne portera qu'un numéro, elle ne peut fervir à perfonne, fi elle ve-noit à fe perdre ; le propriétaire feul connoiffant les détails de fon dépôt.

Indépendamment de beaucoup de précautions fages & fûres que l'on fe propofe de prendre pour éviter que les billets de caiffe & reconnoiffances du magazin général puiffent être contrefaits, ils feront tous coupés fur un *étalon* qui reftera à la caiffe pour les confronter dans le befoin. Ces billets exprimeront le poids au marc de leur montant, comme le por-tent les étiquettes des facs d'argent ; cette précau-tion leur donnera beaucoup de faveur dans le pays étranger : en s'adreffant au bureau, on pourra faire couper fon billet en autant de parties que l'on vou-dra,

dra, en payant un fol par coupon, au lieu qu'aujourd'hui on eſt obligé de faire eſcompter la totalité d'une lettre de change pour ſe procurer ſur cette lettre la plus petite ſomme.

Ce papier qui donne tant de facilité, qui ne peut jamais perdre, & qui ſera de même valeur par-tout, procurera dans le pays étranger au négociant le moins connu, les mêmes facilités de commerce qu'y trouvent ceux qui ſont le plus accrédités. Ainſi les avantages de ce commerce ſeront alors aſſurés à ceux qui auront le plus d'intelligence, d'activité & d'économie, & cette récompenſe des talens augmentant l'émulation, la concurrence s'en ſuivra ; & par conſéquent la meilleure qualité des denrées & le prix le plus favorable pour les acheteurs : de plus, on augmentera par-là le nombre des marchands aiſés, ce qui eſt le grand avantage de l'État, parce que l'aiſance d'une multitude eſt plus favorable à la conſommation que la richeſſe d'un petit nombre, & que d'ailleurs, en multipliant les marchands, on rend le monopole plus difficile.

Ces billets de caiſſe du magazin général, ayant dans toutes les caiſſes la même faveur qu'auront ceux des négociants les plus accrédités, il paroît naturel que celles du Roi leurs ſoient également ouvertes.

Ces billets peuvent devenir dans la ſuite très-nombreux, mais ce ſera toujours au grand avantage de l'État, puiſqu'ils feront un accroiſſement au numéraire de la nation, & qu'ils n'y feront entrer que des richeſſes exiſtantes qui juſques-là étoient ſtériles ;

il ne fera jamais fait de billet de caiffe au dépôt
public, que l'effet ne foit dans fes magazins, & il
ne fera que la moitié de l'eftimation, à moins qu'il
ne foit d'or ou d'argent; car en ce cas feul, le
billet fera des deux tiers de la valeur.

Il réfulte de tout ce qui vient d'être dit, que le
Dépôt public ou Magazin général peut contracter
autant d'engagemens qu'on lui en préfentera, qu'ils
feront tous également fûrs, qu'il ne fera point fujet
à ces viciffitudes qui ruinent ou difcréditent les
Monts-de-Piété & Lombards, quoiqu'ils tirent des
intérêts de l'argent qu'ils prêtent. En effet, il leur
arrive fouvent de n'avoir point d'emprunteurs
quand ils ont de gros fonds en caiffe, dont ils
paient les intérêts, & au contraire d'être écrafés
par des demandes lorfque leur caiffe n'eft pas bien
fournie.

Quand il n'y auroit qu'un centieme des effets du
royaume qui feroient portés dans ces magazins,
qui fe multiplieront dans toutes les grandes villes,
à l'inftant que celui de la Capitale aura réuffi, quelle
reffource pour le crédit de la Nation, les revenus
du Souverain, & l'aifance des particuliers ! Entrons
dans quelques détails qui donneront l'idée de fon
opération.

Tout effet qui fe trouvera avoir été volé, fera
rendu au véritable propriétaire; ainfi les Directeurs
de l'établiffement n'en recevront aucun qui ne foit
apporté par un homme connu, ou qui aménera
avec lui une caution qui le fera : on n'exigera pas
que ce foit le propriétaire lui-même qui apporte

l'effet, on a même cru utile de lui laisser la faculté de déguiser son dépôt sous le titre de *service d'ami*, s'il n'est pas assez persuadé que loin de se discréditer, il s'honore en contribuant par son dépôt à l'augmentation du numéraire de la nation; il n'y aura que les ventes forcées qui pourront donner quelque soupçon de la détresse de l'emprunteur, mais les chefs de l'établissement, qui seuls sçauront à qui appartient l'effet que l'on vend, ont trop de raisons de garder ce secret, pour craindre qu'ils y manquent; d'ailleurs, ils n'ont aucun interêt de connoître les détails des affaires des particuliers, mais simplement de chercher à s'assurer que le depôt qu'on leur fait ne cause de prejudice à personne.

L'emprunteur s'adressera d'abord au bureau de reconnoissance, où il se fera connoître ; ensuite sur un billet de ce bureau, il passera à celui des estimations où après qu'il sera convenu de la valeur de son effet, & qu'il aura été détaillé sur les regiftres, il le portera avec la fixation au bureau du dépôt, dans lequel on lui délivrera la reconnoissance dont nous avons parlé, & où, comme il a été dit, le détail des effets déposés sera encore libellé sur les regiftres de ce bureau ; il ira ensuite au bureau de la caisse avec sa reconnoissance qu'il gardera par devers lui, & le duplicata de l'enregistrement de son dépôt, qui restera au bureau de la caisse, pour être porté sur ses regiftres, & conservé pour être présenté en justice, s'il est besoin. Le Caissier lui délivrera à l'instant le billet de caisse, & cette opération se fera avec toutes les formalités ci-dessus prescrites. Si un dépôt de vaiffelle d'argent ou de bijoux étoit fimplement fait pour fûreté pendant une abfence de propriétaire, on ne paieroit en ce cas que demi-droit (à moins que l'abfence ne fût de plus d'un an) parce que ces effets tiennent peu de place, & que ce dépôt exige moins de forme.

A l'égard des effets vendus, comme ils le feront tous judiciairement, & fur des affiches, ils exigent des dépenfes qui ne permettront en aucun cas de diminuer ce droit d'un fol pour livre de la fomme prêtée.

Toute perfonne qui dépofera des effets, pourra en garder des échantillons, & les vendre fur ces échantillons, & on délivrera ces effets aux acqué-reurs fur un billet de l'emprunteur, & en refti-tuant la portion du prêt relative à la portion des effets vendus.

De quelle reffource ne feront pas ces établiffe-mens, pour tous les marchans forains, qui n'ont vendu aux foires qu'une partie de leurs effets, qui fou-vent font obligés de louer fort chérement des lieux où ils les renferment, & où cependant ils fe détério-rent. De plus, ces effets non vendus les privant de fonds, les obligent de faire ceffer des métiers qui donnoient des falaires aux ouvriers, & aux cultiva-teurs un débit de leurs denrées. En portant ces mê-mes effets non vendus au magazin général, on leur donnera un billet de caiffe, de la moitié de la va-leur de leurs effets, qu'ils placeront prefque par-tout comme argent, parce que le commerçant fait aifément crédit, quand le paiement eft affuré. Ou aura grand foin de ces effets, on les livrera à ceux à qui ils les auront vendus, fur les échantillons, comme il a été dit ci-deffus, & à la foire fuivante ils retrouveront en bon état ce qui leur en reftera.

Les avantages qui réfultent d'un femblable établif-fement, doivent le rendre intéreffant à tout le monde; il n'eft point d'homme éclairé qui ne doive défirer avec ardeur d'avoir quelqu'effet à y porter, pour augmenter d'autant la richeffe de fon pays & l'aifance du particulier; il n'eft donc point de riche marchand qui ne fe faffe un devoir de donner l'exemple, en y portant toutes les étoffes ou effets dont la faifon ou quelqu'autre raifon momentanée fufpend la vente, & dès-lors quel fond de richeffes dans la circulation du commerce! les pertes de la guerre feront promptement réparées.

Cet établiffement fera conduit par des Directeurs généraux & particuliers, un Caiffier, un Infpecteur & un Contrôleur, qui auront fous eux un nombre fuffifant de Gardes-magazins & de Commis. On ne parle pas de l'infpection qu'en aura M. le Lieutenant général de Police; elle eft de droit, mais on propofe d'y ajouter celle du Parlement, par deux commiffaires & un fubftitut nommés tous les ans à la rentrée. L'objet principal des commiffaires, fera de conftater fi les différens regiftres du bureau des eftimations, de celui du dépôt, & enfin celui de la caiffe, quadrent bien enfemble.

On peut fe flatter que cet établiffement, en rempliffant le vœu général de la Nation, procurera l'aifance des particuliers, l'augmentation du com-

merce , & par conséquent celle des forces de la
Nation & des revenus du Souverain.

On ne parle point des facilités qu'on aura de
convertir un tel papier en argent, indépendamment de toutes celles qui exiſtent maintenant ; on
ſe propoſe, ſi cela eſt néceſſaire, de former une
compagnie de Banquiers ou d'Agens de change choiſis, dont l'objet principal ſera cette converſion, &
de donner des facilités à ceux qui ne pourroient
point être auſſi exacts à retirer leurs effets qu'ils
l'auroient eſpéré, & enfin de rendre, relativement
à cet objet, des ſervices de toutes eſpèces au public ; mais comme cette compagnie ne doit être
que la ſuite de l'exécution du projet dont il eſt queftion, on attendra pour la former que le ſort en ſoit
décidé.

Je ſens que parmi les différens particuliers qui compoſent aujourd'hui le corps du commerce, il pourra
s'en trouver un aſſez grand nombre qui s'oppoſe-
ront à ces établiſſemens, par la crainte que leurs
ventes publiques ne nuiſent à la vente particulière
de chacun d'eux : mais d'abord elles ne ſeront pas
plus nuiſibles au commerce en général que ne le
ſont ces mêmes ventes qu'on eſt obligé de faire tous
les jours dans les boutiques de quelques négocians
qui ont été trop faciles ; elles ſeront au contraire
bien moins défavorables pour le commerce en général, & plus avantageuſes pour les particuliers dont
les effets y ſeront vendus, parce que le concours des
étrangers que ces ventes, qui ſe feront régulierement
du 20 au 30 de chaque mois, attireront, ſoutiendra

la valeur de ces effets, qui fans ce concours feroient donnés à meilleur marché ; il n'eft donc pas poffible que ces établiffemens puiffent nuire au commerce; leurs prêts, au contraire, le foutiendront & l'étendront. D'ailleurs , ce dépôt public fera d'une grande reffource pour ces artifans diftingués, qui, faute d'être connus, font forcés de donner à vil prix le fruit précieux de leurs travaux; les prêts de ces établiffemens leur donneront les moyens de fe foutenir en attendant que la vente avantageufe de leurs ouvrages , les encourage à en recommencer d'autres; en un mot, ces établiffemens ne vendront que ce qu'on ne trouvera pas plus avantageux de retirer avant la vente publique. Lors de cette vente , on pourra foi-même pouffer le prix de fa marchandife , & ce fera une loi de l'établiffement d'en être quitte en payant fa folle enchère ; s'il vend beaucoup, c'eft que chacun y trouvera fon avantage, mais alors, ne vaudra-t-il pas mieux s'en fervir que de s'en plaindre? Les étrangers que ces ventes attireront , parce qu'ils feront affurés d'y voir d'un coup-d'œil & en un même lieu les divers objets qu'ils vont chercher au hafard dans les différens quartiers de la ville , porteront par leur concurrence tous ces effets à leur jufte taux, & nous débarrafferont, à un prix raifonnable, d'une infinité de marchandifes qui tombent trop au-deffous de leur valeur intrinfèque, chez une nation où le plus grand mérite eft la nouveauté. On ofe le dire, à cet égard comme à tout autre , il n'y a point de négociant qui n'ait un interêt reel à voir exifter cet établiffement.

Projet d'Edit pour le Dépôt Public.

Le mouvement de la circulation du commerce
ranime & renouvelle, pour ainsi-dire, les richesses
d'une nation; elles périroient même insensiblement,
si elles restoient déposées dans les coffres des particuliers. Il nous a donc paru très-utile & très-avantageux
pour nos peuples, d'adopter un établissement dont
l'objet est 1º de faire rentrer dans cette circulation
tout ce qui en est susceptible; 2° d'étendre ce mouvement salutaire, à des choses qui n'ont produit
jusqu'ici à leurs propriétaires qu'une richesse sterile,
3° de faire durer ce même mouvement pendant les
tems où il cesse maintenant. Tous ces avantages
nous ont paru réunis dans le plan qui nous a été
présenté d'un dépôt public ; de plus, les prêts de
cet établissement procurant une valeur numéraire à
des effets morts aujourd'hui, sans leur rien faire
perdre de leur valeur intrinsèque, & sans obliger
le propriétaire de s'en défaire, les facilités de commerce qu'un semblable établissement donnera à ceux
qui ont du talent, & qui ne manquent que de crédit, soutiendront les manufactures, & par conséquent les salaires des ouvriers, & le debit des denrées
des cultivateurs, qui font la richesse d'un pays agricole, en même tems que les gains faits avec ces
prêts, mettront ceux qui se seront adressés à ces
établissemens en état, lors de l'échéance de leur
emprunt, de retirer l'effet déposé avec facilité, &
en gardant des profits qui n'eussent point existé,

ſi cet effet fût reſté infructueuſement chez eux. Mais comme ce ſera autant faire le bien général que le bien propre de porter des effets à ces établiſſemens, puiſqu'en leur donnant par-là une valeur de circulation, on augmente d'autant la richeſſe de ſon pays ; il n'eſt point d'homme éclairé & animé de ſentimens de bienfaiſance, qui ne déſire de contribuer pour ſa part à un auſſi grand bien, en y portant quelque choſe. Les plus riches marchands regarderont donc comme un devoir de donner l'exemple, en y portant tous les effets, étoffes ou autres marchandiſes, dont la ſaiſon ou quelqu'autres raiſons momentanées ſuſpendroient la vente, & dès-lors quel eſt l'homme dans la détreſſe, de quelqu'état qu'il ſoit, qui puiſſe ſe faire la moindre peine de profiter de ce moyen de s'en tirer. Il cachera ſon beſoin ſous l'aſpect d'une action de citoyen, il ſera ſecouru ſans bleſſer ſa délicateſſe. Aucun honnête homme ne pourra ſe plaindre de la loi qui obligera tous ceux qui ſe préſenteront à cet établiſſement, pour y faire un dépôt, d'amener avec eux une caution connue, s'ils ne le ſont pas ſuffiſamment eux-mêmes ; par ce moyen on évitera les abus qu'on pourroit faire d'un établiſſement ſi utile d'ailleurs.

A ces cauſes &c. Nous avons autoriſé & autoriſons par ces préſentes, les ſieurs. . . . . de former dans toutes les villes de notre Royaume, qui le déſireront, des *dépôts publics ou magazins généraux* aux conditions ſuivantes.

Article Premier.

Ceux qui voudront dépofer, foit fous leur nom, foit fous le titre d'ami, quelqu'effets au dépôt public, feront tenus de fe préfenter d'abord au bureau de reconnoiffance, où ils fe feront connoître, ou leur caution: cette opération faite, & fur un billet de ce bureau, figné du directeur, & du dépofant ou de la caution, ils pafferont à celui des eftimations. Lorfqu'ils feront convenus dans ce bureau de la valeur des effets qu'ils préfentent, & qu'ils auront été détaillés fur fes regiftres, qu'eux ou leur caution figneront avec le directeur dudit bureau, au bas de leurs articles, ils porteront ces mêmes effets avec leur fixation, au bureau des dépôts, où, après qu'ils y auront été dépofés & libellés fur les regiftres de ce fecond bureau, & fignés comme au premier, on leur délivrera une reconnoiffance, & une feuille volante fur laquelle fera le détail de leurs effets, laquelle feuille fera fignée comme les regiftres: avec ces deux pieces ils fe préfenteront au bureau de la caiffe, où après que la feuille du détail aura été tranfcrite fur les regiftres de ce troifieme bureau, & fignée de même qu'aux autres, le caiffier leur délivrera la valeur convenue.

Art. II. Les valeurs que ces établiffemens délivreront, ne feront que des billets de caiffe imprimés, fignés de plufieurs perfonnes, timbrés de différens timbres pour éviter la contrefaction, & tous coupés fur un *étalon* qui reftera à la caiffe. Ces billets qui ne feront au plus que des deux tiers de la valeur convenue des effets dépofés, & des trois quarts feulement de ceux qui feront d'or ou d'argent, exprimeront le poids au marc de leur montant, comme le portent les étiquettes des facs d'argent. D'ailleurs ils feront affujettis à un endolfement comme les lettres de change, pour en donner la filiation dans le cas où il y auroit quelques malverfations ; car d'ailleurs, ces fignatures ne donneront aucun recours fur les perfonnes qui les auront faites, quant à la folidité du paiement, pour lequel elles ne pourront jamais être inquiétées, puifque ceux qui doivent le payer ont dans leurs mains une valeur plus forte que le montant des billets.

ART. III. Une valeur plus forte que le montant de ce papier, reftant tant qu'il circule entre les mains de ceux dont il porte le nom, & le paiement en étant affigné au moment où ce montant fera rentré, foit par la reftitution volontaire de la fomme prêtée, en retirant l'effet, foit par la vente judiciaire, il ne peut y avoir de meilleur papier ; ainfi il fera reçu comme argent dans toute caiffe ou paiement public ou particulier, en ayant feulement égard, comme il eft d'ufage dans le commerce, à l'époque du paiement.

ART. IV. Les prêts de l'établiffement ne pourront avoir plus d'un an de durée, mais ils pourront fe renouveller chaque année, fi l'établiffement & les dépofans le défirent. Les dépofans fixeront euxmêmes le terme où ils veulent retirer leurs effets, & le dépôt public leur délivrera fon papier payable un mois après ce terme qu'ils auront choifi dans le courant de l'année, afin de donner le tems avant l'échéance du paiement d'indiquer l'effet & de le vendre avantageufement, fi on n'a pas été exact à le retirer, en reftituant la fomme.

Art. V. Ces ventes ne pourront fe faire que judiciairement, & après que les effets feront connus par des affiches qui précéderont la vente de huit jours, cette vente faite, le dépôt public retirera fur le prix qui en proviendra le montant de la fomme qu'il s'eft engagé de payer, & fes droits; le furplus fera rendu au propriétaire de l'effet, en rapportant fa reconnoiffance.

Art. VI. Les droits de dépôt public feront, lorf-qu'il y aura vente judiciaire, du fol pour livre, pour l'indemnifer de toutes dépenfes, même des frais de juftice, publication & affiches ; lorfque l'effet dépofé fera retiré par le dépofant, en rapportant la fomme prétée, il ne paiera que trois deniers pour livre du montant de cette fomme, fi elle eft de mille livres, & au-deffus, & fix deniers fi elle eft au-deffous, tant pour le crédit que lui procurera ledit dépôt, en lui donnant un papier qui vaudra comme argent dans le commerce, que pour les frais de gardes, d'emmagafinement, de bureau, & généralement pour toutes dépenfes. Dans le cas où le dépôt ne feroit fait que par confiance, fans fe fervir du crédit de l'établiffement, mais fimplement pour mettre en fûreté pendant fon abfence des effets précieux, il ne fera payé qu'à raifon d'un denier pour livre de l'eftimation des effets dépofés, pourvu que le dépôt n'ait pas plus d'une année de date.

ART. VII. Le papier de ces dépôts publics, qui ne peut être fujet à aucun des dangers, ni même des retards des autres papiers, puifque ce fera celui des compagnies qui auront entre leurs mains, tant que ce papier courra, une valeur plus forte que fon montant, fera pris dans toute l'Europe comme argent, auffi-tôt qu'il fera connu. On pourra le faire partager en autant de coupons qu'on le défirera, en payant un fol par coupon.

ART. VIII. Toute perfonne qui dépofera des effets dans cet établiffement, pourra en garder des échantillons pour s'en défaire. Tout marchand étranger qui vient aux foires dans les villes où fe formeront de femblables établiffemens, pourra, en y dépofant des effets qu'il n'a point vendus à cette foire, en emporter des échantillons, & les vendre fur ces échantillons : & on les délivrera dans ces dépôts aux acquéreurs qui viendront avec un billet de l'emprunteur, & en reftituant par eux la portion du prêt relative à la portion des effets qu'ils auront achetés.

ART. IX. Ces établiffemens feront conduits dans chaque ville par une compagnie compofée d'habitans les plus diftingués, dans le nombre defquels il y aura toujours, au moins moitié de négociants. Indépendamment de l'infpeҫtion que doivent avoir fur de femblables établiffemens, les lieutenans de police de chaque ville où ils feront adoptés, le bureau du commerce de ces villes, nommera dans chacune d'elles des députés, pour

ſurveiller les opérations qui s'y feront, & conſta-
ter toutes les ſemaines ſi les regiſtres des bureaux
des eſtimations & du dépôt cadrent avec celui
de la caiſſe.

ART. X. Il y aura dans chacun de ces dépôts un
corps-de-garde qui poſera des ſentinelles dans tous
les endroits où il ſera néceſſaire pour la ſureté. Il y
aura auſſi des dépôts de pompes, des réſervoirs d'eau,
& des hommes entendus pour le ſervice des incendies, afin de donner à un établiſſement auſſi utile
toute la confiance que doivent lui aſſurer les précautions les plus ſages.

---

*Moyen de remédier à l'état fâcheux où eſt réduit le
commerce des Beſtiaux dans le Royaume, par une
nouvelle forme de la Caiſſe de Poiſſy.*

IL faut convenir que l'idée d'une caiſſe autoriſée
à prêter les fonds néceſſaires pour ſoutenir un commerce auſſi important que celui de la viande, ne
pouvoit être rejettée, & que l'uſage où étoient
quelques gens *à argent* de ſe trouver aux marchés
de Sceaux & de Poiſſy, pour y faire ces prêts à
certaines conditions, tant aux bouchers qu'aux marchands qui le déſiroient, l'avoit, pour ainſi dire, établie ; mais comme ces prêts n'étoient que volontaires, il n'y avoit point à craindre que le commerçant fût vexé, parce qu'alors rien ne l'obligeoit à
faire un emprunt qui lui auroit été déſavantageux,

au lieu qu'aujourd'hui la caisse de Poissy qui a pris la place de ces prêteurs, craignant que ses offres ne soient point acceptées par les marchands & par les bouchers, les a rendus forcés en confondant la rétribution due au prêt, avec un nouvel impôt dont elle a pris la ferme, (impôt dont le luxe de quelques bouchers peu sages a donné l'idée) & elle a fait monter ces deux droits de prêteur & de fermier, à un sol pour livre toutes les trois semaines, & les quatre sols de ce sol, ce qui fait dans le cours de l'année plus de cent pour cent de l'argent, objet énorme & nécessairement destructif d'un commerce qui supporte un pareil impôt. Et comme les fermiers de la caisse ont senti facilement que, la force du droit rendroit insolvables & ruineroit plusieurs des commerçans sur lesquels il est perçu, ils ont eu la précaution de se faire autoriser de ne prêter qu'à ceux qui seroient exacts à payer, & de percevoir également sur ceux à qui ils ne prêtent pas, un droit qui dans le courant de l'année monte presque à trois fois le fond de leur commerce.

Un boucher qui achete pour 6000 liv. de bestiaux par semaine, paie chaque semaine 300 liv. de droit de sol pour livre, & 60 liv. des 4 sols pour liv. de ces 300 livres, ce qui fait pour les quarante-cinq semaines de gras, 16200 liv. de droits payés sur un commerce de 6000 liv. par semaine; ajoutons à ces frais ceux des loyers qu'un semblable commerce exige, la dépense des aides & domestiques, celles des avaries par mort & déchet de

bestiaux, & par banqueroutes de pratiques auxquelles on fournit, & l'on verra qu'il est impossible que les gains du boucher le plus heureux puissent faire face à de telles dépenses; pour le prouver,
entrons dans quelques détails.

Supposons qu'un boucher qui achete pour 2000
écus de bestiaux par semaine, consomme douze
bœufs, qui à 300 liv. chacun, font 3600 liv.; vingt
veaux à 50 francs, 1000 livres; cent-vingt moutons
à 12 livres, 1440 livres. Les douze bœufs qui lui
coûtent 3600 livres, ne péseront pas 700 livres l'un
dans l'autre; mais en le supposant, ils lui donneront 8400 liv. de viande; les vingt veaux de 100
pistoles ne péseront pas l'un dans l'autre 130 liv.
mais en le supposant, ils lui donneront 2600 liv.;
les cent-vingt moutons de 1440 livres d'achat
péseront au plus 40 liv. l'un dans l'autre, & lui
donneront par conséquent 4800 liv. de viande, en
total 15800 liv. qui lui ont coûté 6040 livres.
Supposons 16000 liv. de viande, le sol fait 800
francs, par conséquent les 8 sols 6400 livres; le
produit des cuirs & suifs est bien absorbé par les entrées des bœufs & des moutons, le déchet & les
avaries des bestiaux, celle des mauvaises paies, &
enfin des viandes qui se gâtent. Il ne lui reste donc
de profit sur son commerce que les 360 liv. qu'il
paie à la caisse; car les bonnes pratiques ne paient
encore la viande que 8 sols, & il perd ses loyers,
les frais de ses étaliers, de ses garçons, & généralement toute sa dépense. Mais si cette condition
est bien dure pour le boucher qui est en credit à

la

la caisse, elle l'est encore bien davantage pour celui qui n'y est pas. Ce défaut de crédit de la part de la caisse, fait sentir au marchand le danger qu'il y a de vendre à un tel boucher : ainsi il lui vend encore plus cher qu'à d'autres. Ce renchérissement, joint aux droits qu'il paie, sans en tirer même la ressource du prêt, accélere sa ruine dans un commerce qu'il ne soûtient que par l'espoir de trouver des marchés, où un prix moins cher des bestiaux lui laissera quelques profits, & malheureusement le nombre de ces bouchers est bien grand aujourd'hui ; mais un commerce aussi essentiel & aussi important, doit avoir des fondemens plus solides, & il est effrayant de voir tous les jours des marchands ou des bouchers qui font banqueroute, ou abandonnent le commerce.

Le moyen d'y remédier est fort simple ; il faut nécessairement distinguer le prêt du droit, quoique la perception de l'un & de l'autre soit confiée à la même compagnie. Il est juste que le droit soit également payé par tout le monde ; mais la rétribution du prêt ne doit être payée que par ceux qui en profiteront. Le tarif proposé du droit à percevoir sur chaque bœuf, veau & mouton, par le marchand à l'entrée du marché, & par le boucher à la sortie, a été très favorablement accueilli par les marchands, lorsqu'il fut présenté avant le renouvellement de la caisse actuelle, & un grand nombre des plus fameux ont souscrit une soumission de le payer avec grand plaisir, s'il éteignoit la caisse qu'ils regardent comme destructive de ce com-

merce ; les bouchers les plus ſages & les plus riches qui s'y oppoſoient alors, le demandent aujourd'hui avec inſtance. A l'égard du prêt, comme
il ſera volontaire , il ne peut être onéreux à perſonne ; mais comme on eſt aſſuré qu'il s'étendra
beaucoup, il deviendra très lucratif par ſa multiplicité. Quel eſt le marchand qui vendant aujour-
d'hui à crédit à un boucher en refus de crédit à la
caiſſe , ne ſoit enchanté de trouver à la nouvelle
caiſſe de prêts , le montant de ſa vente , en cau-
tionnant le boucher à qui il a vendu? Avec ce fond
il peut gagner pendant le tems que doit durer ce
prêt , une grande partie de ſon capital, & les ſoins
que la caiſſe prendra pour faire payer le boucher
dont il n'eſt que la caution ſont à ſa décharge ;
car aujourd'hui comme ſa vente n'a paſſé par la
caiſſe que pour y payer le droit, il eſt ſeul chargé
à l'échéance de toutes les pourſuites pour ſe procurer la rentrée de ce qui lui eſt dû.

Le droit de prêt d'un denier pour livre par ſemaine , a paru tant aux marchands qu'aux bouchers un taux fort raiſonnable ; & pour le rendre
extrêmement profitable à la compagnie qui entre-
prend ces prêts , on propoſe de la compoſer de
perſonnes fort riches & accréditées , qui ſeroient
autoriſées de faire leur ſix millions de fonds de cette
caiſſe, par deux millions en argent, & quatre en billets imprimés , portant numéros, timbres, ſignatu-
res & autres précautions capables d'en empêcher la
contrefaction. Ces billets, qu'on appelleroit billets
de *comeſtibles* , ſeroient tous d'un louis, & pour

empêcher qu'ils ne puiſſent être volés, on pourroit les aſſujettir à porter ſur leurs revers des endoſſe-mens à chaque mutation. Ces billets ſeroient pri-ſés dans le commerce plus que l'or même. 1°. Par-ce qu'ils ſeroient encore plus faciles à tranſporter que des louis , que l'on paie cependant tous les jours à cauſe de cette facilité de tranſport, 3 & 4 ſols. 2°. Parce qu'ils ne pourroient point être volés comme des louis.

Ces avantages & l'exactitude du paiement par la compagnie de la caiſſe auſſi-tôt qu'ils paroîtront, leur aſſurera en peu de tems un tel crédit, que la compagnie n'aura plus beſoin d'autre argent que de celui de ſes rentrées, & de celui que les particu-liers lui apporteront à tout inſtant, pour avoir de ce papier au lieu d'argent. Quel eſt l'homme qui ayant un louis à faire toucher à cent lieues de l'endroit où il eſt, ne ſoit enchanté d'apporter à un des bureaux de cette caiſſe, ſon louis, & 24 deniers faiſant 2 ſols, pour avoir un billet qu'il peut envoyer dans ſa lettre, & de faire ainſi tou-cher à vue, ſans dangers, ſans frais, & à une auſſi grande diſtance de ſon habitation, une petite ſomme qu'il lui importe ſouvent de payer exac-tement ; ainſi en peu de tems la compagnie tirera 20 pour 100 de ſix millions, qui ne ſeront re-préſentés que par ſix millions en billets, dont ſon crédit & ſa réputation feront la valeur, ce qui lui donnera 1200000 liv. de produit ſans faire de fonds, & dès ce moment, comme elle n'aura à diſtraire ſur cette ſomme que 100000 liv pour les intérêts des deux millions en argent, qu'elle gardera en caiſſe dans les commencemens, pour accéditer ſon papier, il lui reſtera dès ce moment 1100000 liv. en profit, qui joints aux 700000 liv. que produiront à peu-près les droits perçus ſur chaque animal, à l'entrée & à la ſortie du marché, feront un total de 1800000 liv. de recette annuelle, ſur laquelle prélevant le montant de ce que l'on rend au Roi, il reſtera un bénéfice bien plus conſidérable que celui que peuvent faire les fermiers actuels de la caiſſe de Poiſſy. Mais ce qui doit décider le Gouvernement en faveur de la nouvelle propoſition, c'eſt qu'il n'eſt malheureuſement que trop conſtant aujourd'hui par l'expérience, que la caiſſe actuelle ruine totalement le commerce des beſtiaux, & qu'elle révolte également le marchand & le boucher ; au lieu que la nouvelle ranimera ce commerce, & pour le prouver, on n'en demande l'autoriſation qu'autant que la propoſition que l'on en fait, ſera ſouſcrite de la plus grande partie des meilleurs marchands, & des plus forts bouchers, qui, certainement, en cette partie, ſont les meilleurs juges que l'on puiſſe choiſir. Un droit conſenti & même déſiré avant que d'être perçu, ne peut jamais être onéreux.

MÉMOIRE SUR LES GRAINS.

LE commerce des grains eſt un objet de la plus grande importance dans un pays agricole, puiſque c'eſt de lui que dépend ſa richeſſe ou ſa pauvreté. Si ces grains ſont à trop bas prix, il y a tout lieu de craindre d'en manquer pour les années ſuivantes, parce qu'alors les cultivateurs ne retrouvent pas les frais de leurs cultures, par la mauvaiſe vente de leurs grains, & par la cherté des journaliers. Ils aiment mieux laiſſer leurs terreins en friche, & reſter en repos, que de ſe livrer à un travail qui leur ſeroit onéreux. S'ils ſont trop chers, les chefs d'agriculture font, il eſt vrai, des gains momentannés, mais la multitude des bras qui leur ſont néceſſaires pour leurs travaux, languiſſent & périſſent enfin faute d'alimens. Le peu d'enfans que de tels gens peuvent donner, ſont ſi exténués, que la plûpart meurent dans les premiers mois de leur naiſſance, & que ceux qui échappent, loin d'être utiles à l'Etat, lui ſont onéreux par leur foibleſſe & leurs infirmités. D'ailleurs ce trop haut prix du grain, faiſant trop hauſſer celui de la main d'œuvre dans les manufactures, leurs ouvrages ne peuvent plus ſoutenir dans le commerce général de l'Europe, la concurrence des autres nations; ainſi ces manufactures ſe détruiſent, & leurs ouvriers paſſent dans les pays étrangers. Ces maux qui, ſemblables à une gangrène fourde, font leurs progrès d'une maniere prefqu'infenfible, n'effraient point, & fi des réflexions de la part des perfonnes judicieufes & défintéreffées pouvoient donner quelques inquiétudes, ceux qui gagnent à ce haut prix les calment tout de fuite par un calcul théorique & féduifant, qui paroît démontrer que l'écu étant le figne repréfentatif des richeffes, chez prefque toutes les nations; plus chaque feptier de grains en pourra produire dans un pays, plus il y aura de richeffes réelles. Ce raifonnement captieux eft facile à détruire vis-à-vis de tous ceux qui n'auront point intérêt à le foutenir. D'abord, pour que ce raifonnement fut vrai, il faudroit que le pays où l'on feroit ainfi hauffer le grain, fut le feul qui put en produire; car fi d'autres peuvent entrer en concurrence pour ce commerce, il eft bien à craindre que cette concurrence n'en faffe baiffer le prix d'une maniere ruineufe pour le pays qui l'auroit ainfi monté, & qui y auroit facrifié fa population & fes manufactures. Que lui refteroit-il en effet pour confommer dans les années d'une fertilité générale, les denrées qu'une cupidité aveugle y auroit fait naître avec une abondance alors onéreufe? Les moyens de confommation intérieure font détruits, des gains momentannés & illufoires ont appellé trop de gens à venir partager ceux de la confommation extérieure par l'exportation. Les fonds des compagnies qu'elles jettent avec prodigalité dans ce commerce, toutes les fois que la médiocrité des récoltes leur fait efpérer de fe rendre les maîtreffes d'une denrée fi néceffaire,

n'y feront point employés lorfque l'abondance leur
ôtera l'efpoir du monopole , les grains périront
donc alors infruɗtueufement & mettront fans revenus la nation qui les a fait éclore. Ces vérités générales pour tous pays ont un dégré de force de
plus dans les uns que dans les autres. L'Angleterre, par exemple, où la capitale & tous les lieux
d'une confommation confidérable ont par la mer
une communication prompte & facile avec tous
les pays du monde , court bien moins de rifque dans
le commerce des grains que la France , dont la capitale & les principales villes font éloignées de la
mer, & ne peuvent par conféquent recevoir de fecours de l'importation qu'avec beaucoup de dépenfe, & des avaries qui font une fuite néceffaire de
la longueur du tranfport, mais qui augmentent d'autant la valeur des grains confervés, & diminuent les
reffources pour la fubfiftance. Ainfi fi l'on fe trompe
en France fur le taux de l'exportation, le mal eft très-
grand & le reméde long, difficile & très-coûteux. Si
l'on fait la même faute en Angleterre, le mal fera
toujours réparé avant qu'il ait fait de grands progrès,
parce que fes flottes porteront le fecours par tout
où il fera néceffaire & prefqu'en même-teins. La
pofition de ces deux pays doit faire faire une autre
réflexion fur le commerce des grains : comme l'Angleterre a peu de trajet à faire faire à fes bleds pour
les porter fur la mer, & que fa navigation eft moins
difpendieufe que celle de France, elle doit avoir
plus de profit dans ce commerce en nature que la
France, en fuppofant les bleds à un prix égal dans

les deux royaumes. S'ils font à meilleur marché en
France, ce n'est pas une raison de les exporter, parce
que par les frais & les droits de transport, soit par
terre, soit par eau, la France perdra son avantage;
mais en les faisant consommer dans ses manufactures, dont la main-d'œuvre doit être alors à meilleur
marché que celle de l'Angleterre, puisque les denrées
sont à meilleur compte, elle en retirera de l'étranger
un triple profit; savoir, 1.º le prix des denrées que
ses manufactures auront fabriquées; 2.º le salaire des
ouvriers qui y auront été employés; 3.º enfin, le prix
des denrées ouvragées. Ces denrées ouvragées coûtent
moins en général à transporter, parce qu'étant plus
cheres, la part que chaque livre de poids doit sup-
porter de la dépense générale du transport est moindre pour chacune; d'ailleurs ces marchandises ainsi
ouvragées dans un pays où les denrées ne seront point
à un prix trop haut obtiendront toujours la préférence sur les autres dans le commerce général de l'Europe. De plus, par ce système, on s'assure une consommation pour les années d'une abondance générale.

On a vu dans ce Mémoire que les compagnies
qui achetent tout le grain quand la médiocrité des
récoltes leur permet de se rendre maîtresses du prix
que leur cupidité leur inspirera d'y mettre, se garderont bien d'en acheter quand l'abondance leur fera
envisager un placement long & incertain de leurs
fonds. Elles savent combien la garde des bleds est dis-
pendieuse & scabreuse; elles ne s'exposeront donc
jamais à ces risques que dans les années où les gains
excessifs qu'elles font sur cette denrée leur laissent

encore des profits confidérables, & leur permet=
tent de tirer parti des bleds les plus avariés. Il faudroit les jetter dans une année d'abondance, &
ces compagnies qui ne conduifent les détails de leurs
opérations que par des employés, font bien plus
fujettes à ces avaries qu'un particulier, qui, la
pelle à la main, veille lui-même à fes tas de grains,
& les remue quand ils en ont befoin. Il réfulte de
ce qui vient d'être dit, que les compagnies en commerce de grains, à moins qu'elles ne foient exactement furveillées, ne ferviront jamais qu'à en augmenter le prix, lorfqu'il fera trop cher, & en accélérer par conféquent les tems de non-valeur; parce que les extrêmes fe touchent, & que la dépopulation, la chûte des manufactures, l'exportation
d'hommes, fuite néceffaire de la cherté, diminuent
d'autant les moyens de confommation pour les tems
d'abondance.

Le vœu de l'équité femble être que chaque pays
nourriffe fes habitans, & fi des raifons particulieres
ne dérangeoient l'ordre général, on verroit chaque
pays fe peupler en proportion des produits dont
il eft fufceptible : fi les Gouvernemens ne croient
pas devoir employer leur autorité à maintenir cet
ordre, au moins ne doivent-ils pas fouffrir qu'il
s'exerce des cruautés qui les renverfent, & dont
les fuites ne peuvent être que funeftes. L'exportation
& la liberté du commerce des grains ne peuvent
être affez louées, tant qu'elles ne feront que débarraffer un pays de fon fuperflu; mais dès l'inftant
qu'elles enleveront la fubfiftance des habitans, c'eft

un crime qui ne peut être affez puni. Vainement allé--gueroit-on l'efpoir de la rentrée par l'importa--tion ; la vie des hommes eft trop précieufe pour qu'on la faffe dépendre du fuccès d'une navigation ou d'un tranfport ; on ne peut ainfi hazarder que ce qui feroit un peu plus ou un peu moins d'ai--fance, la fubfiftance néceffaire doit être affurée avant tout. Eh! comment fe trouve-t-il des hommes affez barbares pour faire paffer fous les yeux de leurs compatriotes affamés des grains qu'ils enlevent à leurs plus urgens befoins, pour augmenter une for--tune qui n'eft déjà que trop odieufe? L'importation par laquelle on promet de réparer un mal qu'il feroit bien plus fimple de ne pas éprouver, eft un efpoir illufoire , l'exportation eft réelle , ou n'eft qu'une manœuvre pour enlever le grain d'une pro--vince où l'on craindroit de ne pouvoir y foutenir le haut prix qu'on y a mis, fi on l'y laiffoit. Si elle eft réelle, le grain fe vend plus cher dans l'endroit où on le porte, que dans celui où on l'achete. Ainfi fi cette exportation fe fait de la France, l'étranger n'y en apportera pas, il n'ira pas chercher pour le débit de fa denrée un pays où d'autres commer--çans prennent celle dont ils commercent. Il la por--tera en droiture dans le pays où le gain attire les autres. Si les achats font faits à affez bon compte pour qu'il lui refte des profits en le vendant dans nos villes, & après avoir prélevé les frais confidé--rables de la remonte de nos rivieres , en le donnant à meilleur marché que les Français dans l'endroit où ils portent le leur, il gagnera beaucoup, & écrafera même leur commerce , parce qu'il lui en coûtera toujours bien moins pour faire aller son vaisseau dans les différens ports d'Espagne, de Portugal & d'Italie, que pour en faire remonter le chargement du Havre à Paris. Ainsi son bled, arrivé à un des ports dont nous venons de parler, lui coûtera moins cher que le Français n'a payé le sien dans l'endroit où il l'a acheté , si l'exportation est réelle , & n'est point la suite d'une manœuvre qui n'auroit pour objet que le monopole. D'où il résulte : 1°. Que le bled de France ne doit être exporté , que lorsqu'il est à trop vil prix; parce qu'il ne peut jamais y en rentrer de bon, à aussi bon marché que celui qu'on exporte. 2°. Qu'il n'y aura dans ce commerce d'exportation que des profits momentanés , & dans les années d'abondance en France, & de disette en Barbarie, en Pologne & en Sicile, car il est plus aisé, & beaucoup moins dispendieux d'approvisionner de ces trois endroits que de la France, les consommateurs ordinaires. 3°. Que ce seroit culbuter le royaume que de le monter sur le pied de ce commerce de grains, au moins pour les provinces qui sont éloignées de la mer, & qui récoltent beaucoup. Les provinces maritimes, où la grande consommation se fait dans les ports, ne courent pas les mêmes risques; elles se trouveront même très bien d'une liberté totale d'importation & d'exportation , pourvû que cette liberté soit accompagnée de précautions sages pour en empêcher l'abus , & le monopole qui est la suite d'une exportation qui n'a pour objet que d'enlever les grains d'un endroit, où l'on craint que l'abondance n'en faſſe baiſſer le prix, pour le faire rentrer lorſque la cherté qu'occaſionnent ces manœuvres, aura obligé le Gouvernement d'encourager l'importation par des récompenſes. Il ne peut y en avoir de légitimes & d'utiles pour l'importation, tant qu'il y aura une exportation, quelque petite qu'on la ſuppoſe par les raiſons détaillées ci-deſſus, & il eſt bien eſſentiel qu'un Gouvernement ne ſoit point trompé ſur cet objet. L'exportation ne peut être trop encouragée quand on regorge de grains, c'eſt le remede de la non-valeur, & l'importation quand on en manque, c'eſt le remede du trop haut prix : mais comme ces deux remedes ſont totalement differens, & pour des maladies diamétralement oppoſées, il faut bien prendre garde de ſe tromper dans leurs applications. Les encouragemens donnés pour l'exportation dans des momens où le bled eſt cher, ne feront qu'augmenter le mal ; & les récompenſes accordées à l'importation, tant qu'il y aura du grain dans le royaume, ne feront rentrer que des bleds avariés, & appartenant aux mêmes compagnies qui y tiennent des magaſins, leſquels à juſte titre effraient les étrangers. Ils ſavent que les propriétaires de ces magaſins ſont les maîtres du prix des grains, & quelques ſacs de ces magaſins, portés ſur les marchés où ils les débarqueroient, & mis à bas prix, leur occaſionneroient une perte conſidérable ; ils ſe garderont donc bien d'en apporter. C'eſt un gain ſûr pour ces compagnies de faire une perte légere & momentanée, pour punir un téméraire qui oſeroit eſſayer de traverſer leurs

fpéculations , & pour effrayer par-là ceux qui pourroient penfer à l'imiter. Indépendamment de cette
frayeur , que le Français n'a pas moins que l'étranger , les opérations des compagnies rendroient les
fiennes bien difficiles , pour ne pas dire impoffibles. Où fera-t-il des achats un peu confidérables?
les gros laboureurs font de fociété ou d'intelligence
avec elles , pour mettre dans les marchés le taux
qu'ils veulent aux grains; les petits ont reçu des
avances d'elles , & ne font plus maîtres de vendre à d'autres; ces compagnies font donc auffi def-
tructives de la liberté du commerce des grains,
que les réglemens les plus génans. Toute la différence qu'il y a , c'eft que du tems de ces réglemens
les bleds étoient à trop bon marché, ce qui dé-
courageoit le laboureur , & privoit le propriétaire
de revenus. Par les manœuvres des compagnies , il
eft beaucoup trop cher, ce qui fait mourir le peuple
de faim , & nous menace d'une non-valeur prochaine
d'autant plus dangereufe que nous aurons moins de
moyens de confommation.

Le reméde à ces maux feroit fort fimple. Un commerce monté avec les précautions rédigées dans l'affemblée tenue au Parlement au mois de novembre
dernier , empêcheroit également la non-valeur & le
trop haut prix ; aucun commerçant de grains qui n'a
que des vues droites ne craindra de déclarer fon
nom, fa demeure, fes magafins, ainfi que les endroits
où il fait tranfporter.

Celui qui ne défire que des gains légitimes , & qui
ne fera pas animé d'une infâme cupidité qui le porte

à vouloir faire fortune en peu de tems, de quelque manière que ce soit, ne se plaindra pas d'être obligé d'apporter au marché voisin de son magasin des grains sur lesquels l'ordonnance même du Juge qui ne la rend que parce que le grain est trop cher, lui assure un gain honnête.

Les heures du marché ne gêneront pas beaucoup son commerce : s'il attend un peu pour ses achats, il aura à meilleur marché, parce que le vendeur n'aura plus d'espoir de vente ; d'ailleurs il semble juste que lorsque le beau bled sera au-dessous de quinze livres, il soit permis au laboureur de vendre chez lui. Les marchés seront toujours abondamment garnis, quand le bled ne sera pas plus cher, & ce seroit lui faire faire une dépense onéreuse, quand il ne vendra pas mieux, que de l'obliger d'apporter tout son grain aux marchés. Mais il est important de suspendre toute exportation, quand le beau bled passera vingt liv. dans les différens marchés d'une province, & de déclarer nuls tous les marchés faits chez les laboureurs quand ce même bled passera quinze livres le septier. Avec ces précautions on ne peut accorder trop de liberté d'exportation & d'importation par tous vaisseaux quelconques : les manufactures & l'agriculture marcheront d'un pas égal, & la population s'accroîtra de jour en jour.

RÉFLEXIONS

Sur l'importance & l'utilité d'une Commiſſion pour veiller, en France, à l'Agriculture & au Commerce des Grains.

Tout peuple qui habite un territoire étendu & fertile, & qui a des débouchés pour le commerce des denrées de ſon cru, poſſede une mine inépuiſable & innamiſſible, s'il s'occupe principalement de la culture de ſes champs. Riche par l'abondance de ſes recoltes & la multiplication de ſes beſtiaux, il n'a point à redouter la jalouſie de ſes voiſins, qui ne peuvent lui enlever la fécondité de ſon ſol ni l'avantage de ſa ſituation : craint au contraire par ſa population, qui eſt une ſuite de ſes richeſſes, ſi elles ſont bien diſtribuées, il s'aſſurera une paix durable ſans faire aucune dépenſe pour ſe la procurer.

D'après ces vérités, comment eſt-il poſſible que l'on voie en France depuis ſi long-tems, tant de perſonnes occupées à veiller les manufactures & les branches de ce commerce qui en ſont la ſuite, tandis que l'inſpection du commerce des grains n'eſt confiée qu'à une ſeule perſonne ? Le tronc de l'arbre des richeſſes, dans un pays agricole, ne mérite-t-il pas au moins les mêmes ſoins que les branches ? Les manufactures & leurs

produits ne ſont à l'État que ce que les feuilles
ſont à l'arbre ; elles l'ornent ; elles le vivifient par
la fraîcheur que leur ombre entretient autour de
ſes racines ; elles augmentent même la fertilité du
terrein d'où il tire ſa ſubſiſtance par l'engrais que
lui procure tous les ans leur chûte en automne :
tant que la feve ne fait que circuler dans ces
feuilles, elle acquiert un degré de perfection qui
contribue à la ſalubrité de l'arbre ; mais ſi elle
s'y porte en trop grande abondance & qu'elle s'y
engorge, les feuilles deviennent trop fortes ou
trop nombreuſes, les racines ſe deſſéchent, le
corps de l'arbre s'exténue, il périt enfin. Il faut
donc, ſi l'on veut conſerver l'arbre en vigueur,
cultiver les racines avec le plus grand ſoin, &
couper même les branches qui ſe chargeroient de
trop de feuilles. Favoriſez l'agriculture, & la richeſſe qu'elle produira, entretiendra avec profit
le même nombre de manufactures qui appauvri-
roient & ſurchargeroient un territoire qui ne
ſeroit pas bien cultivé.

Les perſonnes éclairées verront donc avec plaiſir
& avec reconnoiſſance l'établiſſement d'une commiſſion deſtinée à ſuivre le commerce des grains,
& le peuple bénira à jamais le Miniſtre qui lui
aura aſſuré du pain. On n'aura plus à craindre par
la ſuite ces viciſſitudes, qui tantôt font ſacrifier
l'agriculture aux manufactures, tantôt les manufactures à l'agriculture : une commiſſion montée
ſur de bons principes, & compoſée de perſonnes
inſtruites, ſentira que les manufactures, ſur-tout

de

de matieres produites par le fol de la France, font très-importantes à la richeffe de la nation & à la profpérité de l'agriculture, à laquelle elles rendent des richeffes, par la confommation des ouvriers, dont les falaires font fouvent payés par l'étranger ; il eft bien plus profitable de lui porter des matieres ouvragées par des hommes qui auront confommé nos grains, que les grains même, parce qu'alors cet étranger nous rendra non-feulement le prix de nos grains, mais même celui de la main-d'œuvre, ce qui augmentera néceffairement le numéraire, & par conféquent la richeffe & la population de la nation.

L'exportation des grains n'eft favorable qu'autant qu'elle fe fait du fuperflu, c'eft-à-dire, de ce qu'on n'a pu faire confommer utilement dans un État. Tout commerce de grains pouffé plus loin eft pernicieux, & par cette raifon, il eft bien dangereux de le laiffer faire à des compagnies riches que l'on ne peut arrêter au moment où l'on veut, & qui n'ayant d'autre bouffole que leurs intérêts, favent perdre dans certains momens pour écrafer, ou au moins pour écarter une foule de petits marchands qui, par une circulation perpétuelle & prefqu'infenfible, auroient approvifionné les parties menacées du befoin, en y faifant paffer le grain de celles qui regorgent; ces particuliers, qui ne peuvent fpéculer en grand, ne voient que la petite fomme qu'ils gagnent fur chaque feptier, en le faifant paffer d'un marché à l'autre, & ainfi de proche en proche, de la

province qui a trop de grains à celle qui n'en a
pas aſſez, & c'eſt préciſément là l'eſpece de commerce de grains que le Gouvernement ne peut
trop étendre, trop protéger. Le bled eſt au corps
politique d'un Etat, ce que le ſang eſt à celui de
l'homme; l'un & l'autre doivent perpétuellement
circuler pour qu'il ne ſe faſſe d'engorgement nulle
part, & que les corps jouiſſent d'une ſanté parfaite.\ Plus les ramifications qui diſtribuent l'un
& l'autre ſont multipliées, mieux les plus petites
parties de ces corps ſont ſoutenues & nourries;
d'où il réſulte que les ſucs nourriciers de ces corps
ne peuvent être détournés des plus fines ramifications pour les porter dans les gros vaiſſeaux, ſans
faire périr d'abord les parties d'où on les a détournés, & enſuite les corps mêmes, & que leur
émiſſion au-dehors de ces corps ne doit être faite
que du ſuperflu & avec précaution; les hémor-
ragies tuent, parce qu'on ne peut les arrêter
quand on veut; les ſaignées au contraire ſont très-
utiles quand il y a trop de plénitude, & ſauvent
la vie ſi elles ſont preſcrites par un médecin ſage.
Les compagnies ne peuvent rendre leurs gains certains qu'en mettant les grains aux prix qu'elles veulent
par l'immenſité de leurs achats, de leurs magaſins
& de leurs exportations réelles ou fictives; & ſi
quelques particuliers attirés par le haut prix auquel
ces achats indiſcrets ont fait monter le bled dans
quelques marchés, y en apportent, elles ont grand
ſoin de les écraſer, & d'effrayer par-là ceux qui
pourroient ſuivre l'exemple des premiers s'ils réuſ-

fiſſoient, en faiſant baiſſer conſidérablement ce prix par la préſentation ſur ce même marché d'un nombre de ſacs de leurs magaſins, & elles s'en dédommagent les marchés ſuivans par la cherté qu'elles ſavent rétablir quand il leur plaît. Ainſi, loin de calmer les inquiétudes, qui ſouvent font tout le mal d'une province, elles les augmentent pour en tirer parti : de concert avec les gros laboureurs, elles font mourir le peuple de faim en conſervant des amas de bled conſidérables, ſur leſquels les gains ſeroient immenſes ſi elles pouvoient tout vendre : mais comme la cherté exceſſive diminue le nombre des acheteurs, elles ſont forcées de faire paſſer une partie de ces amas dans les pays où elles eſpèrent en trouver un meilleur débit ; & comme les grains font une denrée d'un gros volume, on préfere pour ces tranſports les bateaux aux charettes ; mais la longueur de ces tranſports, les avaries que les grains éprouvent néceſſairement ſur les eaux, quand ils y ſéjournent trop long-tems, en gâtent une grande partie, & quoique la miſere en faſſe conſommer ce qui eſt pernicieux à la ſanté du peuple, on eſt toujours obligé d'en jetter une partie, & de perdre ainſi ce qui auroit fait la ſubſiſtance de beaucoup d'hommes qui périſſent ou s'exténuent par des nourritures inſuffiſantes auxquelles leur indigence les reſtraint.

L'expérience ne prouve que trop ce que j'avance ici. Nos campagnes ſe dépeuplent : vainement ſe raſſure-t-on ſur la richeſſe d'un nombre de laboureurs & ſur l'augmentation de la culture de nos champs. Il eſt ſage de ne pas la pouſſer trop loin; les friches & les prairies artificielles ſont néceſſaires à la nourriture des beſtiaux, & ſans l'engrais de leur fumier, l'agriculture ne peut ſe ſoutenir, parce que les terres ne peuvent continuer de fournir des ſucs aux plantes qu'on leur donne à produire ſi on ne leur en rend par leurs engrais. D'ailleurs, pour que les recoltes ſoient profitables, il faut que la conſommation en ſoit aſſurée, & celle d'une grande population eſt préférable à toute autre, parce qu'elle eſt plus certaine que celle des étrangers, qui peuvent s'approviſionner chez tant de peuples qui ont trop de grains. Il n'y a nul danger chez ceux de ces peuples qui habitent les bords de la mer, de permettre toute eſpece de commerce de grains avec l'étranger, & il ne ſembleroit pas même que dans aucun cas on dût l'aſſujettir à des réglemens, parce que ſi la cupidité de quelques commerçans fait ſortir un vaiſſeau de grains qui auroit été très-utile à la conſommation du pays, les bonnes ſpéculations de quelques autres font rentrer une heure après un autre vaiſſeau chargé de grains, qui coûtent peu de tranſport quoiqu'ils viennent de fort loin, par la raiſon qu'ils arrivent au lieu de la conſommation dans le même vaiſſeau qui les a chargés. Les peuples au contraire, dont les grandes habitations ſont loin de la mer, courent le plus grand riſque à l'exportation indéfinie, parce que les ſecours qu'on leur promet de l'importation ſont illuſoires. Comment veut-on, par exemple, que s'il y a du profit en France à ex-

porter des grains par le Havre, il en rentre par
ce même port? Certainement si l'exportation est
réelle & véritable, le bled est plus cher au Havre
qu'à Paris. Or s'il est plus cher au Havre, on ne
fera pas les dépenses considérables qu'exige un trajet
aussi long que celui du Havre à Paris, en remon-
tant la Seine, pour donner ce bled à Paris à meilleur marché qu'au Havre. Nos principales villes,
même celles qui sont placées sur les rivieres, ne
peuvent tirer des secours de l'importation que par
une remonte qui est toujours très-coûteuse, souvent fort longue, & par conséquent préjudiciable
aux grains, qui ne se conservent parfaitement que
dans des endroits secs; ainsi ces villes ne peuvent
espérer un sort plus heureux que la capitale, si
elles sont aussi éloignées de la mer; celles donc
qui sont éloignées des rivieres sont encore plus à
plaindre.

Mais quand cette importation n'auroit pas ces
inconvéniens, pourquoi voulons-nous nous mettre
dans la dépendance des autres sur un article aussi
nécessaire & aussi important que le pain? Notre
position rendra nos voisins nos tributaires sur cet
objet, si nous suivons avec des principes sûrs &
certains notre agriculture, & le commerce des grains
qui en est la suite. Si nous en laissons trop monter le
prix, la main-d'œuvre de nos manufactures deviendra trop chère, & nous perdrons dans le commerce
général de l'Europe pour la vente de leurs produits, non-seulement la préférence que notre goût
nous auroit assuré, mais même la concurrence par

le trop haut prix auquel nous ferions obligé de les mettre; & dès-lors, ceſſation d'un revenu certain pour courir après un produit que toute nation agricole partagera avec nous, & même nous enlevera, ſi ſes frais de culture ou de tranſport aux lieux de la conſommation ſont moins chers que les nôtres; mais dans cette poſition, que ferons-nous de nos grains? La chute de nos manufactures nous priveroit de la conſommation des ouvriers qu'elles emploient, qui ſe ſeroient expatriés ou qui auroient péri de miſere, après avoir coûté à l'État. Ce n'eſt pas l'étendue des récoltes qui fait les richeſſes d'un pays, mais le parti qu'on en tire; le corps humain périt par le trop d'alimens, mais ceux qu'il peut digérer l'entretiennent dans la plus grande vigueur.

Ceſſons de nous aveugler, la richeſſe de quelques laboureurs qui nous en impoſe, n'eſt qu'une illuſion. S'ils ſont véritablement riches, leurs enfans croiront s'élever en ſuivant d'autres profeſſions que celles de leur pere: ſi cette richeſſe n'eſt qu'apparente, & que par leurs dépenſes ils conſomment une partie de leurs gains, une année d'abondance faiſant baiſſer le prix des grains, & par conſéquent leurs gains, ils tomberont dans le mal-aiſe: mais quand ils ſeroient tous riches, s'ils ne le ſont qu'aux dépens de la multitude, à qui leurs gains ôtent le néceſſaire, il n'y a rien de plus preſſé que de faire ceſſer un mal dont les ſuites ſont ſi funeſtes.

Un royaume n'eſt puiſſant que par ſa population, quand il a de quoi la nourrir, & les ſoins d'un gouvernement ſage & éclairé doivent tendre à partager, le plus qu'il eſt poſſible, la maſſe des richeſſes, parce que les beſoins d'une multitude de gens aiſés, favoriſent bien davantage la conſommation, qui eſt la véritable richeſſe générale, que le luxe d'un petit nombre de particuliers trop riches. D'ailleurs, ſi la proſpérité de l'agriculture exige que les chefs aient de quoi faire les avances qui lui ſont néceſſaires, elle ne demande pas moins un nombre infini de bras pour en ramaſſer les richeſſes & n'en rien perdre, & ces bras ne ſont que les journaliers auxquels il faut faire trouver dans leurs ſalaires de quoi ſe ſoutenir eux & leurs familles, ſans quoi ils abandonnent un métier qui ne peut les faire vivre, & ils ceſſent de chercher dans le travail un néceſ-ſaire qu'il ne peut leur fournir, & qu'ils ſe procurent plus aiſément en mendiant qu'en travaillant. S'ils y réuſſiſſent, jamais ils ne retournent au travail; ainſi d'hommes utiles qu'ils devoient être, ils deviennent un lourd fardeau pour l'État.

De tout ce qui vient d'être dit, il réſulte que rien n'eſt plus néceſſaire à la proſpérité d'un grand royaume agricole qu'une inſpection de ſon agriculture ſuivie & montée ſur de bons principes; qu'en conſéquence ceux qui en ſeront chargés doivent veiller à ce que le prix du grain ne ſoit ni trop haut ni trop bas; & pour y parvenir ils doivent 1°. encourager le plus grand nombre poſſible de marchands de grains iſolés, afin que la connivence ne ſoit pas facile entr'eux pour le paſſer de l'endroit où il eſt à trop bon marché dans celui où il eſt trop cher. 2°. Ils doivent empêcher les grandes compagnies

dont l'eſprit tend au monopole. 3°. Ils doivent n'en
permettre aucune ſans l'aſſujettiſſement de faire
connoître leurs magaſins, & de les tenir ouverts au
public pour la conſommation de chaque particulier,
qui ne pourra excéder un ſeptier. Le prix de ces
grains ſera affiché à la porte du magaſin , & ſera
fixé chaque ſemaine par les officiers qui ont la poli-
ces des marchés voiſins , en ayant égard tant au prix
principal auquel le grain aura été porté dans le
marché, qu'aux frais & aux gains que doivent faire
de ſemblables marchands. 4°. Ils doivent ouvrir
pour les marchands particuliers , des moyens de
tranſports qu'ils ne peuvent monter eux-mêmes,
mais dont ils profiteront auſſi-tôt qu'on les leur
préſentera : cet objet intéreſſant ſeroit la ſuite naturelle de l'exécution des plans que j'ai donnés ſur
la poſte aux chevaux , les meſſageries & le roulage.

Cette commiſſion compoſée de ſujets bien choiſis
par le Gouvernement , & de députés des Cours ſou-
veraines de la capitale, dont tous les membres tra-
vailleroient à éclairer le Miniſtre, & dont quelques-
uns reſponſables aux Corps qui les auroient députés,
en tireroient des lumières, ſera bien moins facile à
tromper , que des perſonnes iſolées, quelque dignes
qu'on les ſuppoſe du choix qu'on en a fait, & les
connoiſſances que l'on acquerera journellement,
conſacrées dans ce dépôt, ne feront que ſe perfectionner; ainſi on n'aura pas à craindre ces fautes qui
ſont les ſuites néceſſaires du peu de connoiſſance des
nouveaux pourvus, le même eſprit ſe perpétuera dans
une compagnie dont tous les membres ne change-

ront pas à la fois , & faisant un corps , elle aura bien plus de force que des particuliers, quelque accrédités qu'on les suppose , pour procurer le bien & empêcher le mal.

PROJET SUR LE TABAC RAPÉ.

UNE branche considérable de revenu , & qui augmente tous les jours , sans être onéreuse à personne, puisqu'elle est volontaire , mérite certainement toute l'attention d'un Ministre éclairé. C'est ce qui m'inspire la confiance de proposer les réflexions suivantes sur le Tabac rapé. L'usage du Tabac est si universel aujourd'hui, qu'il fait nécessairement un objet très-important dans les Fermes du Roi ; mais comme cet objet peut augmenter encore, il peut aussi diminuer, si les moyens pour opérer cette augmentation ne sont pas aussi efficaces qu'il est possible contre la contrebande. En voici un qui présente cet avantage.

Il est certain qu'il est impossible qu'on se passe à Paris de marchands qui vendent le Tabac tout rapé. En effet parmi ceux qui en font usage , combien en est-il qui ne peuvent en acheter plus d'une demi-once à la fois ! Combien d'autres qui ne viennent passer que quelques jours à Paris , & qui ne veulent pas y faire de provisions en ce genre ! Combien d'autres enfin , qui craignent jusqu'au petit embarras de le choisir & de le faire apprêter !

Le débit du Tabac rapé eſt donc très-certain ; auſſi y a-t-il un grand nombre de gens qui demandent la permiſſion de le faire , & qui font tous leurs efforts pour l'obtenir. Il y a tout à craindre pour le Public & pour la Ferme , ſi on n'oblige pas ces débitans de prendre le Tabac rapé dans un bureau qui ſoit inſ-pecté par l'ordre du Lieutenant général de Police & par celui des Fermiers généraux , ſi on leur permet de raper le Tabac chez eux , ſi on les expoſe à la tentation toujours préſente d'y ajouter des mélanges dangereux qui augmentent leurs gains , & qu'il eſt preſque impoſſible de reconnoître , par le ſens de l'odorat ou autrement. Ce furent ces raiſons qui engagerent il y a quelques années les Fermiers gé-néraux à faire défendre la vente du Tabac rapé. On ne tarda pas à ſentir l'inconvénient de cette défenſe. Des gens inconnus , ſans état, ſouvent ſans domicile, prirent toutes ſortes de moyens pour répandre dans le public du Tabac rapé. Leurs ſuccès leur donne-rent des imitateurs auſſi dangereux qu'eux , & les Fermiers généraux ſe virent bientôt dans la néceſſité de rendre à leurs débitans la permiſſion qu'ils leur avoient ôtée.

Cette permiſſion eſt ſans doute néceſſaire & avan-tageuſe à la Ferme & au Public ; mais il faudroit y ajouter une condition, ce ſeroit de défendre aux débitans de raper le Tabac chez eux , & de les obliger de venir le prendre dans un bureau général. Ce ſeroit dans ce bureau que ſe raperoit tout le Tabac néceſſaire, ſous les yeux de différentes perſon-nes commiſes par la Ferme , & dont les appointemens feroient pris fur les bénéfices mêmes de l'opé-ration. Tout ce Tabac rapé feroit enfermé dans des rouleaux de plomb pour les livres, les demi-livres & les quarterons : ces rouleaux feroient cachetés d'un premier cachet fur la foudure, & enveloppés d'un papier imprimé où le public feroit inftruit des attentions qu'il devroit prendre pour n'être pas trompé. Le tout feroit ficelé & cacheté d'un nou-veau cachet en cire. Les poids inférieurs feroient mis dans de petits facs de papier imprimés & ca-chetés.

On donneroit aux débitans le même bénéfice fur chaque livre de Tabac rapé que la Ferme leur ac-corde fur le Tabac ficelé : ainfi ils n'auroient pas fujet de fe plaindre, & ils feroient même heureux qu'on leur ôtât tout moyen de faire une contreban-de, toujours ruineufe pour celui qui la fait quand elle vient à être découverte.

On a lieu de penfer que les Fermiers généraux confentiroient à cet arrangement qui leur feroit avantageux. D'ailleurs, auffi ennemis qu'eux de toute contrebande, ceux qui propofent l'arran-gement dont il .eft queftion entreroient volontiers dans leurs vues : ils ne demandent qu'une chofe, c'eft que la Ferme ne foit pas la feule qui profite de l'exécution de cette idée.

S'il y avoit une fois un bureau général établi pour raper tout le Tabac néceffaire, cette opération fe faifant par des machines, le travail feroit abrégé, & par conféquent moins coûteux à proportion, à ce bureau qu'aux différens particuliers. Il réfulteroit donc de cette opération un bénéfice confidérable; que la confommation augmenteroit de jour en jour. Il y auroit peut-être un moyen très-fimple d'augmenter cette confommation, ce feroit d'en appliquer le profit en tout ou en partie *à une Maifon d'Affociation*, pour foulager dans leurs maladies cet ordre fi refpectable de citoyens, parce qu'il eft en même-tems fi utile & fi malheureux. Mais comme ce profit ne feroit pas d'abord auffi confidérable qu'il le deviendroit fans doute dans la fuite, la fomme qui en réfulteroit la premiere année pourroit être employée aux objets qu'il plairoit au Miniftre d'ordonner. Peut-être même pourroit-on dans la fuite libérer le Roi de quelques engagemens que fa bonté pour fes peuples auroit pu lui faire prendre. On ne propofe rien fur la maniere de monter le bureau dont il s'agit, & fur cet objet on attendra des ordres précis.

On croit en attendant pouvoir obferver encore que l'Arrêt du Confeil du 23 Mai 1743, qui avoit défendu le débit du Tabac rapé, avoit eu le meilleur motif, celui d'empêcher la fraude & les mixtions nuifibles à la fanté; mais il n'avoit pu empêcher la contrebande de la part de ces gens qui ne tenant à rien, rifquent tout par l'efpérance du moindre gain. Suppofez au contraire qu'on accorde le privilége du Tabac rapé à une Compagnie, dont les gains qu'elle pourroit faire fur cet objet, feront deftinés à l'utilité publique, dès-lors la confommation devenant plus sûre pour la fanté, moins coûteufe pour la dépenfe, augmenteroit néceffairement au grand avantage de la Ferme générale ou du Roi.

La comparaison des Regiftres de la levée du Tabac au Bureau, & de ceux de la vente du Tabac rapé feroit un moyen très-efficace pour raffurer la Ferme de maniere à ne lui laiffer aucune inquiétude. L'étendue du débit mettroit la Compagnie dans le cas de donner le Tabac rapé à un prix modique. Cette circonftance empêcheroit néceffairement la contrebande qui n'exifteroit point parce qu'elle feroit fans intérêt.

Le public qu'on inftruiroit par un Mémoire court, mais raifonné, de l'influence funefte que peuvent avoir fur la fanté & même fur la vie les poudres qu'on prend par le nez, donneroit certainement la préférence au Tabac rapé de la Compagnie, qui, comme on l'a déja dit, auroit une marque diftinctive. D'ailleurs encore ce même public dont la majeure partie eft conféquente & jufte, au moins à la longue, fachant que les gains fur le Tabac rapé feroient appliqués à une caufe utile, telle que la *Maifon d'Affociation*, dont il retireroit lui-même tout l'avantage, feroit moins difpofé à faire une contrebande également contraire à fes vrais intérêts, & à ceux de la Ferme ou du Roi.

Ainfi, ceffation ou du moins diminution de contrebande, fans frais, fans moyens violents; fûreté dans l'ufage du Tabac rapé; augmentation dans fa confommation; gains pour la Compagnie à laquelle le privilége en feroit accordé, malgré la modicité du prix auquel on le fixeroit, & à caufe de

l'épargne que l'opération en grand mettroit à portée
de faire ; intérêts réunis de la Ferme & de la Compagnie pour empêcher les malverfations : tels font
en abrégé les avantages du Plan qu'on propofe, &
qui ne fe trouvent ni dans la défenfe de vendre du
Tabac rapé, ni dans la permiffion indéfinie accordée à tous les Débitans de vendre fous la forme de
poudre cette plante que l'habitude a rendue prefque néceffaire dans tous les ordres de la Société.

F I N.

SUPPLÉMENT

AUX ŒUVRES

DE M. DE CHAMOUSSET.

LETTRE

LETTRE

De M. le Comte de GOLLOWKIN, à M. de CHAMOUSSET, fur l'etabliffement de la nouvelle Compagnie d'Affurance pour la fanté (1).

J'AI lu & relu votre Mémoire, Monfieur. Le projet m'en a paru fi bien conçu, fi utile à vos concitoyens & à votre Patrie, fi favorable à l'efpèce humaine, en un mot, fi beau, que je me fuis défié de ma prévention, & qu'avant de vous en dire ma façon de penfer, ainfi que vous le defiriez, je l'ai fait parvenir à un homme, bien fait par fon cœur & par fon efprit pour juger fainement de tout ce qui peut intéreffer l'humanité. Le célébre auteur de l'*Avis au Peuple* a donné des preuves trop convaincantes de fes lumieres fur le bien-être de fes femblables, & combien ils lui font chers, pour que vous n'approuviez pas, Monfieur, le choix d'un tel juge dont mon cœur s'honore encore bien plus que mon difcernement. Avec une pareille autorité j'oferai vous dire plus affirmativement que, loin de voir affoiblies les premieres impreffions que votre

(1) Cette lettre fe trouve dans le tome VII de l'Année Littéraire, 1770, pag. 193 & fuiv. Elle contient le fentiment de M. Tiffot, fur la Maifon d'Affociation, & quoiqu'elle ne foit pas de M. du Chamouffet, on a cru que le Public la reverroit avec plaifir.

Mémoire m'avoit faites, je crois souhaiter le plus grand bienfait à vos concitoyens & à l'humanité en général, que de faire des vœux pour qu'un projet aussi utile soit suivi d'un succès prompt & parfait. En effet, pourquoi ne l'auroit-il pas ? Son but est noble & louable, son utilité reconnue & trop pressante pour le plus grand nombre, ses moyens simples, bien conçus & faciles ; & les mesures que vous avez en vue assurent que l'exécution y répondra.

Conserver la santé de ses concitoyens dans quelque classe qu'ils soient, présenter à leur imagination, pendant qu'ils se portent bien, la sécurité du rétablissement de leur santé si elle se dérange, ou du moins de tous les moyens dépendans de l'humanité pour y parvenir, leur donner la certitude que, quand la maladie viendra les surprendre, on leur prodiguera tous les secours, tous les soins, toutes les attentions, toutes les commodités possibles, c'est rendre leur existence plus tranquille, plus heureuse ; c'est la prolonger ; c'est remplir le but de la nature en même tems que celui de l'Etat & du Prince.

Mais, Monsieur, à cette utilité générale, votre projet joint encore des avantages particuliers qui lui ont fait donner la préférence par M. *Tissot* sur les Hôpitaux quelconques. « Ce n'est point, dit-il, » un Hôpital, mais une auberge de santé toujours » pourvue de tout ce qu'il faut pour la recouvrer, » & qui, quoiqu'ouverte, n'est pas nécessitée à pren- » dre plus de monde qu'elle n'est arrangée pour en

„ recevoir. Dans les Hôpitaux, dit **M.** *Tissot* , les
„ hommes paient trop souvent de leur vie les soins
„ qu'ils y reçoivent , parce que le principe qui les
„ a fondés , faisant que la porte en reste ouverte
„ lors même qu'ils sont pleins, loin d'être des mai-
„ sons de santé , ils deviennent des sources d'infec-
„ tions si marquées, qu'on peut , dans quelques
„ endroits , les regarder comme une des principales
„ causes de la dépopulation ; au lieu que, dans la
„ maison proposée pour les malades , leur nombre
„ étant toujours proportionné à la place destinée
„ à les recevoir, on n'y aura plus à craindre la
„ corruption, qui est l'effet de la multitude, & on
„ y trouvera un concours de tous les secours né-
„ cessaires , dont plusieurs manquent souvent au
„ Particulier , parce que sa fortune ne lui permet
„ pas de se les procurer, le force même de faire
„ attention au prix des remedes, & le détermine
„ tous les jours pour les moins efficaces , parce qu'ils
„ sont les moins coûteux. D'ailleurs, tous ceux qui
„ sont logés à l'étroit manquent, lorsqu'ils sont ma-
„ lades, d'un air pur & d'une tranquillité si néces-
„ saire à la guérison. Toute la famille , contenue
„ dans une petite chambre, vicie par son nombre
„ l'air que le malade respire, le trouble par ses mou-
„ vemens, & , perdant elle-même un repos néces-
„ saire à sa conservation , il s'ensuit, dans les diffé-
„ rens membres qui la composent , une succession
„ de maladies, qui , par les services qu'elles exi-
„ gent, jettent dans le désœuvrement ceux dont le
„ travail seroit utile pour fournir à la dépense

„ des malades. Outre cela, la plus petite apparence
„ de danger peinte ſur tous les viſages qui entou-
„ rent le malade, le frappe à chaque inſtant, &
„ rend tous les jours mortelles des maladies très-
„ curables, s'il n'eût vu que ſon Médecin & ſa
„ garde. En tenant, dit M. *Tiſſot*, un regiſtre
„ mortuaire de trente mille Aſſociés à cet établiſ-
„ ſement, & un autre de trente mille habitans d'un
„ quartier tel que l'on voudra le choiſir, le nombre
„ des morts dans le dernier excédera de beaucoup
„ celui du premier ; &, ſi l'on tenoit de même des
„ regiſtres des mal guéris, la différence ſeroit en-
„ core bien plus conſidérable, n'y ayant rien de ſi
„ commun que de voir de petits Bourgeois, des
„ Marchands mal-aiſés & des Ouvriers, qui, preſſés
„ par la néceſſité du travail, quittent trop tôt les
„ remèdes, négligent les ſecours qu'exige la conva-
„ leſcence, & conſervent le germe de maladies
„ de langueur, qui fait que, loin d'être rendus à
„ leur famille, ils ne lui reſtent que pour avoir be-
„ ſoin de ſes ſoins & pour aggraver ſa miſere. „

A ce que je viens de dire du ſentiment de cette
homme éclairé, permettez-moi d'ajouter les réflexions que j'ai faites ſur les principales objeċtions
que j'ai entendu former contre votre projet. Qui
eſt-ce qui s'aſſociera, dit-on, à cet établiſſement, &
à qui ſera-t-il utile ? Si la ſeconde de ces objeċtions
eſt bien levée, la premiere doit l'être auſſi. Croit-
on de bonne foi que, dans les ménages même
les moins aiſés, on aime mieux, ſi l'on vient à
tomber malade, courir les riſques de périr chez

foi, faute de fecours & d'alimens, entouré nuit &
jour d'une famille défolée & affamée, qu'aller recevoir les fecours les plus efficaces & les plus décens
dans un établiffement où les proches, fans ceffer
des travaux néceffaires à leur fubfiftance, pourront,
dans des momens perdus, venir être témoins des
reffources que l'homme fage fe fera procurées par
une bien foible cotifation, & bien facile à diftraire
tous les mois fur le produit de fon travail ? La
Loterie à laquelle cette fimple cotifation lui donne
droit, lui deviendroit-elle indifférente, parce qu'au-
lieu de perdre fa mife, comme dans les Loteries
ordinaires, fi le fort ne lui fait point tomber de lot,
il acquiert le droit d'être bien traité, s'il tombe
malade ? Mais, pour éviter toutes difcuffions, paf-
fons tout de fuite à ces nombreufes claffes qui
vivent à Paris fans y avoir de domicile; ce qui
comprend, 1° tous les Commis & Ecrivains dans les
Bureaux généraux ou particuliers; 2° tous les gens
comme il faut qui font attirés à Paris pour affaires
ou pour leur plaifir ; 3° toutes les perfonnes qui
font chez les Marchands ou dans les boutiques, qui
viennent, pour la plûpart, de Province ; 4° tous
les Etudiants, Apprentifs, que le defir de fe perfectionner dans quelque art y conduit ; 5° tous les
Militaires, même retirés du fervice, que mille raifons y amènent ; 6° enfin, tous les étrangers qui
viennent s'inftruire, fe former ou s'amufer à Paris,
& qui, quoique n'étant point abonnés, trouveront
toujours leur profit & feront trop heureux de fe
faire tranfporter dans une maifon, où, pour 90 liv.

par mois dans de petites salles, ils auront tout ce
que le Particulier le plus aisé peut souhaiter chez
lui-même quand il a le malheur de tomber malade.
Par vos chambres à deux lits, par celles à un lit &
par les appartemens, vous procurez les mêmes secours aux plus délicats & aux plus inquiets sur la
décence, & avec une grande économie sur ce qu'il
leur en coûteroit par-tout ailleurs, pour n'être pas,
à beaucoup près, aussi bien.

A ces six classes qui comprennent une quantité
d'individus, il faut ajouter que votre établissement
sera utile encore à toutes les maisons qui ont un
grand nombre de domestiques. Si ces maisons vouloient faire une année commune de ce qu'il leur
en coûte seulement pendant six ans, pour faire
traiter chez eux ou chez une garde ceux de ces
domestiques qui tombent malades, elles trouveroient
un grand profit à s'abonner; le calcul suivant en
sera la preuve. Il n'y a personne qui, pour être
bien traité dans l'état de maladie, ne dépense, soit
chez lui, soit chez une garde, pour sa nourriture,
sa dépense & pour les secours nécessaires, 100 liv.
par mois; le même séjour ne coûtera que 90 liv.
dans les salles de l'établissement, où la continuité,
l'exactitude & l'intelligence des soins doivent abré-
ger la maladie, si l'art de guérir n'est point illusoire.
Mais, si ce même malade, qui, n'étant point associé, est obligé d'apporter ces 90 liv. d'avance pour
un mois, eût eu la sagesse de s'associer, avec cette
même somme, qu'il n'auroit payée qu'en 90 mois
à raison de 20 s. pour chacun, il se seroit assuré,

non-seulement le traitement de la maladie dont il s'agit, mais même celui de toutes celles qui pour-roient lui survenir pendant les 89 autres mois.

Je ne crois pas que l'on puisse rien objecter contre des faits fondés sur un calcul aussi évident, & je ne me permets pas, après cela, de douter que sur 800000 mille habitans, il n'y en ait pas au moins 30000 qui entendent assez leurs vrais intérêts pour s'associer à votre établissement, & avoir le mérite de donner un exemple si salutaire & si beau, non-seulement à leurs concitoyens, mais encore à toute l'Europe. Et si, à la beauté & à l'utilité générale & particuliere, que je crois, Monsieur, démontrées dans votre projet, on y joint la facilité de l'exé-cuter par la maniere dont vous l'avez proposé dans votre Mémoire, le succès en doit être infaillible. Il vous faut, m'avez-vous dit, un million pour les frais de l'établissement. Pour vous le procurer, vous créez 5000 actions chacune de 200 liv. Ce n'est point à tort que vous comptez que, sur la quantité des gens aisés & riches dans tous les états, vous en trouverez suffisamment qui mettront une si petite somme à une spéculation où le profit démontré est combiné avec le résultat d'un si grand bien. Enfin, vous avez en vue de vous joindre les gens les plus éclairés & les plus distingués & généralement reconnus être les meilleurs pour pratiquer tout ce qui regarde la partie curative; vous avez jetté les yeux sur un local excellent; vous avez consulté & consultez sans cesse, sur toutes les parties de votre établissement, les gens les plus capables de vous communiquer des

lumieres : que vous faut-il de plus, Monsieur, pour
pouvoir vous flatter de réuſſir ? Agréez donc que je
vous félicite du ſuccès de votre projet, autant que
d'en être l'auteur & l'inventeur.

J'ai l'honneur d'être, &c.

Votre très-humble &
très-obéiſſant ſerviteur,
le Comte DE GOLOWKIN.

* * *

MÉMOIRE

*Sur un Hoſpice Bourgeois, & ſur une maniere avan-
tageuſe d'adminiſtrer les biens de l'Hôtel-Dieu.*

QUELQU'IMPORTANTE que paroiſſe la réforme
propoſée de l'Hôtel-Dieu, des raiſons eſſentielles
peuvent la faire ſuſpendre ; en ce cas ne pourroit-
on pas propoſer l'établiſſement d'un Hoſpice bourgeois, & Hôtel des malades ? Son utilité, l'on pourroit même dire ſa néceſſité, eſt démontrée. D'un
côté une foule d'étrangers venant, pour la plupart, ſans amis & ſans connoiſſances dans cette
Capitale de l'Europe, auroient beſoin dans le cas
de maladie d'un aſyle ſûr & décent où leur vie &
leur fortune fuſſent à l'abri de l'ignorance & de
la cupidité : d'un autre côté un nombre prodigieux
de citoyens ne ſont ni aſſez riches pour ſe faire
traiter utilement chez eux, ni aſſez dénués de tout
pour aller dès le commencement du mal (dont ce-

pendant le traitement décide presque toujours de l'événement de la maladie) pour aller, dis-je, se confondre dans un Hôpital avec le plus bas peuple. Les secours les plus efficaces réunis, la décence & le bon marché, attireroient à l'Hospice bourgeois des citoyens peu aisés, ils y trouveroient la vie & la santé à moins de frais qu'il n'en sont chez eux sans pouvoir éviter la mort ou du moins la dure nécessité de se faire transporter à l'Hôtel-Dieu, ce qu'ils regardent presque comme aussi cruel. Un Mémoire imprimé présente cet objet avec ses avantages. Ainsi dans celui-ci l'on se bornera à offrir un moyen simple & facile qui ne coûte rien à personne, & qui seroit bien suffisant pour former un établissement si utile & si glorieux. Ce moyen est de donner à une Compagnie bien solvable & composée de bons citoyens, la Ferme générale des biens-fonds de l'Hôtel-Dieu; elle se charge de lui en rendre le montant total de tous les baux particuliers, & de lui sauver par-là les indemnités, les banqueroutes & insolvabilités auxquelles l'expose la multiplicité des Fermiers. L'augmentation dont elle pense que ces biens sont susceptibles, seroit remise au Trésorier du nouvel établissement, pour être employée sous les yeux du Commissaire qu'il plairoit à la Cour de nommer, aux dépenses nécessaires pour le former & l'entretenir dans les premieres années; le tout sous les ordres du Ministre. L'augmentation au moins d'un tiers de tous les biens des particuliers depuis 30 à 35 ans fait bien sentir que les biens de l'Hôtel-Dieu, qui depuis bien plus long-tems ont

toujours paſſé du pere au fils preſque ſur le même
pied, ſont ſuſceptibles d'une augmentation conſidérable ; mais pour la fixer, la Compagnie demande
qu'on lui faſſe remettre un état détaillé des différens biens & du montant & charges de leurs baux.
L'Adminiſtration ne peut s'oppoſer raiſonnablement
à cet arrangement, il lui eſt de tous points très-
avantageux. Elle conſerve ſur cette Compagnie,
la même inſpection & la même autorité qu'elle a ſur
les Fermiers particuliers. Plus d'inquiétude, plus de
ſoins, plus de procédures pour les paiemens, ils
ſeront même faits d'avance quand une emplette
avantageuſe l'exigera : mais le plus grand avantage
pour l'Hôtel-Dieu, c'eſt que ſes revenus augmentés
parce qu'il ſeront toujours pleins, ſans indemnité
ni banqueroute, ſa dépenſe ſera conſidérablement
diminuée par le nombre prodigieux de gens qui pro-
fitant dès le premier inſtant de leur maladie de
l'Hoſpice bourgeois, ne ſeront plus obligés de recou-
rir à l'Hôtel-Dieu dans les fins de ces mêmes maladies, qui, pour l'ordinaire, ſont coûteuſes & ſiniſ-
tres, parce qu'elles n'ont pas été traitées comme elles
l'auroient dû être dès le commencement. Vainement l'on objecteroit que la communication de
l'état des biens de l'Hôtel-Dieu faiſant connoître
le revenu de cet Hôpital en diminueroit les aumônes. Le public le croit plus riche qu'il n'eſt, & ne
lui donne pas moins, ſoit dans les tems de dévo-
tion, ſoit en mourant ; au contraire, le bon ordre
que la décharge de l'Hoſpice bourgeois pourroit faire
mettre à l'Hôtel-Dieu, réveillant le zèle & la charité

de Paris augmenteroit confidérablement les aumônes. L'emplacement des Cordeliers fauxbourg Saint-
Germain, avec une légere dépenfe, pourroit parfaitement convenir à ce projet, & l'augmentation de
la Ferme des biens de l'Hôtel-Dieu feroit fuffifante
pour que cet établiffement fût monté fur le meilleur ton, & procureroit à l'Etat tout l'avantage
poffible, & au Miniftre tout l'honneur que mérite
un plan qui tend par des voies sûres à la confervation des hommes.

LETTRE

*De M. de Cham. à M. * * * fur la nourriture des
Enfans par le Lait des animaux, & fur ce qui eft
arrivé à cet égard à la Ferme de Grenelle.*

Les différens bruits qui fe font répandus dans
le Public fur le malheur arrivé aux enfans que j'y
faifois nourrir avec le lait de vache, me font voir
que beaucoup de perfonnes ne font inftruites, ni
des motifs qui me font agir, ni de la maniere dont
je me fuis conduit en formant cet établiffement. Je
vais donc vous les expofer fommairement, & fi
vous êtes content du compte que j'aurai l'honneur
de vous en rendre vous ferez maître de le rendre
public. Il ne me fera pas difficile de prouver que
tout ce que j'ai propofé ou fait jufqu'ici n'a eu pour
but que l'utilité de la fociété. Si ceux qui y ont

trouvé quelque chofe de répréhenfible aiment l'humanité, pourquoi n'ont-ils pas pris la peine de
m'inftruire? Je les en ai fuppliés dans tous les Mémoires que j'ai donnés au Public, & je renouvelle
encore ici la promeffe de la plus grande docilité
pour tous les avis que je verrai dictés par l'amour
du bien. La vérité m'eft bien plus chere que mes
projets : j'ai toujours offert de partager l'honneur
de leurs fuccès avec tous ceux qui voudroient bien
y concourir ; & j'ai cru que la fatisfaction intérieure dont jouiffent ceux qui font le bien, étoit
une récompenfe fuffifante pour ceux qui favent la
goûter. Auffi les différens projets que j'ai préfentés
ne m'ayant été fuggérés que par l'amour du bien
public, les difficultés qui en ont jufqu'ici fufpendu
l'exécution n'ont pu me décourager. D'ailleurs,
pour ce qui me regarde perfonnellement, ils ont
eu leur fuccès puifqu'ils ont fatisfait mon cœur en
me donnant la certitude que j'avois fait tout ce qui
dépendoit de moi pour le foulagement de mes femblables, & qu'ils m'ont mérité l'approbation de gens
dont le fuffrage eft une récompenfe.

M'étant accoutumé dès ma jeuneffe à vivre de
peu pour pouvoir donner davantage, la deftruction
de ma fortune (fuite néceffaire des dépenfes que ces
projets m'ont occafionnées) n'a rien qui m'effraie,
& les débris d'un patrimoine honnête que j'ai facrifié au fervice de ma Patrie feroient plus que fuffifans pour fatisfaire à mes befoins & même à mes
défirs, fi je connoiffois moins les malheureux , ou
que j'euffe le cœur moins compatiffant à leur infor-

tune ; ainſi le mal-aiſe où m'a réduit le déſir de faire du bien ne m'eſt ſenſible qu'en ce qu'il m'oblige à contredire à tous momens un ſentiment de commiſération qui aſſureroit le bonheur de la ſociété, s'il étoit moins rare parmi les hommes, puiſqu'il procureroit des ſecours à tous ceux qui en ont beſoin.

Mais ſi je ſuis forcé par mon peu de fortune de renfermer dans des bornes plus étroites les bienfaits que je voudrois répandre ſur tous les malheureux, au moins me ſera-t-il toujours permis de préſenter au Public des moyens de les ſoulager avec efficacité & avec économie. Dans un ſiécle où l'on a tant gagné du côté de l'eſprit & des lumieres, auroit-on perdu du côté du cœur & des ſentimens? Et ſauroit-on maintenant mauvais gré à quelqu'un de préſenter des projets qui auroient été adoptés par nos peres, eux qui ont fondé de ſi grands & de ſi beaux établiſſemens? Comme je n'écris que pour ceux que de pareilles idées intéreſſent, pourquoi craindrois-je de mettre ſous les yeux du Public toutes celles que je croirai lui pouvoir être utiles? Il ſeroit à ſouhaiter que tout le monde voulût rendre le même ſervice à la ſociété. Elle ne pourroit qu'en devenir plus heureuſe. Pour moi, perſuadé que c'eſt un devoir, après avoir préſenté des projets ſur la conſervation des hommes, j'eſpére que ceux qui les ont goûtés me permettront de publier les réflexions que j'ai faites ſur leur emploi, & ces réflexions feront la matiere d'un Mémoire que je ferai paroître bientôt. Dans ce moment je n'ai que deux objets : le premier, de rapporter sommairement les raisons qui m'ont déterminé à me charger d'une entreprise aussi épineuse que celle d'allaiter des enfans, entreprise qui demandoit une assiduité & une attention minutieuse dont les femmes sont bien plus capables que les hommes. Mon second objet est de faire connoître à tout le monde la manière dont je me suis acquitté des ordres qui m'ont été donnés par plusieurs Ministres successivement, pour faire sous les yeux de cette grande ville le même allaitement qui se pratique dans differens Etats & même dans plusieurs de nos Provinces. Il n'est certainement, Monsieur, personne de ceux qui voudront bien y réfléchir qui ne sente que si la tendresse paternelle peut cacher aux parens la faute de ces femmes mercénaires qui viennent vendre une substance qu'elles doivent à leur propre fruit, elle ne peut échapper aux regards des personnes éclairées, qui détachées de tout intérêt personnel, ne sont conduites que par le bien de l'Etat. Un pere uniquement occupé du salut de son enfant lui cherche la meilleure nourrice, & s'embarrasse peu de ce que devient l'enfant de cette femme, pourvu qu'il soit assuré que cet enfant ne partagera pas avec son fils le lait de sa propre mere. Ce sentiment est naturel : s'il est possible cependant de faire voir à ce pere par l'expérience que son fils sera au moins aussi bien nourri avec le lait d'une chèvre ou d'une vache, n'a-t-on pas lieu d'espérer que la plûpart des peres ne se rendront pas complices de la dureté mercénaire de ces femmes qui, pour un vil intérêt étouffent le cri de la nature, & vendent aux enfans des autres ce qu'elles doivent aux leurs. Pratique barbare à laquelle la pauvreté oblige les nourrices, & que l'ufage preferit pour ainfi dire aux parents, quelque nuifible qu'elle foit à l'Etat, en ce qu'elle expofe la vie d'une partie des enfans qui naiffent, & qu'elle le prive de ceux que les nourrices pourroient lui donner, fi leurs engagemens ne les obligeoient à refter ftériles pendant le tems de leur allaitement. Si ces femmes attendent, pour prendre un nourriffon, qu'elles aient allaité celui que la nature leur donne, leur lait alors ne fe trouve-t-il pas trop nourriffant & trop lourd pour le foible eftomac d'un enfant qui vient de naître ? Celles que 'appas du gain déterminent à vendre à un étranger un aliment qui eft encore néceffaire à leurs enfans, ne fe rendent-elles pas coupables de leur mort, fi elle eft la fuite de la privation de cette nourriture ? Déplorable alternative, très-fréquente cependant aujour d'hui, & qui deviendroit au moins très-rare quand le fuccès de l'allaitement avec le lait des animaux auroit confidérablement diminué le nombre des enfans qui font nourris avec celui des femmes. Peutêtre alors les meres qui auroient perdu leurs enfans dans les premiers mois de l'allaitement feroient-elles fuffifantes pour fournir des nourrices à ceux fur qui le préjugé a trop d'empire. Les autres profiteroient d'un moyen d'élever leurs enfans qui fera plus fûr & moins coûteux que celui dont on fe fert aujour. d'hui. Alors les fecours de l'Hôpital des Enfans-Trouvés devenus moins difpendieux pour chacun de ceux qui y ont recours, ils pourroient s'étendre à un plus grand nombre de fujets. Le nombre des enfans expofés augmente fenfiblement toutes les années; ainfi il eft de la plus grande importance pour l'Etat & pour cet Hôpital de chercher des moyens de diminuer les dépenfes de l'allaitement. Voilà les raifons qui m'ont fait vaincre la répugnance que j'avois naturellement à me charger d'une opération dont le fuccès dépend principalement de l'intelligence & de l'attention des femmes qui foignent les enfans, puifque les différens fecours dont ils ont befoin leur doivent être rendus à toutes les heures du jour & de la nuit. Le zèle & le défir du bien ne peuvent fuppléer à l'exactitude des foins & à leurs continuité.

Voyons maintenant, Monfieur, la maniere dont je me fuis conduit dans l'exécution de cet établiffement. Je ne parlerai ni des peines que j'ai prifes pour trouver un lieu qui fût propre à mon objet, ni des dépenfes que j'ai été obligé de faire pour le mettre en état & pour l'approvifionner, ni des recherches que j'ai faites, & des mouvemens que je me fuis donné pour tâcher de faire les meilleurs choix, & pour acquérir toutes les connoiffances néceffaires au fuccès de mon entreprife. Les femmes qui devoient fervir ces enfans me furent données par la Supérieure des Enfans-Trouvés, elle les choifit parmi celles qu'elle a trouvées les plus capables d'un pareil emploi, depuis 22 ans qu'elle eft dans cette maifon. La dame Cofte, qui fe mit à la tête de ces femmes, étoit une ancienne nourrice qui

avoit

avoit élevé les enfans de plusieurs personnes respec-
tables & très-connues, dont elle a conservé la protection & qui me la recommanderent. M. Bouvart
l'ayant choisie pour nourrir un de ses enfans, pou-
vois-je me flatter de faire un meilleur choix que ce
célèbre Médecin, & la tendresse paternelle ne me
répondoit-elle pas des perquisitions qu'il avoit faites
au sujet de cette femme? Avant que de la placer à
Grenelle, je l'obligeai d'aller souvent & aussi long-
tems qu'il seroit nécessaire chez M. le Duc de
Mortemart, pour y voir toutes les attentions & les
précautions que l'on prenoit pour élever avec le lait
de vache, mademoiselle sa fille & le fils de M. de
Maulevrier. La dame Coste fut reçue avec beaucoup
de bonté dans cette maison, & les Maîtres recommanderent très-fort aux personnes à qui ils avoient
confié leurs enfans de la bien instruire de tous les
plus petits détails qui pouvoient tendre à assurer le
succès d'un allaitement dont ils avoient lieu de se
féliciter, & que la bonté de leur cœur leur faisoit
désirer de voir s'étendre universellement. Quand les
personnes qui étoient chargées de mademoiselle de
Mortemart & de M. de Maulevrier m'eurent assuré
que la dame Coste étoit aussi instruite qu'elles-mêmes
de tous les détails de cette méthode d'allaitement, je
la plaçai à Grenelle avec les femmes qui devoient l'aider, pour mettre tout en ordre & s'accoûtumer elles
mêmes à ce nouveau domicile avant que de les charger d'enfans. Quelques jours après on commença
à en recevoir; mais l'ignorance où l'on est à Paris
du succès de cet allaitement dans le pays étran-

gér, fit qu'il n'y eut que de pauvres gens qui se
hazarderent à nous confier des enfans malfains ou
affoiblis par la mauvaife nourriture qu'ils avoient
reçue dans le fein même de leurs meres, fuite néceffaire de la pauvreté de ces femmes. Trop de
compaffion & pas affez de connoiffance ou de fermeté firent admettre des enfans que l'on n'auroit
pas dû recevoir dans le commencement d'un établiffement, qui n'étoit déja que trop expofé à des
obfervations défavorables par le cours ordinaire de
la nature, felon lequel tous ceux qui fe font occupés de ces objets, favent que d'un certain nombre
d'enfans nés en même-tems, il en meurt plus d'un
quart dans la premiere année, plus d'un tiers en
deux ans & au moins la moitié dans les trois premieres années. Ces enfans dans l'état où ils étoient
n'auroient pu vivre étant nourris comme les autres;
mais en les recevant, leur mort devoit nuire à cet
établiffement dans l'efprit de la plus grande partie
des hommes qui jugent les chofes non par elles-
mêmes, mais par leurs fuccès. La réuffite du plus
grand nombre des enfans ne calmoit pas l'inquiétude que je reffentois, lorfque j'en voyois périr un
feul. Il étoit bien démontré que je ne devois pas
attribuer cette perte à la méthode d'allaitement,
puifque quelques-uns mêmes des plus foibles avoient
été rétablis dans le meilleur état par ce moyen; mais
vivement touché d'en perdre quelques-uns, j'em-
ployois tout le tems que je ne paffois pas à Grenelle,
à confulter Accoucheurs, Médecins, Chirurgiens,
Nourrices, différentes perfonnes qui avoient été en

Ruſſie, en Baviere, en Allemagne & autres lieux
où cet allaitement eſt fort en uſage, à m'informer
dans les différentes provinces du Royaume où l'on
éléve ainſi des enfans, & enfin à mener à Grenelle
toutes les perſonnes que je croyois en état de me
donner quelques lumieres. Je fis tous mes efforts
pour attacher à mon établiſſement des Médecins &
des Chirurgiens voiſins du lieu où je l'avois formé.
Mais voyant l'inutilité des différentes tentatives que
j'avois faites pour y réuſſir, j'engageai un Médecin de
Paris à y venir de deux jours l'un. J'avois ſix enfans,
dont cinq étoient en très-bon état, le jour de l'Aſ-
cenſion. Ils furent vus ce jour-là par une multitude
de perſonnes différentes, & par des peres & meres
de ces enfans : je pourrois même citer ici comme
témoins de leur bonne ſanté des Magiſtrats & d'autres
perſonnes très-dignes de foi. M. Barbe, habile Apothicaire au Parvis Notre-Dame, qui eſt ſouvent con-
ſulté dans les maladies d'enfans, les vit auſſi ce jour-
là & les trouva forts pour leur âge & en bonne
ſanté. Il ne ſortit de la ſalle où étoient ces enfans
que ſur les 7 à 8 heures du ſoir. Dans la nuit ſuivante les ſix enfans furent attaqués de vomiſſemens,
d'un dévoiment violent & de douleurs d'entrailles
qui leur faiſoient jetter des cris très-vifs & perpé-
tuels. Dès la nuit ſuivante les deux plus forts mou-
rurent ; quelques heures après, qui étoit le ſamedi
matin, je perdis le troiſieme, & le dimanche le
quatrieme. Les deux autres paroiſſoient auſſi mal
& furent de même condamnés par les Médecins.
Ils vivent cependant encore, parce qu'ils ont moins

bu pendant la nuit du mélange d'eau d'orge & de lait, qui faisoit depuis quelques jours leur nourriture.

Il est essentiel de remarquer qu'une jeune demoiselle de dix ans, d'un très-bon tempérament, qui étoit venue avec madame sa mere voir ces enfans, ayant bu une cuillerée de ce mélange, en eut pendant deux jours un dévoiment considérable avec des glaires ensanglantées, ce qui la changea sensiblement, la rendit jaune & obligea de lui faire des remedes. Cette mixtion de l'eau d'orge avec le lait se faisoit trois fois par jour sur un petit fourneau portatif dans un coin de la salle près la porte par laquelle tout le monde entroit. On faisoit ensuite refroidir ce mélange dans une terrine qu'on plaçoit sur une croisée. Le mélange fut fait le jour de l'Ascension, vers les six heures comme à l'ordinaire, & porté ensuite sur la croisée. Toute l'après-midi de ce jour-là cette partie de la salle sur-tout, qui étoit vers l'entrée, fut remplie d'une foule semblable à celle que l'on voit dans les églises les jours de grandes fêtes.

Je fis ouvrir le dimanche matin les trois enfans qui étoient morts la nuit du vendredi au samedi, & le samedi matin. On trouva l'estomac gangréné dans l'un & enflammé dans les deux autres, dans tous les trois une masse de lait caillé d'un volume très-considérable, d'un blanc jaunâtre & d'une solidité de fromage dur. Je supprime toutes les autres circonstances de cette triste catastrophe. Ces détails ne présenteroient que des lumieres affligeantes.

J'efpérois même avoir fait tout ce que le devoir exigeoit de moi dans ce cruel moment, en rendant compte de toutes fes circonftances à quelques perfonnes capables à tous égards de décider des caufes d'un accident aufli funefte; mais quelques propos répandus dans le public & qui m'ont été rapportés, m'ont fait voir que vous aviez raifon, Monfieur, de me confeiller de publier un petit Mémoire qui inftruisît le public. Si vous croyez que cette Lettre puiffe remplir cet objet, je vous ferai très-obligé de la faire imprimer. Je fupprime ici la décifion des perfonnes dont je viens de parler, quoi qu'elle me difculpe parfaitement, parce qu'elle jette des foupçons fur des hommes qui ont encore confervé les dehors de l'humanité. Je me fuis contenté de prendre les mefures que la prudence exigeoit de moi. J'ai fait fermer la porte du lieu où font les enfans à tous ceux qui veulent les voir, à moins qu'ils n'y viennent avec les peres & meres ou dans le tems que j'y fuis. Depuis ce moment il n'eft arrivé aucun accident à ces enfans, & j'en ai maintenant fept reçus depuis le jour de l'Afcenfion qui fe portent très-bien, les deux que j'ai confervés par des foins infinis, & quatre d'infcrits pour le moment où les meres accoucheront. Les papiers publics rendront compte tous les mois des progrès de ce nouvel établiffement, des noms des peres & meres qui y ont des enfans, témoins irrécufables que le public pourra toujours confulter. Ces détails engageront fans doute des citoyens zélés & inftruits à me communiquer des lumieres qui pourront perfec-

tionner notre méthode , & augmenter les avantages
que l'humanité doit en tirer. Je recevrai avec
reconnoiffance tous les avis qu'on voudra bien
me donner ; je céde d'avance tout ce que je pourrois prétendre dans l'honneur du fuccès à celui qui
m'aidera par de bons confeils ; je profiterai de ceux
qui pourront être utiles , & j'en ferai même honneur à leurs auteurs dans les papiers publics , s'ils
paroiffent le défirer : enfin je ne négligerai rien de
tout ce qui peut contribuer à rendre cette opération d'une utilité fi générale & fi frappante , &
d'une fi grande facilité pour l'exécution, que le
fuccès de cette tentative introduife la pratique de
cette méthode dans les provinces & les campagnes.
Quelques perfonnes m'ont dit que la nourriture
que l'on avoit préparée pour ces enfans & qui leur
a été fi funefte , pouvoit avoir été infectée par le
mêlange des haleines & de la tranfpiration d'une
multitude de perfonnes des deux fexes, & qui peut-
être fe trouvoient dans différents états. Je défirerois
bien ardemment que cette conjecture pût être
adoptée ; elle écarteroit tout autre foupçon.

MÉMOIRE SUR LES HÔPITAUX.

L'OBJET des Hôpitaux lors de leur inftitution, étoit de donner des fecours à ceux que des maladies, l'âge ou la perte de quelque membre, rendoient incapables de continuer des travaux, dont le falaire fourniffoit à leur fubfiftance, en même-tems que le réfultat de ces travaux augmentoit le commerce, & par conféquent la richeffe de la nation. Avant d'auffi fages établiffemens, ces hommes qui avoient fervi la fociété, tant que leur force & leur fanté le leur avoient permis étoient obligés d'attendre leur fubfiftance de la commifération des paffans. On a fenti combien il étoit jufte de leur donner des fecours plus certains ; mais cet acte de juf-tice eft devenu dans la fuite la fource d'une infinité d'abus. Les fecours des Hôpitaux ont favorifé la pareffe, & entretenu l'oifiveté. Lorfqu'on a vu donner une retraite & des fecours aux mendians, beaucoup de gens qui étoient en état de travailler, fe font mis à mendier, & le nombre de ces derniers s'eft tellement accrû que les fecours des Hôpitaux font devenus infuffifans pour tous. On a donc été forcé, d'en laiffer un grand nombre expofer leur mifere fur les grands-chemins & dans les rues ; & le véritable pauvre, objet fi digne d'une commifération légitime, n'a plus trouvé dans les Hôpitaux que le traitement d'un mendiant de pro-

X 4

feſſion, répréhenſible & digne de punition.

La Juſtice & une ſaine politique, ſont donc également intéreſſées à remédier à des abus, dont les ſuites ſont funeſtes; il faut ſecourir le véritable pauvre, l'invalide de l'Etat; il faut punir le mendiant de profeſſion, ce pareſſeux coupable qui devient ſi ſouvent, & ſi facilement par ſes crimes l'objet de la ſévérité des loix. Ces deux eſpèces d'hommes ſi différens, ne doivent plus être confondus dans la même maiſon, ni traités de la même maniere. Les uns méritent une récompenſe, les autres une punition.

L'humanité, la charité chrétienne aſſurent des ſecours aux maiſons, où l'on ne trouvera que des véritables pauvres. La richeſſe de l'Hôtel-Dieu en eſt une preuve.

L'intérêt perſonnel de chaque membre de la ſociété, l'engagera à contribuer au ſoutien d'un établiſſement qui la délivreroit de cette foule de mendians, & qui la tranquiliſeroit ſur la crainte fondée des déſordres auxquels ſe peuvent porter des hommes ſi diſſolus & ſi libres.

Si nous continuons de confondre le mendiant avec le véritable pauvre, nos Hôpitaux manqueront totalement de ſecours.

On conviendra aiſément de la vérité de ce que je viens d'expoſer; mais comment y remédier, dira-t-on? Il eſt certain que ſi l'on ne veut pas changer de ſyſtême ſur l'adminiſtration des Hôpitaux, les plus grandes reſſources, ſe trouveront toujours inſuffiſantes; parce que le nombre des mendians, vrais ou faux, croîtra toujours en proportion des secours qui seront offerts.

Pour qu'une administration d'Hôpitaux soit très-utile, il faut que chacun des Administrateurs n'y passe qu'un certain nombre d'années ; le zèle & la ferveur sont absolument nécessaires pour une pareille fonction, & il est rare que ces sentimens vifs durent toute la vie. D'ailleurs plus on multiplie le nombre de ceux qui ont été chargés d'une opération, plus on lui donne de célébrité. L'administration de Lyon où l'on suit ce système, & dont la réputation est si bien établie, devroit servir de modéle pour toute administration de ce genre.

Les principaux objets de ceux qui conduisent un Hôpital doivent être :

1°. D'encourager ceux qui sont encore en exercice de professions utiles, par la certitude de trouver des secours dans les besoins momentanés, & d'être traités comme invalides de l'Etat, quand leur caducité ou leurs infirmités, ne leur permettront plus de le servir.

2°. D'offrir un supplément à ceux qui ne peuvent trouver, dans un travail assidu, de quoi fournir à leurs besoins indispensables.

3°. D'avoir des moyens d'occuper, & de punir les mendians de profession, après qu'ils auront été jugés tels par un Tribunal.

Reprenons ces trois articles, & quoique j'ignore les revenus de la masse totale des Hôpitaux, je crois pouvoir démontrer la possibilité de l'exécution de mon plan. Il est certain qu'il y a un grand nombre d'Hôpitaux dont les revenus ont été ufurpés pour d'autres deftinations, fous le prétexte, ou que les pauvres du pays n'en vouloient pas faire ufage, ou que les revenus étoient infuffifans pour le nombre des pauvres qu'il faudroit fecourir ; & l'on a fait retomber fur les Hôpitaux les plus voifins, déja trop chargés, cette furabondance de pauvres. Mais ces recherches feront partie des fonctions de ceux qui feront chargés de l'exécution du nouveau fyftême fur les Hôpitaux, s'il eft adopté. Il ne s'agit maintenant que d'en faire voir la poffibilité.

L'encouragement que l'on propofe, pour ceux qui travaillent encore, par la certitude d'un bon traitement pour ceux qui auront continué leur travail, tant que leurs forces leur auront permis, n'eft point coûteux. Si l'on fait un peu plus de dépenfe pour chacun de ceux que l'on recevra, on en recevra moins, parce qu'avec la condition de n'accorder cette retraite que comme une récompenfe à ceux qui l'auront méritée par leur affiduité au travail, on maintiendra dans l'exercice des profeffions utiles, une multitude d'hommes, à qui le défefpoir le fait abandonner aujourd'hui. C'eft l'égalité du traitement de celui qui a bien travaillé toute fa vie, & de celui qui n'a jamais été qu'un pareffeux, qui écrafe les Hôpitaux. D'ailleurs indépendamment des fecours du public & de ceux que l'ordre dans nos Hôpitaux doit leur affurer, pourquoi à *l'inftar* des Invalides n'effaieroit-on pas de tirer des artifans par une légére contribution volontaire, de quoi procurer des douceurs à ceux qui font d'une même

profeſſion? Des confréries clandeſtines dans nombre
de ces profeſſions , prouvent que cette reſſource
n'eſt point imaginaire ; il feroit même poſſible d'a-
nimer tellement fur cet objet, le zèle de ceux qui
les exercent , que chacun d'eux par une très-foible
cottiſation volontaire , procureroit des fecours ſuffi-
ſans à ceux de la même profeſſion qui en auroient
befoin. Il ne s'agit dans une nation comme celle-
ci , que de donner de la confiance , & d'exciter les
ſentimens.

Le ſupplément que je propofe de donner, à
ceux qui ne peuvent trouver dans leur travail de
quoi fournir à la dépenſe néceſſaire d'une famille
nombreuſe leur eſt dû , & diminuera la dépenſe
des Hôpitaux, puiſqu'il fera infiniment moindre ,
que ce que leur coûteroit la nourriture & l'entretien de ces hommes & de leur famille dans un
Hôpital , où ils font tous les jours forcés de fe ré-
fugier, faute de ce fecours. Si le falaire du journalier n'eſt pas ſuffiſant pour ſes véritables befoins
& ceux de ſes enfans, l'Etat à qui il donne des
membres, doit ſuppléer à ce qui lui manque. Sans
cette juſte & fage précaution , la néceſſité de vivre,
l'obligera d'abandonner fon travail , & d'aller fe jetter avec fa famille dans l'abîme des Hôpitaux, ou
de chercher dans l'état de mendiant les reſſources,
que fon travail ne pouvoit lui fournir. Il en eſt de
même de cette veuve infortunée, qui fouvent n'a
que des larmes à donner à fes enfans. La modicité
de fes gains, ne la met pas en état de leur fournir
autant de pain que leur ſubſiſtance l'exige. Avec

un très-foible secours, on engageroit de pareilles
gens à continuer des travaux, dont la réunion, quelque modiques qu'ils soient, fait partie de la richesse
d'un Etat.

Les efforts inutiles non-seulement découragent
les hommes qui les font, mais encore tous ceux
qui font témoins de leur insuffisance. C'est dans le
lieu du crime, qu'on punit le criminel. Pourquoi
n'aideroit-on pas l'infortune non méritée, & l'a-
mour du travail, dans le lieu où ils font connus?
On inspireroit par-là de la confiance, & on main-
tiendroit dans l'exercice des professions, des hommes qui fentant que leur âge ou mille autres raifons les menacent d'un avenir cruel, fe livrent aujourd'hui au défespoir, & abandonnent tout. S'ils
euffent eu l'espérance d'une caducité moins mal-
heureufe, en continuant leur travail tant qu'ils l'auroient pu, l'Etat auroit gagné dix années de travail
de ces hommes. Affurons aux hommes le néceffaire
en travaillant, & la plûpart travailleront; alors ceux
qui fe refuferont à ce devoir feront coupables, il
faudra les punir, & cette punition fera le troifieme
objet d'une fage adminiftration.

Cette punition doit être graduée & proportionnée
à la faute du mendiant; ceux qui feront arrêtés
.pour la premiere fois, doivent être traités moins
févérement que ceux qui le font pour une feconde
ou une troifieme. Un jugement juridique doit prononcer la forte de punition & fa durée. Il eft des
travaux publics pour les hommes, où il eft facile
de les employer avec utilité, & par conféquent avec

diminution dans la dépenſe qu’ils occaſionnent aujourd’hui. Les bornes que je me ſuis preſcrit dans
ce Mémoire ne me permettent pas de m’étendre ſur
cet article.

Tous les travaux ſur le chanvre peuvent occuper
un nombre infini de femmes. La plûpart des terres
du royaume ſont propres à cette production : j’en
ai fait l’épreuve, & ſi on animoit cette culture ,
on conſerveroit dans le royaume beaucoup d’argent,
qu’une denrée ſi néceſſaire fait paſſer dans les pays
étrangers. On ne peut trop multiplier les manufactures qui travaillent ſur les denrées que le ſol produit, qui ne demandent pas beaucoup d’intelligence
dans l’ouvrier qui fabrique des ouvrages de bas prix
& d’une conſommation journaliere ; ainſi on peut
dans la plûpart des villages fournir de l’occupation
à ces perſonnes oiſives & vagabondes qui couvrent
les chemins. L’Intendance de Lille dans laquelle il
n’y a point de pauvres, donne un exemple qui ne
ſeroit pas difficile à ſuivre. Chaque paroiſſe doit
avoir ſoin de ſes pauvres : les Seigneurs , les Curés,
les Laboureurs ſe cottiſeront volontiers pour une
œuvre ſi juſte, & ils y gagneront beaucoup , parce
qu’ils ſeront débarraſſés de cette foule de mendians
qu’ils ſont obligés de retirer tous les jours , & qui
les menacent, s’ils ne leur donnent pas ce qu’ils
déſirent. D’ailleurs celles de ces paroiſſes qui ſe trouveroient trop chargées pourroient être aidées par une
partie des revenus d’Hôpitaux qui ne ſervent plus
à rien aujourd’hui, ou qui deviendront inutiles par
cet arrangement , puiſqu’autant qu’il ſera poſſible,

on laiſſera chaque pauvre, & on le ſecourera dans
le village où il eſt né. Les eſtropiés qu'il faudroit
panſer tous les jours, ou ceux qui auront beſoin
de quelque grande opération, feront les ſeuls que
l'on tranſportera dans les Hôpitaux les plus voiſins. Des Chirurgiens choiſis avec ſoin, auront des
appointemens pour aller dans tous les villages de
leur diſtrict, aider de leurs conſeils lorſqu'ils en
ſeront requis par les Filles de Charité, que l'on aura
ſoin de placer dans des diſtances convenables, pour
que les pauvres malades ſoient ſecourus. A l'égard
des caducs, de petites ſommes par mois, qui ne ſeroient ſouvent pas la moitié de ce qu'ils coûtent
dans un Hôpital, leur ſeroient bien plus utiles que
la reſſource de l'Hôpital, & encourageroient bien
davantage leur famille, & ceux qui les verroient
ainſi ſecourus.

Le ſecours des malheureux eſt un devoir preſcrit
par toutes les Religions, & que l'humanité ſeule inſ-
pire à la plûpart des hommes ; ainſi les Gouvernemens n'ont qu'à régler la maniere dont on doit
s'acquitter de ce devoir. Les Hôpitaux dont le public ſera content ne manqueront jamais. Pour attirer des dons, il ſuffit de faire voir qu'on les emploie utilement ; il n'eſt que trop démontré que
c'eſt la mauvaiſe adminiſtration de nos Hôpitaux,
qui a tari la ſource des aumônes qu'ils recevoient.
Pour les rappeller, il faut faire renaître la confiance.
Aucun moyen n'y eſt plus propre que celui de l'établiſſement d'une commiſſion uniquement deſtinée à
la réforme des Hôpitaux, & au banniſſement de

mendicité; fans cette commiſſion les meilleurs projets reſteront fans exécution, le découragement du
public ne fera qu'augmenter, & les revenus des
Hôpitaux devenant de jour en jour plus inſuffiſans
par leurs furcharges, tous feront obligés de fuivre
le triſte & cruel exemple de celui de Touloufe.
Cette commiſſion compoſée de perſonnes choiſies
dans différens états doit (lorſque les meſures feront
priſes pour que chaque pauvre reſte dans ſon village)
avoir le droit de décerner des exécutoires pour faire
payer aux villages, la ration des pauvres de leur
diſtrict, que l'on trouveroit mendians, que l'on
arrêteroit & qui feroient incapables de travaux. Je
pourrois entrer dans beaucoup d'autres détails. Je
trouverois dans le Mémoire que j'ai fait imprimer
fur les Hôpitaux, des objets dignes d'être préfentés. Je les préfenterai à la commiſſion ſi elle exiſte;
fans elle je crois impoſſible de rétablir nos Hôpitaux, & peut-être même de faire exécuter aucuns
projets utiles, fur un objet auſſi important.

PLAN

Des fonctions que M. de Chamousset s'étoit proposé comme Intendant des Hôpitaux Militaires.

JE ne chercherai jamais dans toutes les opérations qui me feront confiées que le plus grand bien de l'Etat. J'y facrifierai toujours les apparences d'une économie qui pourroit me mériter quelques louanges.

D'après ce principe tant que je ferai à la tête des Hôpitaux, je préférerai les approvifionnemens de France à ceux d'Allemagne, quand ils feroient un peu plus chers.

Je garderai les malades le plus près de l'armée qu'il me fera poffible , quoiqu'ils y coûtent plus cher que fur les derrieres; parce que leurs maladies feront plus courtés & qu'ils retourneront plutôt à leurs corps.

J'aurai foin de faire remplir avec exactitude tous les mois, par les Directeurs , les feuilles imprimées fur leur adminiftration. D'après ces feuilles je ferai faire de même tous les mois , & j'enverrai au Miniftre le tableau qui eft le réfultat de ces différentes feuilles.

Je me ferai envoyer toutes les quinzaines au plus tard un état des caiffes , tant au haut qu'au bas Rhin , afin de pouvoir connoître notre fituation, & en pouvoir rendre compte au Miniftre quand il l'ordonnera.

J'entretiendrai

J'entretiendrai avec MM. les Commiffaires de
Guerres, les Régiffeurs, les Médecins, les Directeurs
& autres Employés des Hôpitaux la correfpondance
néceffaire au fervice.

J'infpecterai la marche de la comptabilité, afin
qu'elle ne fe rallentiffe pas, & m'y ferai aider par
les perfonnes qui me feront néceffaires.

Je continuerai d'établir des maifons de convalefcence par-tout où je le pourrai, quoique ces
établiffemens foient coûteux ; parce qu'on évite
par-là des évacuations qui font périr un grand nom.
bre de foldats, & des rechûtes qui font plus longues, plus dangereufes & plus difpendieufes que
les premieres maladies.

Je ferai des provifions dans les tems favorables,
parce que par ce moyen les denrées font d'une
meilleure qualité, beaucoup moins cheres, & qu'on
s'en affure.

Je mettrai la plus grande économie dans tout ce
qui ne tend pas au foulagement des malades & à
la célérité de leur guérifon, & la plus grande libé-
ralité dans tout ce qui peut contribuer à un objet
auffi intéreffant.

Le moyen que j'ai imaginé de me faire rendre
compte du détail de tous les Hôpitaux avec plus
d'exactitude, que fi j'y allois, & en quelque lieu
que je fois, me fera connoître avec très-peu de
travail les fautes même légéres que pourroient commettre les Directeurs, & tous les articles fur lefquels leurs dépenfes feroient un peu trop fortes.
J'y verrai d'ailleurs avant le befoin les chofes qui

me font néceffaires, & je pourrai ainfi avifer au moyen de me les procurer au meilleur marché poffible, parce que je n'attendrai pas que je fois trop preffé; mais les objets principaux de confommation & qui font d'un volume confidérable doivent être approvifionnés en deux tems de l'année ; dans les mois de Mars & de Septembre, parce que la température de l'air, & l'eau des rivieres font favorables aux tranfports dans ces deux mois. L'approvifionnement des vins doit être fait exactement dans ces deux mois. Les farines peuvent arriver pendant tout l'été, mais il faut toujours en avoir devant foi un approvifionnement confidérable.

Dans le mois d'Octobre, on doit finir tous les approvifionnemens de cette partie pour l'hiver, parce que les glaces & les mauvais chemins, en rendent le tranfport difficile pour ne pas dire impoffible, & très-coûteux dans une faifon plus avancée.

Pour remplir ce plan, il faut des fonds ; je me propofe de les trouver dans la confiance que plufieurs perfonnes riches ont en moi : mais comme elles exigent un engagement perfonnel, je ne les prendrai qu'après que j'aurai toute fûreté ou rembourfement par une fomme fixe par mois, que rien ne pourra changer, & fur laquelle il me fera permis de faire les opérations néceffaires pour me procurer des fonds d'avance; on ne peut fixer cette fomme fans une évaluation de la quantité de malades que doit donner un certain nombre d'hommes.

Une longue expérience a appris que fur une armée de 120 mille hommes, il falloit au moins compter fur 8800 malades habituels, en prenant la moyenne proportionnelle de la quantité de malades au commencement d'une campagne & à la fin. Ce calcul ne fuppofe ni batailles, ni épidémies. Quand on n'en fuppoferoit que 8000 à 25 fols par jour, la dépenfe feroit de 10000 liv. par jour & de 300 mille par mois : mais une bataille peut doubler ce nombre de foldats dans les Hôpitaux, & c'eft un événement qu'on doit prévoir ; d'ailleurs, fur ce nombre de malades, il faut au moins fuppofer un dixieme d'Officiers qui coûtent le double, ce qui feroit 800 liv. de plus par jour, & par conféquent 324 mille livres par mois au lieu de 300 mille livres.

Quand on fuppoferoit que la réunion de l'Hôpital ambulant aux Hôpitaux fedentaires diminueroit d'un tiers la dépenfe, il faudroit compter par mois 100 mille livres pour l'Hôpital ambulant, lefquels 100 mille livres joints aux 324 mille livres font 424 mille livres.

Je demande donc de toucher les 324 mille livres du premier Janvier, tant pour foutenir le fervice qui deviendra plus cher dans le mois de Janvier, Février & Mars qu'il ne l'eft maintenant, que pour payer les dettes des Hôpitaux, & pour m'aider à faire les approvifionnemens pour la campagne prochaine.

Les 100 mille livres par mois pour l'Hôpital ambulant ne commenceront à être payées, qu'au tems où l'on a coutume de payer pour cet objet.

Je fais faire une eftimation fommaire & par ap-

perçu des chofes les plus néceffaires à approvifionner.

3000 facs de farine, à 21 livres. . . 63000 liv.

Du vin pour fix mois, à raifon de
4000 pintes par jour, & de 5 fols la
pinte. 180,000

Ports defdites denrées, attendu que
l'on me fait payer actuellement tout
ce que j'envoie par les voitures d'ordonnance 15 deniers par quintal & par
lieue. En fuppofant que ces denrées
deftinées pour les différens Hôpitaux
faffent l'une dans l'autre 24 lieues,
cela fera 30 fols par quintal, ainfi pour
3000 facs, ci. 9,000

Et 720 mille pintes de vin pour les
fix mois, à raifon de 3 liards la pinte, le
poids de futaille compris 2,160,000 de
poids, qui à raifon de 30 fols le quintal
fait la fomme d'environ. 3,2000

Linge à panfemens, charpie, eau-
de-vie, riz, pruneaux, huile & autres
denrées. 100000

Total 444,000 liv.

RÉFLEXIONS

Sur le projet de réunion des Invalides aux Hôpitaux Militaires.

Le foulagement des foldats malades, & celui des foldats que leurs bleffures ou leur caducité rendent inhabiles aux fatigues de la guerre, femblent n'être qu'un feul objet. Il y a tant de rapports entre les Hôpitaux militaires & les Invalides, que ces deux fervices fembleroient devoir être réunis. L'un & l'autre, peuvent fe prêter des fecours mutuels : il en réfulteroit un bien infini pour les troupes & une économie confidérable dans la dépenfe. Louis XIV, en établiffant les Invalides n'a point réuni ce fervice à celui des Hôpitaux. Il eft facile d'en dire la raifon ; on ne connoiffoit point alors d'Hôpitaux militaires dans les villes de guerre ; les foldats qui tomboient malades étoient traités par les Chirurgiens-majors de chaque régiment. Il eft vrai qu'il y avoit des Hôpitaux à la fuite des armées ; mais ces établiffemens, que l'on doit à M. le Cardinal de Richelieu, étoient alors purement momentanés ; ils ne duroient qu'autant que les troupes étoient en campagne ; l'hiver les faifoit ceffer ; & il nous refte encore une trace de cette ceffation dans les abonnemens que font les régimens pendant le quartier d'hiver. Depuis que l'on a imaginé les Hôpitaux continuellement fubfiftans en tems de paix pour les

villes de garnifon, il femble que le fervice auroit
dû être regardé comme une *annexe* de celui des
Invalides, tous les deux ayant pour objet le foulagement des militaires en état de maladie ou de
caducité. L'Auteur de ce projet fi fimple eft en état
de démontrer tous les fecours qu'on tireroit des Invalides, qui fe confument pour la plûpart dans
l'oifiveté ; les connoiffances qu'il a acquifes dans
cette partie le mettent à portée de réfoudre toutes
les objections.

On l'a déja dit, & on aime à répéter cette vérité
utile & pratique ; chaque régiment choififfant parmi
les Bas-Officiers qu'il envoie aux Invalides, dans l'ef-
pace de trois ou quatre ans, un fujet intelligent pour
l'envoyer en qualité de commis dans les Hôpitaux, ce
corps ne manqueroit jamais de bons fujets qui coûteroient bien peu, puifqu'alors la jufte récompenfe
dont ils jouiffent aujourd'hui, feroit partie du traitement qu'on leur accorderoit pour rendre un fervice effentiel, au lieu d'hommes qui coûtent fort
cher maintenant. La nourriture des Hôpitaux devenant à peu près la même que celle des Invalides,
elle ne coûteroit rien à l'Etat pour de femblables
hommes dans les Hôpitaux, puifqu'elle feroit épargnée à l'Hôtel ; & un louis d'appointemens qu'on
leur donneroit par mois, les fatisferoit davantage
que les cinq & fix qu'on donne de même par mois
aux commis actuels. Choififfant enfuite dans le
nombre de ces employés des Hôpitaux les plus intelligens pour en faire dans l'Hôtel même des Invalides les Commis des Bureaux ; & la comptabilité

étant auffi fimplifiée qu'elle l'eft par les tableaux que l'on a préfenté, il n'eft pas douteux que les dépenfes de ce fervice diminueroient confidérablement, & qu'il deviendroit bien plus affuré qu'il ne l'eft aujourd'hui. Le Confeil des Invalides devenant l'ame de ce fervice, & toutes les grandes opérations y étant difcutées, plus de fraudes ni de négligences à craindre de la part des Chefs. Il eft donc certain que la *réunion des Hôpitaux militaires aux Invalides*, affureroit aux malades un meilleur traitement, au Roi une diminution confidérable dans les dépenfes qu'il fait pour cet objet important.

Les commis des Hôpitaux choifis par chaque Régiment parmi les Militaires vétérans auroient fûrement plus de foin de leurs camarades que n'en ont aujourd'hui des étrangers choifis au hazard, préfentés par l'envie de protéger ou de récompenfer des fervices particuliers, & qui ne défirent & n'acceptent ces places que par l'efpérance d'y faire fortune. Il nous a toujours paru que l'efprit de corps & d'état fe fait fur-tout remarquer parmi les Militaires. D'ailleurs il eft évident que de quelque maniere qu'on traite ces *Commis-Militaires*, il y aura toujours la plus grande différence entre la dépenfe de la nourriture & des appointemens d'hommes, qui endurcis à la fatigue, accoutumés à vivre de peu, ne connoiffent pas les recherches de la délicateffe ; & celle de commis qui élevés dans l'empire du luxe & de la molleffe, croient que le plus foible travail ne peut être trop récompenfé, & doit leur procurer les moyens de fatisfaire tous leurs défirs.

Les Chirurgiens choifis parmi ceux qui feront reconnus les plus capables dans des concours publics
que l'Intendant des Hôpitaux Militaires réunis aux
Invalides établira quatre fois l'année dans tous les
Hôpitaux du Royaume, en fa qualité de Commiffaire du Roi pour ces Hôpitaux; la chirurgie des
Hôpitaux Militaires fera la meilleure poffible, &
infpirera beaucoup de courage à toutes les troupes,
qui craignent aujourd'hui bien davantage les cou-
teaux de Chirurgiens peu capables que les armes de
l'ennemi. On pourroit encore faire paffer tous ces
Chirurgiens par les Invalides, en faifant remplir par
eux les places actuelles des Eléves de cet Hôtel, pour
connoître pendant le peu de tems qu'ils y pafferoient,
fi leur caractere & leur conduite répondent à leurs
talens : il en feroit de même des Apothïcaires qui
feroient tous tirés de la Pharmacie des Invalides,
où fe feroient, comme il a été dit dans le grand
Mémoire, toutes les drogues compofées pour les
Hôpitaux Militaires.

A l'égard des Infirmiers, j'ai déjà propofé qu'ils
foient engagés comme des foldats, ou par des vœux
de religion comme les Freres de Saint-Alexis en
Allemagne. Dans l'un & l'autre cas le chef-lieu de
cet établiffement pourroit être aux Invalides. A
mefure que l'on y formeroit des fujets on les enverroit dans les Hôpitaux Militaires du Royaume,
& tous ceux qui feroient reçus par les Communau-
tés des grands Hôpitaux de province, viendroient
aux Invalides paffer quelque tems fous les yeux des
Chefs de l'Ordre, pour les juger, avant de les admettre à prononcer leurs vœux.

A ces différens moyens déjà très-efficaces, ajoutez que tout ce travail veillé, fuivi par le confeil même de l'Hôtel des Invalides deviendroit inacceffible à toute efpèce d'abus. Des récompenfes accordées à ceux qui fe conduiroient bien, des punitions prononcées contre les prévaricateurs par ce Confeil, réuniroient le double motif qui force les hommes à faire le bien.

E X P O S É

Des conditions auxquelles la Compagnie qui offre de prendre la Pofte aux Chevaux de Paris & des deux lieues aux environs eft prête de s'engager.

1°. Elle offre de monter la Pofte aux chevaux de Paris, celles de Nanterre, Saint-Denis, Bourget, Bondi, Charenton, Villejuif & Antoni, du nombre de chevaux néceffaires pour que la Ferme générale des Poftes & le public foient parfaitement fervis.

2°. D'exécuter toutes les claufes, charges & conditions dont font tenus lefdits Maîtres des Poftes envers la Ferme générale.

3°. De ne prétendre aucune exemption de tailles pour raifon des terres que la Compagnie jugera à propos de faire valoir, pour remettre par le labour les chevaux qui feroient trop fatigués.

4°. De réduire à pofte & demie les deux poftes que l'on paie maintenant, foit en entrant, foit en fortant de Paris, pourvu que ceux qui fortent de Paris ne faffent point attendre chez eux les chevaux plus d'une heure, & que ceux qui y entrent fe faffent conduire directement chez-eux. Ceux qui s'arrêteroient avant que de fe rendre chez eux ou qui y étant arrivés, renverroient par les chevaux de Pofte leur chaife dans un autre quartier, comme ceux qui avant de partir feroient attendre les chevaux plus d'une heure, continueront de payer les deux poftes comme on les paie aujourd'hui.

5°. D'établir & de maintenir une police exacte dans la manutention de ces poftes qui affure au public un fervice tel qu'il peut le défirer, qui rende impoffible l'infolence des poftillons, & qui procure à la Police des renfeignemens certains fur les gens fufpects qui fortiroient ou entreroient à Paris par la pofte. Pour remplir ces trois objets, voici l'idée générale de l'ordre qu'on fe propofe de tenir. Tout poftillon fortant de la Pofte, fera porteur d'un billet imprimé dans lequel on exprimera l'heure de fon départ, celle où il eft demandé, le quartier où il va chercher le Courier, & le nombre de chevaux qu'il conduit. En arrivant à la premiere pofte, il remettra ce billet au Directeur que la Compagnie gagera, qui en allant demander au Courier s'il n'a point de plaintes à faire du poftillon, doit l'examiner affez attentivement pour en faire fur fon regiftre le fignalement, fi ce n'eft pas quelqu'un de très-connu, & fur-tout fi le poftillon ne l'a pas pris dans l'endroit qui fera exprimé fur le billet imprimé. Ces fignalemens feront envoyés tous les jours des

différentes poftes, au Bureau de Paris, avec la route
que ces perfonnes ont prifes, & portés à ce Bureau
fur un regiftre qui pourra être dans certaines occafions d'une grande utilité à la Police.

Les chevaux feront mis à l'écurie, & attendront
qu'un Courier les ramene à Paris, à moins que
dans quelques circonftances où il y auroit une grande preffe, on ne fut obligé de les renvoyer à vuide;
d'où il réfulte que les chevaux n'étant jamais fatigués, feront toujours plus en état de bien fervir le
public.

Nous fouffignés nous engageons & obligeons fo-
lidairement d'exécuter toutes les claufes ci-deffus,
& de commencer en conféquence le fervice du
public trois mois au plûtard après l'Arrêt du Confeil homologatif de notre préfente foumiffion.

MÉMOIRE

*Sur un établiffement d'Ecuries pour la commodité du
Marché aux Chevaux.*

LES excellentes opérations faites depuis quelques
années au Marché aux Chevaux, & dont le public
eft redevable aux foins infatigables du Magiftrat zélé
qui eft à la tête de la Police, doivent engager ceux
qui font animés de l'amour du bien public, à faire
tous leurs efforts pour contribuer, autant qu'il eft
en eux, à la perfection d'un établiffement déjà fi
utile.

Celui d'écuries publiques, fous l'infpection du même Officier de Police qui eft chargé de celle du Marché aux Chevaux, paroiffoit une fuite néceffaire du premier établiffement. Le fieur de Chamouffet convaincu de cette vérité, vient d'en faire établir dans un terrein vafte qu'il a pris depuis quelques années fur le bord de la riviere, tant pour cet objet, que pour fervir de chantier au pont qu'il doit faire conftruire de la chauffée de l'Hôpital à celle de l'Arfenal. Ce terrein très-fpacieux étant hors la Barriere S. Bernard, eft très-proche du Marché aux Chevaux, & y communique par la chauffée de l'Hôpital ; ainfi, les chevaux qui iront du Marché à ces Ecuries, où de ces Ecuries au Marché, ne pafferont point dans Paris. Ces Ecuries étant placées fur le bord de la riviere, les chevaux boiront beaucoup mieux qu'au fceau. Si l'on doutoit combien cette maniere de faire boire les chevaux au fceau influe défavantageufement fur leur fanté, il fuffiroit de faire remarquer que tous les chevaux des voitures publiques, quelque éloignées que foient leurs écuries de la riviere, viennent y boire deux fois par jour. Tous les chevaux de province font fi accoutumés d'aller à l'abreuvoir, que les premiers jours qu'ils arrivent dans les Ecuries de l'intérieur de Paris, ils ne boivent point, à moins qu'on ne les mene à la riviere. D'ailleurs, lorfqu'il fait chaud, le bain que ces animaux ne peuvent prendre que dans la riviere, leur eft d'une utilité infinie.

Tout doit ici infpirer la plus grande confiance à l'homme raifonnable. 1°. Dans une ville auffi peuplée que Paris , rien de plus dangereux que cette multitude de chevaux qui marchent par bandes : on diminue ce danger , en diminuant celui de ce grand nombre de chevaux, qui les jours de marché, traverfent tout Paris. 2°. On procure aux chevaux placés dans ces écuries, l'eau de la Seine dans fa pureté, de l'air & de la promenade dans l'efplanade de l'Hôpital. 3°. On affure à un nombre de gens qui viennent de province, une écurie où leur cheval fera auffi bien foigné & auffi bien nourri que fi le maître y veilloit lui-même, & par-là on donne la facilité de fe loger où l'on jugera à propos. 4°. On fera sûr que les denrées pour les chevaux feront de la meilleure qualité & au prix le plus raifonnable. 5°. Toute inquiétude fera bannie lorfqu'on penfera que la perfonne qui a mérité la confiance du Magiftrat de la Police pour la partie des chevaux , a infpection, par fes ordres , fur les détails de ces écuries. Ces avantages font déjà bien confidérables , mais il en eft d'autres encore qui font une fuite naturelle de l'établiffement propofé.

Le peu de diftance de ces écuries au Marché aux Chevaux, y attirera facilement des acheteurs : ainfi on y placera de préférence les chevaux dont les particuliers voudront fe défaire. Ces chevaux avant que d'être mis en vente feront foumis à l'infpection de l'Officier de Police & des maréchaux qui font chargés de l'infpection de ceux qui vont au marché. Les acheteurs n'auront donc point à craindre d'être trompés, comme ils le font journellement, dans les écuries des particuliers & aux encans.

. En accordant à cet établiſſement un encan tous les lundis ou mardis de chaque ſemaine, le public qui voudroit acheter ou vendre n'auroit pas long-tems à attendre, puiſque le lundi il y auroit un encan à la Barriere S. Bernard, & Marché le mercredi & le ſamedi. Dans les jours d'intervalle, comme il y auroit toujours dans ces écuries des chevaux à vendre, & qu'on pourroit acheter en toute sûreté, parce qu'ils auroient été examinés par les perſonnes de la Police dont on vient de parler, le nombre des particuliers qui viennent de province pour acheter des chevaux, augmenteroit néceſſairement, parce qu'ils pourroient tous les jours remplir leurs vues, & qu'ils ne perdroient pas, comme il arrive aujourd'hui, le tems à attendre les marchés. Les différentes écuries qui ſont conſtruites à la Barriere S. Bernard, & la facilité que donne ce vaſte terrein pour en conſtruire en proportion des beſoins, met en état d'y recevoir toutes ſortes de chevaux, & de les ſéparer tous ſuivant leurs différentes eſpeces.

Le Magiſtrat de la Police fixera lui-même le prix pour le logement des chevaux. Celui de la nourriture étant fixé par la valeur du foin, par celle de la paille, de l'avoine & du ſon, chaque particulier ſera le maître de faire pour ſon cheval la dépenſe qu'il jugera à propos, & il pourra être aſſuré qu'on remplira ſes vues avec la plus-grande exactitude.

PROJET

De Voitures d'Eau du Pec à Compiégne, & de Compiégne au Pec pendant le Voyage du Roi.

On propose d'établir des Coches d'Eau pendant le voyage du Roi à Compiégne, qui iront tous les jours du Pec à Compiégne, & de Compiégne au Pec. On partira du Pec à onze heures du soir pour arriver à Beaumont vers les neuf heures du matin, & l'on en partira au plûtard à dix heures, après avoir pris tout ce qui viendra de Paris pour Compiégne, où le Coche arrivera tous les jours à huit ou neuf heures du soir, & il repartira tous les jours dudit Compiégne à quatre heures du matin, arrivera à Beaumont vers onze heures, y déchargera les marchandises & les personnes qui voudront s'en aller à Paris par les mêmes voitures qui auront amené le matin ceux qui vont à Compiégne. Le Coche repartira vers midi de Beaumont, & arrivera au Pec vers les huit à neuf heures du soir. En arrivant le Commis fera décharger tout ce qui est sur son Coche, & celui qui doit repartir fera recharger tout ce qu'il doit conduire à Compiégne, & repartira à onze heures avec trois Mariniers qui se seront reposés depuis la veille, & n'auront eu que le soin de faire placer sur un troisieme Coche qui restera toujours au Pec, tout ce qui y sera venu pendant cette

Journée, foit de Verfailles, foit de Paris. Ce fera fur
le même Coche à côté duquel fe placera l'arrivant,
qu'il déchargera ce qu'il apportera de Compiégne,
& ce fera auffi de ce Coche qu'il rechargera les
marchandifes à porter à Compiégne. Le Coche fera
attelé de huit chevaux pour monter de Conflans au
Pec, fur ces huit chevaux qui feront arrivés à huit
ou neuf heures, on choifira à onze heures les quatre plus frais pour leur faire faire l'*avalant* du Pec
à Conflans, les quatre autres viendront le lendemain
matin *haut le pied* fe joindre aux quatre qui auront
fait l'*avalant*, & attendre le Coche de l'après-midi
pour le monter au Pec. Six chevaux le monteront
de Conflans à Pontoife ; quatre de ces chevaux cou-
peront par le court pour revenir à Conflans, deux
refteront à Pontoife pour faire l'*avalant* du Coche
de l'après-midi. Six chevaux monteront le Coche de
Pontoife à Beaumont en prenant des chevaux de
renfort à l'Ifle-Adam, pour paffer cette rade qui
eft difficile, deux de ces chevaux retourneront *haut
le pied* à Pontoife, les quatre autres attendront à
Beaumont le Coche de l'après-midi pour en faire
l'*avalant* jufqu'à Pontoife. Six chevaux monteront
le Coche de Beaumont jufqu'à Craye, avec le renfort de quatre chevaux du relai de Craye qui viendront au-devant de celui de Beaumont à l'endroit
où la riviere devient très-rapide ; ils monteront ainfi
enfemble toute la rade ; lorfqu'elle fera montée,
les deux fixiemes chevaux du relai de Craye viendront fe joindre aux quatre qui y feront déja, &
des fix de Beaumont, après qu'ils feront rafraîchis,

quatre

quatre retourneront audit Beaumont ; les deux autres attendront le Coche du lendemain pour en faire *l'avalant.* Quatre chevaux frais viendront à Pont aider à monter le pont & la rade de cet endroit ; les quatre chevaux frais continueront la route jusqu'à Verbery, & ceux qui auront été au-devant du relais de Beaumont, retourneront à Craye, après s'être rafraîchis à Pont. Les six chevaux qui feront attelés fur le Coche, dont quatre feront de Pont & deux de Craye, le monteront à Verbery, où après s'être rafraîchis, les deux moins fatigués retourneront à Craye, les quatre autres resteront à Verbery pour y attendre le Coche dont ils feront *l'avalant* le lendemain de grand matin de Verbery à Pont, & les quatre de Pont le meneront à Craye. Les six chevaux de Verbery monteront le Coche de Verbery à Compiégne, quatre y coucheront pour faire le lendemain *l'avalant* du Coche, & deux viendront *haut-le-pied* à Verbery.

Tarif des Places en montant.

	liv.	fols.
Du Pec à Compiégne.	6	
Du Pec à Verbery.	5	
Du Pec à Pont.	4	10
Du Pec à Craye.	4	
Du Pec à Beaumont.	3	
Du Pec à l'Ifle-Adam.	2	10
Du Pec à Pontoife.	2	
Du Pec à Conflans.	1	

En defcendant.

	liv.	fols.
De Compiégne au Pec..	5	
De Compiégne à Conflans.	4	
De Compiégne à Pontoife.	3	10
De Compiégne à l'Ifle-Adam. . . .	3	
De Compiégne à Beaumont.	2	10
De Compiégne à Craye.	2	
De Compiégne à Pont.	1	10
De Compiégne à Verbery, foit en montant, foit en defcendant.	1	4

Attendu que fi le Camp eft audit Verbery, il y auroit à craindre fi l'on diminuoit le prix des places de Compiégne à Verbery, que le Coche ne fe trouvât plein de gens qui n'iroient qu'au Camp, ce qui dérangeroit le Coche de fon objet, qui doit faciliter la communication entre Paris, Verfailles & Compiégne. On pourroit même, fi le Miniftre le défire, établir un bateau couvert qui conduiroit de Compiégne à Verbery & de Verbery à Compiégne, pendant le tems que le Camp y fera.

De tous les endroits ci-deffus marqués, on paiera pour Verbery 10 fols de moins que pour Compiégne, comme auffi de Verbery pour tous ces mêmes endroits on paiera 10 fols de moins que de Compiégne; on donnera 10 fols de plus par chaque place pour être placé dans les cabinets.

Pour les hardes & paquets, comme ils feront prefque tous pour Compiégne, Beaumont ou le Pec, & que ceux de Verbery n'exigeront pas moins de dépenfe, puifque le bateau qui les montera ou defcendra, fe rendra à Compiégne ou en partira, on les paiera tous fur le pied du Tarif fuivant.

Ballots.

	liv.	fols.
Par cent pefant de hardes du Pec à Compiégne.	2	10
Et en defcendant.	2	
De Beaumont à Compiégne.	1	16
Et de Compiégne à Beaumont. . . .	1	10

Le premier Coche du Pec à Compiégne partira la furveille du départ du Roi, & deux jours avant ce départ on fera partir du port du Pec deux bateaux pour les gros bagages, & pour mettre bien au fait les chartiers & les chevaux qui doivent faire le fervice des Coches pendant le voyage : l'on paiera dans ces bateaux qui iront en deux jours, moitié de ce que l'on paiera par les Coches, c'eft-à-dire, 25 fols du cent pour Compiégne ou Verbery, qui font les deux feuls endroits pour lefquels on chargera, & dans le port du Pec feulement, on remettra les marchandifes à port à Compiégne dans le bateau aux perfonnes qui feront chargées de les recevoir. Dans les deux derniers jours du voyage, comme il n'y aura perfonne dans les Coches en montant, on mettra à la fuite defdits deux Coches, les deux mêmes bateaux qui auront amenés les ballots au commencement du voyage pour le retour.

Cet établiffement exige qu'il s'en faffe un autre de voitures par terre & de chevaux de renvois, pour

établir la communication de Verſailles avec le Pec
& de Paris avec le Pec & Beaumont. Celle de Paris
avec le Pec eſt déja toute établie par les Caroſſes de
S.-Germain : il ne s'agira que d'engager les Entrepreneurs à faire partir un *Carabas* pour le Pec tous les
jours à ſix heures du ſoir, leurs Chaiſes partiront à
meſure qu'elles ſeront demandées, les Caroſſes de
Verſailles qui menent à S.-Germain, meneront de
même au Pec ; il faudra auſſi les obliger à faire partir
un *Carabas* tous les jours vers les huit heures du ſoir
de Verſailles ; ainſi ces deux routes ſont déja montées. Il n'y a plus que celle de Paris à Beaumont
ſur laquelle on s'obligera, ſi le Miniſtre y autoriſe,
d'établir un *Carabas* qui partira tous les jours à une
heure du matin, relaiera à S. Brice, pour arriver
à neuf heures du matin à Beaumont. On aura ſoin
d'avoir quelques Cabriolets ou Carrioles qui partiront, ſavoir, les Carrioles à quatre heures du matin & les Cabriolets à cinq : on paiera par place
dans les Carabas 2 liv. 10 ſols ; dans les Carrioles
3 liv. ; dans les Cabriolets 4 liv. ; 24 ſols derriere
pour les domeſtiques des perſonnes qui ſeront dedans, & 30 ſols pour les autres.

L'Entrepreneur de la route de Beaumont ne peut
ſe plaindre en faiſant payer à toutes les perſonnes
qui prendront ces voitures leurs places juſqu'à Compiégne, c'eſt-à-dire, 3 liv. de plus que le tarif ci-
deſſus, & 50 ſols pour Verbery ; mais quelque juſte
que ſoit cet arrangement, il eſt néceſſaire qu'il ſoit
revêtu de l'autorité du Miniſtre, pour empêcher
toutes clameurs.

OBSERVATIONS

Sur l'Etablissement d'une Compagnie d'assurances contre les Incendies & sur le Ramonnage.

L E projet d'une Compagnie d'assurances contre les Incendies a déja été exécuté, mais il n'a pu se soutenir par le petit nombre de ceux qui ont voulu y faire assurer leur maison. Il est certain cependant que le projet est bon, & même qu'il réussiroit à la longue; mais les frais de Bureau à monter dégoûtent toujours les Compagnies qui font de pareilles entreprises : il faudroit donc chercher les établissemens déjà existans auxquels on pourroit les réunir, & ne les en séparer, que quand le succès en seroit bien assuré.

D'ailleurs presque tous ces projets ont pour objet principal d'enrichir ceux qui les présentent, & dès-lors ils excitent la jalousie ou la prévention de ceux dont le concours seroit nécessaire à leur succès. Il faudroit commencer par offrir au Public les bénéfices que l'on peut faire sur de semblables entreprises, & ne lui présenter qu'un centre d'union qui jouiroit d'un droit fixe, & qui seroit chargé de toute l'opération & de rendre compte à tous les Associés des produits & des dépenses; je crois qu'il n'y auroit que ce moyen de faire réussir la Compagnie d'assurances pour les maisons. Le Souverain ne doit que

Z 3

protéger ces Compagnies, mais ne doit y entrer pour rien ; la remise à son tréfor des fonds de la Compagnie d'affurances ôteroit la confiance : tout homme qui fera affurer fa maifon, ne voudra avoir à pourfuivre que des particuliers, s'il a quelque demande à former.

A l'égard du Ramonnage, le projet en a auffi été préfenté plufieurs fois. Je crois qu'il ne doit pas être permis aux particuliers de ne faire ramonner leurs cheminées que quand ils voudront : la maifon de celui qui auroit été le plus exact à faire ramonner fes cheminées, pourroit être brûlée par le feu qui viendroit à prendre dans les cheminées de fon voifin qui auroit négligé de faire ramonner les fiennes. On oblige bien de balayer devant fa porte ; pourquoi n'obligeroit-on pas de faire ramonner les cheminées où l'on fait du feu ? A Wezel, dans beaucoup d'autres villes d'Allemagne & dans plufieurs Etats de l'Europe, c'eft le Gouvernement qui fe charge de faire ramonner les cheminées, & les particuliers font affujétis à un droit pour cet objet : ici on leur en fait payer un pour les boues & lanternes.

L'idée des chambrées des Ramonneurs, qui deviendroient ouvriers en cas d'incendie, eft bonne ; mais on n'en tire pas le parti qu'on en doit tirer. Il doit y avoir toujours à la porte de ces chambrées un homme en fentinelle, fur-tout pendant la nuit, & un autre de même en fentinelle dans le clocher de l'églife la plus voifine. Il faut que ce clocher foit affez élevé, pour que le fentinelle y puiffe dé-

çouvrir la premiere lueur de feu qui paroîtroit.
Sous la main de ce sentinelle doit se trouver un
timbre, ou espece de petite cloche sur laquelle il
doit répéter les heures à mesure qu'elles sonnent,
afin d'être assuré qu'il ne s'endort pas, & avec laquelle aussi, à la premiere lueur du feu, il sonne
soit le tocsin.

Le sentinelle de la porte de la chambrée averti
par ce tocsin éveilleroit ses camarades, & courroit
au clocher s'informer exactement où est le feu,
reviendroit en avertir ses camarades, dont quelques-uns se détacheroient pour avertir les chambrées voisines, & ainsi, de proche en proche toutes les chambrées se trouveroient averties en peu
de tems, si cela étoit nécessaire. Ces chambrées doivent être près de quelques pompes, & il doit toujours y avoir dans chacune quelques personnes en
état de les faire aller.

Il semble aussi qu'il devroit y avoir dans le voi-
sinage un dépôt de charretes à eau dont les tonneaux seroient toujours remplis le soir avant de les
ramener au dépôt. Les chevaux de ces charretes doivent être dans une écurie voisine, afin d'avoir à
l'instant tous les secours possibles.

Toutes ces dépenses ne seroient qu'une petite
partie des profits que l'on peut faire sur l'assurance
d'un nombre de maisons, si cette assurance prend;
à l'égard de celles qui ne seroient point assurées,
& où le feu prendroit, elles paieroient la dépense
que la Compagnie feroit pour leur service; mais

cette dépense seroit toujours au-dessous de celle que l'on fait aujourd'hui, & le secours seroit bien plus prompt, ce qui empêcheroit le dommage.

Un calcul simple nous fera voir quels pourroient être les frais & les produits de ce projet sur le Ramonnage.

Dix cheminées l'une dans l'autre dans chacune des vingt-quatre mille maisons qui composent cette Capitale, nous donnent deux cent quarante mille cheminées & neuf cent soixante mille ramonnages à quatre par an. Si quelques cheminées n'ont pas besoin d'êtres ramonnées si fréquemment, celles des grandes cuisines doivent l'être plus souvent : ainsi on ne peut se tromper en supputant sur ce pied. Ces ramonnages à 5 sols font 240 mille livres, & exigent à raison de dix cheminées par homme, ramonnées chaque jour, trois cent vingt hommes, parce qu'il ne faut compter que sur trois cent vingt jours de travail ; dans ce nombre il peut y avoir souvent des malades, & le travail ne peut être retardé d'un instant. D'ailleurs il faut des sentinelles le jour & la nuit, tant dans les clochers que dans les chambrées ; ci pour le produit. . . . . 240000 liv.

Il faut donc compter sur le pied de quatre cent cinquante hommes qui, à raison de 20 sols par jour pour les deux cent cinquante plus anciens & qui auroient mérité d'entrer dans cette classe,

240000

de l'autre part. . . . . . 240000 liv.

premiers, & 10 fols pour les cent derniers entrans font 375 liv. qui jointes
aux 25 liv. que l'on réferve tous les
jours pour être payées fur le champ, en
15 fols pour les cent qui fuivroient ces
qualités de récompenfes à celles de ces
chambrées qui auront été à des incendies font 400 liv. par jour, 12000 liv.
par mois & par an 144 mille livres,
ci. . . . . 144000 liv.

Vingt chambrées pour
coucher ces quatre cent
cinquante hommes, à
1500 liv. chacune pour
le loyer, chauffage, lu-
mieres & entretien des
lits, 30 mille liv. ci. . . 30000

Vingt Chefs de cham-
brées à 40 liv. par mois,
par an 9600 liv. ci. . . 9600

Quatre Infpecteurs à
600 liv. par an. . . . 2400

Frais de Bureau par an. 18000

> 204000

Refte. 36000

Les 36000 liv. de produit ferviront à payer les
tonneaux d'eau qui feront arrivés aux incendies, à
récompenfer ceux qui s'y feront diftingués, ou qui
auront eu le malheur d'y être eftropiés, & à donner

des uniformes à ces ouvriers, qui, quoique peu
coûteux, ne laisseront pas de faire une dépense,
vu le grand nombre ; comme aussi à donner tous les
mois des récompenses à ceux que les Chefs choisi-
ront pour les mettre à la tête des bandes, par lesquelles ils diviseront leurs chambrées.

Fin du Tome second.

TABLE DES INDICATIONS

Contenues dans les Œuvres de M. de Chamouffet,
& dans l'Eloge qui les précéde (*a*).

TABLE DU TOME PREMIER,

*Et des Mémoires contenus dans le Supplément,
qui y ont rapport.*

(*a*) L'éloge de M. de Chamouffet qu'on a mis à la tête de cette édition, contenant une analyfe de tous les écrits qu'elle préfente, on a renvoyé dans cette table aux chiffres arabes des Œuvres où l'ouvrage dont il s'agit fe trouve imprimé, & aux chiffres romains de l'éloge où l'on pourra en lire l'analyfe.

On marquera d'une * les ouvrages qui paroiffent pour la premiere fois.

***

ŒUVRES DE M. DE CHAMOUSSET.

***

PREMIERE PARTIE.

CHAP.

TABLE DU TOME SECOND

Des Œuvres de M. de Chamoußet & des Mémoires contenus dans le Supplément, qui y ont rapport, avec l'indication des endroits de l'Éloge où l'on en trouve l'analyse.

SECONDE PARTIE.

TROISIEME PARTIE.

QUATRIEME PARTIE.

*Fin de la Table des Œuvres de M. Chamouſſet,
& de ſon Eloge.*

PRIVILEGE DU ROI.

que ce puiffe être ; fans la permiffion expreffe & par écrit de ladite
Expofante, ou de celui qui la repréfentera, à peine de faifie & de
confifcation des Exemplaires contrefaits, de fix mille livres d'amende,
qui ne pourra être modérée, pour la premiere fois, de pareille amende
& de déchéance d'état en cas de récidive, & de tous dépens, dom-
mages & intérêts, conformément à l'Arrêt du Confeil du 30 Août
1777, concernant les contre-façons. A la charge que ces Préfentes
feront enregiftrées tout au long fur le regiftre de la Communauté des
Imprimeurs & Libraires de Paris, dans trois mois de la date d'icelles;
que l'impreffion defdits ouvrages fera faite dans notre Royaume &
non ailleurs, en beau papier & beaux caracteres, conformément
aux Réglemens de la Librairie, à peine de déchéance du préfent
Privilége; qu'avant de l'expofer en vente, le manufcrit qui aura
fervi de copie à l'impreffion defdits ouvrages fera remis dans le
même état où l'approbation y aura été donnée ès mains de notre très-
cher & féal Chevalier, Garde des Sceaux de France, le fieur HUE DE
MIROMENIL, Commandeur de nos Ordres; qu'il en fera enfuite
remis deux exemplaires dans notre Bibliotheque publique, un dans
celle de notre Château du Louvre, un dans celle de notre très-cher &
féal Chevalier, Chancelier de France, le fieur DE MAUPEOU, & un
dans celle dudit fieur HUE DE MIROMENIL : le tout à peine de nullité
des Préfentes, du contenu defquelles vous mandons & enjoignons de
faire jouir ladite Expofante & fes hoirs pleinement & paifiblement,
fans fouffrir qu'il leur foit fait aucun trouble ou empêchement.
VOULONS que la copie des Préfentes, qui fera imprimée tout au
long, au commencement ou à la fin defdits ouvrages, foit tenue pour
duement fignifiée, & qu'aux copies collationnées par l'un de nos
amés & féaux Confeillers-Secrétaires, foi foit ajoutée comme
à l'original. COMMANDONS au premier notre Huiffier fur ce requis, de faire, pour l'exécution d'icelles, tous actes requis & néceffaires, fans demander autre permiffion, & nonobftant clameur de
Haro, Charte Normande, & Lettres à ce contraires. CAR tel eft
notre plaifir. DONNÉ à Verfailles le vingt-deuxieme jour de Décembre, l'an de grace mil fept cent quatre-vingt-deux, & de notre Regne
le neuvieme. Par le Roi en fon Confeil.

Signé LE BEGUE.

*Regiftré fur le Regiftre XXI de la Chambre Royale & Syndicale
des Libraires & Imprimeurs de Paris, N° 2073, fol. 810, conformément aux difpofitions énoncées dans le préfent Privilége; & à la
charge de remettre à ladite Chambre les huit Exemplaires pref-
crits par l'article CVIII du Réglement de 1723. A Paris, ce 24
Décembre 1782.]*

Signé LE CLERC, Syndic.

Errata du Tome premier.

LETTRE POUR SERVIR D'AVERTISSEMENT.

Page 8 . . . . ligne 2 . . . gages, _lifez_, ordres.
Ibid . . . . . . ligne 5, _après le mot_, particuliers, _ajoutez une virgule._

ÉLOGE.

Page v ligne 2, _après le mot_, exemple, _ajoutez une virgule._
Page vij ligne 2, _ces mots_, & décisif à jamais, _entre deux virgules._
Page xj ligne 31, graces, _lifez_, grace.
Page xij ligne 24, _après le mot_, d'expreſſion, _mettez un point & une virgule._
Page xvj ligne 11, penſes, _lifez_, penſés, _avec un accent._
Page xvij ligne 27, _après le mot_, jufte, _une virgule._
Page xxviij ligne 4, cet, _lifez_, cette.
Page xxix ligne 27, voyageant, _lifez_, voyageants.
Page lxvij ligne 18, _après ces mots_, c'eſt aſſez, _un point & une virgule._

ŒUVRES.

Page 2 ligne 17, rraités, _lifez_, traités.
Page 11 ligne 31, _avant le mot_, il, _un point d'exclamation._
Page 12 ligne 5, _après le mot_, détruire, _effacez le point d'exclamation._
Page 22 ligne 3, mêmes, _lifez_, même.
Page 28 ligne 26, témoignagne, _lifez_, témoignage.
Page 63 ligne 3, fujets, _lifez_, des fujets.
Page 153 ligne 14, un, _lifez_, une.
Page 157 ligne 9, les uns aux autres, _lifez_, les uns les autres.
Page 163 ligne 9, ils acquiéreroient, _lifez_, ils acquéreroient.
Page 168 ligne 12, un, _lifez_, une.
Page 175 ligne 23, _avant le mot_, l'on, _mettez_ fi oublié.
Page 179 ligne 26, qu'i, _lifez_, qu'il.
Page 203 ligne 17, _mettez un point & une virgule après le mot_, objet, _& effacez-les après le mot_ regiſtre.
Page 106 ligne 24, l'imperial, _lifez_, l'imperiale.
Page 250 ligne 4, marchand, _lifez_, franc.
Page 259 ligne 16, partaroit, _lifez_, partageroit.
Page 260 ligne 26, eu, _lifez_, eus.
Page 264 ligne 14, ils pourroient être partagés, _lifez_, elle pourroit être partagée.
Page 323 ligne 23, ieux, _lifez_, lieux.
Page 325 ligne 5, _après le mot_, eſtimeront, _effacez la virgule._
Page 327 ligne 11, innondent, _lifez_, inondent.
Page 352 ligne 9, de proviſions, _lifez_, des proviſions.
Page 359 ligne 31, eſtimée à moins, _lifez_, eſtimec moins.

Errata du Tome second.

Page 31 ligne 2, *après le mot*, lieues, *au lieu de la virgule, mettez un point & une virgule.*
Page 41 ligne 21, de un, *lisez*, d'un.
Page 54 ligne 3, *après le mot*, population, *substitués au point, un point d'exclamation.*
Page 75 ligne 14, *après le mot*, pays, *ajoutez un point.*
Page 95 ligne 26, qui y aient, *lisez*, qui aient.
Page 154 ligne 17, *après le mot*, aujourd'hui, *mettez un point au lieu de la virgule.*
Page 221 ligne 15, n'en, *lisez*, en.
Page 247 ligne 22, détendue, *lisez*, d'étendue avec une apostrophe.
Page 257 ligne 27, leurs, *lisez*, leur.
Page 294 ligne 18, obligé, *lisez*, obligés.

SUPPLÉMENT.

Page 328 ligne 14, que des, *lisez*, que de.
Page 330 ligne 15, leur auront, *lisez*, le leur auront.
Page 334 ligne 31, bannissement de mendicité, *lisez*, bannissement de la mendicité.
Page 358 ligne 31, le, *lisez*, la.

AVIS AU RELIEUR.

Le Relieur aura l'attention de placer les grands Tableaux à la fin du Tome second.

PREMIER TABLEAU RELATIF AU MÉMOIRE SUR LES HOPITAUX MILITAIRES.

COMPTE des Recettes & Dépenses de la Direction du Sieur

Armée du   Rhin.   HOPITAL d'

Mois d'   176

DIRECTION
du Sieur

ÉTAT général de situation de l'Hôpital de   pendant le mois de   176 , contenant les journées des Officiers, Soldats, Employés, & Servans malades, celles des Employés, & Servans en santé; & les Recettes, Dépenses & consommations qui y ont été faites en Deniers, Denrées, Effets & Ustensiles; Savoir :

MALADES.

MOUVEMENT.					JOURNÉES.								
Restans le premier au matin.	Entrans pendant le mois.	Sortans pendant le mois.	Morts pendant le mois.	Restans le dernier au soir.	d'Officiers.	d'Employés des divers services.	d'EMPLOYÉS DE LA RÉGIE. Employés.	Chirurgiens.	Apothicaires.	de Soldats.	Domestiques des divers services.	d'Infirmiers & Domestiques de la Régie.	TOTAL DES JOURNÉES.

COMPTE EN DENIERS.

RECETTE....
- Il restoit au premier du mois entre les mains du Comptable............
- Reçu pendant le mois { En espèces............
- En mandant qu'il a tiré sur la caisse............
- a deniers pour livres retenus sur les Appointemens............
- Il restoit dû au Comptable, suivant l'État du mois dernier............

liv.   sols.   den.

DÉPENSE....
- Payée pour { Appointemens & gages, suivant l'État ci-devant............
- Divers achats detaillés dans les Etats ci-après { .... des Denrées............ d'Effets & Ustensiles............
- Dépenses relatives aux { Pharmacie non comprise dans les Etats ci-après............
  - Blanchissage du linge non comprise dans lesdits Etats............
  - Frais de Bureaux non compris dans lesdits Etats............
  - Magasins & entretiens des Effets & Ustensiles............
  - Menage pour Legumes & Epiceries............
  - Reparations & entretiens de l'Hôpital............
  - Frais extraordinaires & de voyage............

la   excede la   de............

RECETTE ET DÉPENSE EN DENRÉES.

NATURE DES DENRÉES.	Restans au premier du mois.	RECETTE DES					Total de la Recette.	DÉPENSE.		Total de la Dépense.	Restans au dernier du mois.	OBSERVATIONS.
		Magasins généraux.	Divers Hôpitaux.	Fournisseurs.	ACHATS DU DIRECTEUR. Quantités achetées.	Prix par livre, pinte, mesure, ou à la pièce.		Consommation.	Envoyé à divers Hôpitaux.			
Livres de Pain............												
Livres de Viande............												
Pintes de Vin............												
Pots de Bierre............												
Pintes d'Huile à brûler............												
Livres de Chandelles............												
Pintes d'Eau-de-vie............												
Livres de Riz............												
Livres de Pruneaux............												
Livres de Sel............												
Pintes de Lait............												
Œufs............												
Livres de Farine............												
Livres de Sain-doux............												
Livres de Beurre............												
Livres de Savon............												
Livres d'Orge............												
Livres de Sucre............												
Pieces de Volaille............												
Cordes de Bois............												
Sacs de Charbon............												
Livres d'Huile pour la Pharmacie............												
Pintes de Vinaigre............												
Pintes d'Esprit de Froment............												
Livres de Genièvre............												
Bottes de Paille............												
Mains de Papier............												

EMPLOYÉS ET SERVANS EN SANTÉ.

Aumôniers, Médecins, Employés, Chirurgiens, Aides, Sous-Aides, Major & Apothicaires en chef.						
NOMS.	QUALITÉS.	Jours de tour		Journées en		Appointemens par mois.	Sommes payées

Chirurgiens-Élèves.				
NOMS.	Jours de tour		Nombre de Journées	Sommes payées

Apothicaires-Élèves.				
NOMS.	Jours de tour		Nombre de Journées	Sommes payées

Infirmiers & Domestiques.				
DÉNOMINATIONS des Services.	Nombre d'hommes.	Journées		Sommes payées

RÉCAPITULATION

des Journées & des Sommes payées.

SAVOIR:

Employés
Chirurgiens
Apothicaires
Infirmiers &
Domestiques

RECETTE ET DEPENSE EN EFFETS ET USTENSILES.

NATURE DES EFFETS.	RESTANS AU PREMIER.			REÇU PENDANT LE MOIS.			ACHATS OU DÉPENSES.		TOTAL de la Recette.	SORTIES PENDANT LE MOIS. PAR EMPLOI.			Dédit ou consommation.	TOTAL de la dépense.	RESTE LE DERNIER DU MOIS.			
	Bons.	À réparer.	Hors de service.	Dons des Bienfaiteurs.	Du Magasin général de.	De divers Hôpitaux.	Quantités Achetées.	Prix par toute, faunts & pieces.		Dans des ...	Au Magasin général de.	À divers Hôpitaux.			Bons.	À réparer.	Hors de service.	TOTAL.
LAINE — Capotes																		
Mantelets																		
Tiretaines																		
Couvertures																		
Bonnets																		
LINGE — Draps d'Officiers																		
Idem de Soldats																		
Chemises d'Officiers																		
Idem de Soldats																		
Coëffes de nuit																		
Fontanges																		
Sacs à paille & enveloppes																		
Robes de Médecin																		
Tabliers de Chirurgiens																		
Manches																		
Serviettes de Seringues																		
Draps à pansements																		
Linges de Charpie																		
Augettes de Seringues																		
Pièces de Rubans																		
Nappes																		
Serviettes																		
Torchons & Tabliers																		
CUIVRE — [illegible]																		
Chaudrons																		
[illegible]																		
Chandeliers																		
Marmites																		
Poêlons																		
Cuillers à Bouillon																		
Balances																		
Poids de Marc																		
Cafetières																		
ÉTAIN — Plats																		
Cuillers à bouche																		
Assiettes																		
Salières																		
[illegible]																		
Seringues grandes																		
Seringues petites																		
Grandes Cuillers à Coupe																		
Urinaux																		
Baffins de marmandises																		
Chandeliers																		
FER-BLANC — [illegible]																		
Gobelets																		
Lampes																		
Boîtes																		
[illegible]																		
[illegible]																		
Chandeliers																		
Lampes à plaques																		
Urinaux																		
Pots de Chambre																		
FER — Poêles à frire																		
Poêles à recuire																		
Potences																		
Pelles à feu																		
Chenets																		
Trépieds																		
Grils																		
Grandes Fourchettes																		
Fourchettes de table																		
Réchauds																		
Couteaux de cuisine																		
Coupers																		
Lèchefrites																		
Broches																		
Tailles-pains																		
Chandeliers																		
Mouchettes																		
Accrochages																		
Fléaux de balances																		
Poids																		
Marteaux																		
Haches																		
Bêches																		
Pioches																		
BOIS — Tables																		
Bois de lit																		
Bancs																		
Seaux																		
Chaises d'appartement																		
Chaises percées																		
Cuves																		
Baquets																		
Paches de potards à capsule																		

Vu par Nous, Contrôleur dudit
Hôpital. A   le
176.
Vu par Nous Commissaire des Guerres,

Je soussigné, Directeur dudit Hôpital, certifie le présent État véritable & conforme aux Registres & aux Pieces justificatives qui sont entre mes mains. Fait à
le
176

SECOND TABLEAU RELATIF AU MÉMOIRE SUR LES HOPITAUX MILITAIRES.

ÉTAT des Recettes & Dépenses en Denrées, Effets & Ustensiles, faites par le sieur   Garde-Magasin général de la Régie des Hôpitaux établis à   , pendant le mois de   176 , distinguées par natures & qualités.

Armée d

NOMS DES		NATURE DES RECETTES.	DATES d'icelles.	DENRÉES, RECETTE										
Fournisseurs ou Acheteurs de la Régie, ainsi que des Directeurs d'Hôpitaux qui ont reçu, envoyé ou acheté.	Lieux ou Hôpitaux d'où les envois ont été faits, ainsi que de ceux auxquels on a envoyé.			LIVRES DE						PINTES DE				
				Farines.	Chandelles.	Huile d'Olive.	Riz.	Pruneaux.	Savon.	Huile à brûler.	Vin.	Bierre.	Eau-de-vie.	Vinaigre.
		Il restoit le dernier du mois précédent dont le comptable fait Recette le premier du présent et ………	Le premier et …………											
		Reçu des Fournisseurs. TOTAUX…………												
		Reçu des Acheteurs ou des Commissionnaires de la Régie. TOTAUX…………												
		Denrées rentrées par versement de divers Hôpitaux. TOTAUX…………												
		DÉPENSE.												
		Envois faits à divers Hôpitaux. TOTAUX…………												
		Excédents de la Recette sur les envois. RESTE…………												

SUITE DU SECOND TABLEAU.

RECETTE.

NOMS DES		NATURE DES RECETTES ET DÉPENSES.		EFFETS.				USTENSILES.	
			Quantité d'effets.	EN LAINE.	LINGE.	POUR LE PAIEMENT.		EN CUIVRE.	EN ÉTAIN.

DÉPENSE.

Envois faits à divers Hôpitaux ou à d'autres Magasins.

RAPPORT DES RECETTES ET DÉPENSES.

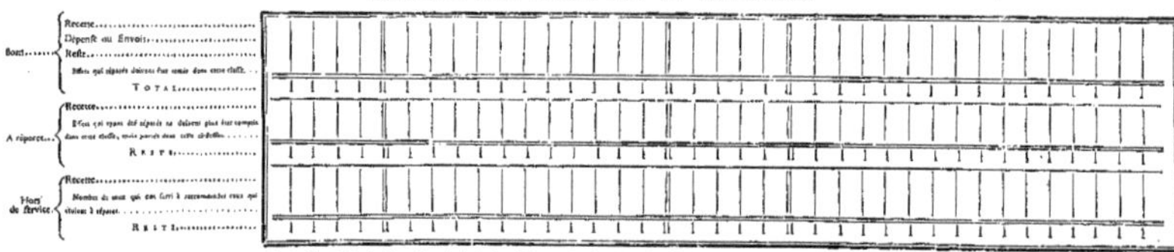

Sont..... { Recette. Dépense ou Envois. Reste.

À réporter... { Recette. Reste.

Hors de service. { Recette. Reste.

Je fouffigné Garde-Magafin général des Effets, Denrées & Uftenfiles à   certifie le préfent État véritable. A   le   177

TROISIEME TABLEAU RELATIF AU MÉMOIRE SUR LES HOPITAUX MILITAIRES.

Mois de Janvier 1762.

ÉTAT qui fixe le prix de la journée des malades dans chaque Hôpital, dans le mois de Janvier 1762, relativement à la dépense & aux consommations qui ont été faites pendant ledit mois, suivant les États de situation des Directeurs ;

SAVOIR :

NOMS DES HOPITAUX	MOUVEMENT			NOMBRE DES JOURNÉES DE					DÉPENSE EN					PRIX DE LA JOURNÉE DES MALADES	DÉPENSE DE CHAQUE HOPITAL
	Entrans	Sortans	Morts	MALADIE: D'Officiers & Employés doublées	De Soldats & Servans	TOTAL	SANTÉ: Employés	Servans	Consommation des malades	Nourriture des Employés & Servans	Appointemens & Gages	Bois, huile à brûler, chandelles & dépenses extraordinaires	Médicamens, frais de Régie & autres fournitures par évaluation		
Francfort				1140	11551	12691	612	812	0.13.0 ¼	0.1.7 ½	0.4.9 ¼	1.2.4 ¾	0.9	1.10.13	
Hanau				186	9795	9981	1160	1501	0.14.2	0.4.3 ½	0.7.7 ½	0.2.5 ¼	0.9	1.17.5 ¼	
Friedberg				78	1779	1857	238	219	0.12.6	0.4.0 ½	0.10.4 ½	7.0.10 ¼	0.9	2.3.9 ¼	
Giessen				216	3504	3720	472	611	0.12.5	0.4.4 ½	0.9.1 ½	0.5.7.0	0.9	2.0.7 ¼	
Marbourg				306	4415	4741	417	650	0.10.0 ¼	0.3.6	0.8.0 ¼	0.6.2	0.9	1.16.12 ½	
Schauffust				116	1871	1987	441	426	0.13.5.0	0.7.2	0.15.9	0.2.0 ¼	0.9	2.7.7 ¼	
Cassel { Arsenal				0	7892	7892	813	1224	0.12.5 ½	0.4.1 ½	0.6.5 ½	0.4.1 ¼	0.9	1.14.1 ¼	
Cassel { Le Temple				1764	3654	5458	544	1222	0.17.6	0.4.10 ½	0.9.10 ½	0.7.3 ½	0.9	2.8.5 ¼	
Gottingen				182	5023	5205	753	820	0.11.5 ½	0.5.3 ½	0.8.10.0	0.3.9 ¼	0.9	1.16.3 ¼	
Rigoff				140	1416	1566	489	633	0.15.1	0.4.2	0.6.4	0.7.1 ¼	0.9	2.18.5 ¼	
Bournebourg				62	957	1049	239	281	0.17.0 ¼	0.9.0 ½	0.16.0	0.7.10 ¼	0.9	2.6.8 ¼	
Metzungen				0	1547	1547	572	251	0.11.4 ½	0.6.10	0.12.7.0	0.6.10 ¼	0.9	2.12.13	
Réa				0	1551	1551	321	341	0.16.0 ½	0.7.0 ¼	0.13.11 ½	0.6.10 ¼	0.9	3.6.8 ¼	
Wesel				168	6732	6900	1057	1429	0.13.7 ½	0.5.7 ½	0.9.8 ½	0.7.10 ½	0.9	2.10.5	
Dusseldorph				28	2883	2911	568	840	0.11.3	0.10.3 ½	0.0.0 ½	0.8.3 ¼	0.9	2.19.10 ¼	
Rhinsfelds				100	1227	1327	212	243	0.13.6	0.6.5 ½	0.2.3 ½	0.9.11.0	0.9	2.10.8.0	
Neuhausen				18	3554	3572	279	503	0.10.11 ½	0.3.3 ½	0.6.2 ½	0.6.10 ½	0.9	1.14.8 ½	
Sonera				0	551	551	247	155	0.14.0 ¼	0.13.5 ½	1.5.2 ½	1.7.11 ¼	0.9	4.4.9 ¼	
Mulhausen				54	1552	1606	413	460	0.8.9 ½	0.13.5	0.5.0 ½	0.9.1 ½	0.9	2.4.11 ¼	
Coblentz				0	1276	1276	155	265	0.10.11 ½	0.5.0 ¼	0.10.7 ½	0.9.1 ½	0.9	2.11.1 ¼	
Fulde				20	2073	2113	260	473	0.14.8 ½	0.5.5 ½	0.7.8 ½	0.2.6.0	0.9	1.15.8 ¼	
Cologne { Jésuites				236	4758	4994	585	688	0.12.4 ½	0.4.1 ½	0.7.8 ½	0.2.6.0	0.9	2.2.2 ¼	
Cologne { Dominicains				240	3825	4045	624	691	0.12.9.0	0.5.3 ½	0.11.1 ½	0.3.1 ½	0.9	2.2.2 ¼	
Clèves				12	2212	2574	568	480	0.13.3	0.5.4 ½	0.10.9 ½	0.4.3 ½	0.9	2.2.7 ¼	
Journées d'Officiers doublées				5066	85948	91014	12085	15406							
Faisant en journée simple				2533											

Ajouter au Total de la dépense pour le produit des neuf sols de Pharmacie, frais de Régie & Fournitures, &c. .... **40956.a 8l. 0d.**

Prix commun de chacune des .... 91014 ..... Journées .... 0.12.7 ½ | 0.4.9 ½ | 0.9.7 ½ | 0.4.5 ½ | 0.9 | 2.0.5 ¼

QUATRIEME TABLEAU RELATIF AU MÉMOIRE SUR LES HOPITAUX MILITAIRES.

HOPITAL MILITAIRE D'HANAU. Mois de Février, Année 1762.

ÉTAT des Malades que chaque Régiment avoit dans l'Hôpital, le premier au matin, comme de ceux qui y reſtoient le dernier au ſoir, ainſi que de ceux qu'il y a envoyé pendant le courant dudit mois, qui en ſont ſortis, ou qui y ſont morts, le tout jour par jour, & Régiment par Régiment.

ENTRANS — Jours du Mois:

NOMS DES RÉGIMENS.	Reſtans au matin.	1	2	3	4	5	6	7	8	9	10	11	12	13	14	15	16	17	18	19	20	21	22	23	24	25	26	27	28	29	30	31	Totaux des Entrans de chaque Régiment.
Picardie	14	[illegible]	[illegible]	[illegible]	[illegible]	[illegible]	[illegible]	[illegible]	[illegible]	[illegible]	[illegible]	[illegible]	[illegible]	[illegible]	[illegible]	[illegible]	[illegible]	[illegible]	[illegible]	[illegible]	[illegible]	[illegible]	[illegible]	[illegible]	[illegible]	[illegible]	[illegible]	[illegible]	[illegible]	[illegible]	[illegible]	[illegible]	13
Champagne	6	[illegible]	[illegible]	[illegible]	[illegible]	[illegible]	[illegible]	[illegible]	[illegible]	[illegible]	[illegible]	[illegible]	[illegible]	[illegible]	[illegible]	[illegible]	[illegible]	[illegible]	[illegible]	[illegible]	[illegible]	[illegible]	[illegible]	[illegible]	[illegible]	[illegible]	[illegible]	[illegible]	[illegible]	[illegible]	[illegible]	[illegible]	13
Navarre	19	[illegible]	[illegible]	[illegible]	[illegible]	[illegible]	[illegible]	[illegible]	[illegible]	[illegible]	[illegible]	[illegible]	[illegible]	[illegible]	[illegible]	[illegible]	[illegible]	[illegible]	[illegible]	[illegible]	[illegible]	[illegible]	[illegible]	[illegible]	[illegible]	[illegible]	[illegible]	[illegible]	[illegible]	[illegible]	[illegible]	[illegible]	71
Piémont	15	[illegible]	[illegible]	[illegible]	[illegible]	[illegible]	[illegible]	[illegible]	[illegible]	[illegible]	[illegible]	[illegible]	[illegible]	[illegible]	[illegible]	[illegible]	[illegible]	[illegible]	[illegible]	[illegible]	[illegible]	[illegible]	[illegible]	[illegible]	[illegible]	[illegible]	[illegible]	[illegible]	[illegible]	[illegible]	[illegible]	[illegible]	70
Normandie	4	[illegible]	[illegible]	[illegible]	[illegible]	[illegible]	[illegible]	[illegible]	[illegible]	[illegible]	[illegible]	[illegible]	[illegible]	[illegible]	[illegible]	[illegible]	[illegible]	[illegible]	[illegible]	[illegible]	[illegible]	[illegible]	[illegible]	[illegible]	[illegible]	[illegible]	[illegible]	[illegible]	[illegible]	[illegible]	[illegible]	[illegible]	58
Bourbonnois	9	[illegible]	[illegible]	[illegible]	[illegible]	[illegible]	[illegible]	[illegible]	[illegible]	[illegible]	[illegible]	[illegible]	[illegible]	[illegible]	[illegible]	[illegible]	[illegible]	[illegible]	[illegible]	[illegible]	[illegible]	[illegible]	[illegible]	[illegible]	[illegible]	[illegible]	[illegible]	[illegible]	[illegible]	[illegible]	[illegible]	[illegible]	70
&c.	&c.																																	&c.

SORTANS — Jours du Mois:

NOMS DES RÉGIMENS.	1	2	3	4	5	6	7	8	9	10	11	12	13	14	15	16	17	18	19	20	21	22	23	24	25	26	27	28	29	30	31	Totaux des Sortans de chaque Régiment.
Picardie	[illegible]	[illegible]	[illegible]	[illegible]	[illegible]	[illegible]	[illegible]	[illegible]	[illegible]	[illegible]	[illegible]	[illegible]	[illegible]	[illegible]	[illegible]	[illegible]	[illegible]	[illegible]	[illegible]	[illegible]	[illegible]	[illegible]	[illegible]	[illegible]	[illegible]	[illegible]	[illegible]	[illegible]	[illegible]	[illegible]	[illegible]	31
Champagne	[illegible]	[illegible]	[illegible]	[illegible]	[illegible]	[illegible]	[illegible]	[illegible]	[illegible]	[illegible]	[illegible]	[illegible]	[illegible]	[illegible]	[illegible]	[illegible]	[illegible]	[illegible]	[illegible]	[illegible]	[illegible]	[illegible]	[illegible]	[illegible]	[illegible]	[illegible]	[illegible]	[illegible]	[illegible]	[illegible]	[illegible]	41
Navarre	[illegible]	[illegible]	[illegible]	[illegible]	[illegible]	[illegible]	[illegible]	[illegible]	[illegible]	[illegible]	[illegible]	[illegible]	[illegible]	[illegible]	[illegible]	[illegible]	[illegible]	[illegible]	[illegible]	[illegible]	[illegible]	[illegible]	[illegible]	[illegible]	[illegible]	[illegible]	[illegible]	[illegible]	[illegible]	[illegible]	[illegible]	66
Piémont	[illegible]	[illegible]	[illegible]	[illegible]	[illegible]	[illegible]	[illegible]	[illegible]	[illegible]	[illegible]	[illegible]	[illegible]	[illegible]	[illegible]	[illegible]	[illegible]	[illegible]	[illegible]	[illegible]	[illegible]	[illegible]	[illegible]	[illegible]	[illegible]	[illegible]	[illegible]	[illegible]	[illegible]	[illegible]	[illegible]	[illegible]	70
Normandie	[illegible]	[illegible]	[illegible]	[illegible]	[illegible]	[illegible]	[illegible]	[illegible]	[illegible]	[illegible]	[illegible]	[illegible]	[illegible]	[illegible]	[illegible]	[illegible]	[illegible]	[illegible]	[illegible]	[illegible]	[illegible]	[illegible]	[illegible]	[illegible]	[illegible]	[illegible]	[illegible]	[illegible]	[illegible]	[illegible]	[illegible]	41
Bourbonnois	[illegible]	[illegible]	[illegible]	[illegible]	[illegible]	[illegible]	[illegible]	[illegible]	[illegible]	[illegible]	[illegible]	[illegible]	[illegible]	[illegible]	[illegible]	[illegible]	[illegible]	[illegible]	[illegible]	[illegible]	[illegible]	[illegible]	[illegible]	[illegible]	[illegible]	[illegible]	[illegible]	[illegible]	[illegible]	[illegible]	[illegible]	55
&c.																																	&c.

SUITE DU QUATRIEME TABLEAU.

NOMS DES RÉGIMENS.	MORTS. JOURS DU MOIS.																															Totaux des Morts de chaque Régiment.
	1	2	3	4	5	6	7	8	9	10	11	12	13	14	15	16	17	18	19	20	21	22	23	24	25	26	27	28	29	30	31	
Picardie............	0	1	0	0	0	1	0	1	0	0	0	1	0	0	0	1	0	0	0	1	0	0	0	1	0	0	0	1				7
Champagne.........	0	0	0	1	0	0	0	1	0	1	0	0	0	1	0	0	0	1	0	0	1	0	0	1	0	0	1	0				11
Navarre............	0	0	1	0	0	1	0	1	0	0	0	1	0	0	1	0	0	1	0	0	1	0	0	1	0	1	0	0				8
Piémont............	1	0	0	1	0	0	1	0	0	1	0	0	1	0	0	1	0	0	0	1	0	0	1	0	0	0	0	0				2
Normandie.........	0	0	1	0	0	0	1	0	0	0	0	1	0	0	0	1	0	0	0	1	0	0	0	0	0	1	0	0				4
Bourbonnais........	0	0	0	0	1	0	0	0	1	0	1	0	0	0	1	0	1	0	1	0	0	0	0	1	0	0	0	0				8
&c................	&c.																															&c.......

NOMS DES RÉGIMENS.	RESTANS AU SOIR. JOURS DU MOIS.																															Restans au soir.	Totaux des Journées.
	1	2	3	4	5	6	7	8	9	10	11	12	13	14	15	16	17	18	19	20	21	22	23	24	25	26	27	28	29	30	31		
Picardie............	19	31	31	18	13	14	9	7	11	13	9	9	7	1	4	4	5	1	1	7	4	6	7									7	432
Champagne.........	6	7	7	4	4	1	3	4	8	10	10	16	12	10	8	13	5	9	7	7	7	7	7	8	7	7						9	445
Navarre............	14	9	10	7	9	5	6	7	8	11	8	5	11	18	10	7	9	9	10	11	7	1	3	7								7	232
Piémont............	18	19	16	12	10	13	14	10	7	8	10	13	11	16	13	11	14	14	9	8	17	13	8	7								7	345
Normandie.........	8	1	7	8	6	6	8	7	7	7	10	6	7	6	6	6	7	6	3	11	18	16	13									13	447
Bourbonnais........	8	9	11	17	13	14	11	18	10	11	11	8	7	7	10	11	14	11	7	8	9	11										8	279
&c................	&c.																															&c.......	&c.......